高职高专汽车类教学改革系列教材

汽车电工电子技术
（第2版）

李子云　宋佑川　蔡　思　主　编
周　彬　童寒川　胡晶晶　副主编

清华大学出版社
北京

内 容 简 介

"汽车电工电子技术"是重要的汽车类专业基础课程,本教材结合课程体系和学生实际需求编排内容,有助于学生掌握汽车电工电子基础知识和理论,提高应用能力和动手操作能力,为学生学习后续专业核心课程打下坚实的基础。

本教材包括8个项目,分别为汽车直流电路、汽车交流电路、汽车磁路及电磁元件、汽车电动机、汽车模拟电路、汽车数字电路、安全用电、汽车电路图识读。每一个项目均设置"学习目标""项目描述""任务""项目实施""项目小结"模块。每一个任务均设置"想一想""探究"环节,并附有练习题和实训任务工单。

此外,本教材配有课件和视频,读者可扫描封底和正文中的二维码获取。

本教材可作为高等职业院校、成人高校和中职学校汽车类专业的教材,也可作为相关从业人员的参考资料。

本书封面贴有清华大学出版社防伪标签,无标签者不得销售。
版权所有,侵权必究。举报:010-62782989,beiqinquan@tup.tsinghua.edu.cn。

图书在版编目(CIP)数据

汽车电工电子技术 / 李子云,宋佑川,蔡思主编. —2版. —北京:清华大学出版社,2022.6 (2024.10重印)
高职高专汽车类教学改革系列教材
ISBN 978-7-302-60041-1

Ⅰ.①汽… Ⅱ.①李… ②宋… ③蔡… Ⅲ.①汽车-电工技术-高等职业教育-教材②汽车-电子技术-高等职业教育-教材 Ⅳ.① U463.6

中国版本图书馆 CIP 数据核字 (2022) 第 021641 号

责任编辑:施 猛
封面设计:常雪影
版式设计:方加青
责任校对:马遥遥
责任印制:宋 林

出版发行:清华大学出版社
网　　址:https://www.tup.com.cn,https://www.wqxuetang.com
地　　址:北京清华大学学研大厦 A 座　　邮　编:100084
社 总 机:010-83470000　　邮　购:010-62786544
投稿与读者服务:010-62776969,c-service@tup.tsinghua.edu.cn
质 量 反 馈:010-62772015,zhiliang@tup.tsinghua.edu.cn
印 装 者:艺通印刷(天津)有限公司
经　　销:全国新华书店
开　　本:185mm×260mm　　印　张:16.25　　字　数:356千字
　　　　　(附小册子1本)
版　　次:2014年5月第1版　2022年6月第2版　　印　次:2024年10月第2次印刷
定　　价:79.00元

产品编号:082225-01

前言(第2版)

在全国各职业院校和成人高校的支持下,清华大学出版社于2014年出版的《汽车电工电子技术》发行至今,已经走过七个春秋。七年中,本教材作为传播知识的有效载体,遵循实用性、针对性和先进性的创新编写宗旨,给汽车类各专业学生带来了丰富的精神食粮,为学生掌握专业技能奠定了扎实的理论基础,在职业院校和成人高校汽车类专业的发展中显示了独特的价值。随着国务院《国家职业教育改革实施方案》的实施,为了契合"1+X"证书制度的开展和新能源汽车技术的发展,我们对全书进行了修订。

教材改革是教学改革的关键一环。经过校企双方专家研讨,在总结多年教学经验的基础上,我们结合汽车产业和汽车技术的发展,对本教材原版内容进行了重新编排和整合,融合新能源汽车技术和安全知识,增加大量的实训项目,并在实训项目中加入汽车电气电路实例,方便学生更好地将汽车电工电子基础知识与实际应用结合起来。

本次修订中,编者在全面审视原版教材内容的基础上,讨论制定了一系列相关的修订方针并提出了教学建议。

1. 修订的指导思想

紧跟汽车技术的发展,特别是新能源汽车技术的发展,适应"1+X"证书制度开展课证融通,有利于学生获取职业技能等级证书,实现可持续发展。

2. 修订的基本思路

(1) 调整知识体系与教学内容,具体包括:一是增加了与新能源汽车相关的知识,包括钳形电流表、兆欧表、汽车安全用电等方面的内容;二是增加了汽车上常用的伺服电动机的相关知识。

(2) 调整教学内容的呈现方式,根据学生的年龄特点、接受知识的能力、学习兴趣和时代的发展,将实体书、二维码、网络等不同的知识载体相结合,将文字、图像、动画和视频(包括实训视频)等不同的呈现方式相结合,同时开展线上线下教学,以推进网课教学的有效开展。

3. 修订的基本原则

本次修订,保持原版教材内容的稳定性和知识结构的连续性,同时对部分内容进行改写和补充,修订重点包括以下四个方面。

(1) 根据"1+X"证书制度及职业技能等级标准,补充本课程涉及的知识点和技能点。

(2) 根据新能源汽车的发展，补充新能源汽车技术涉及的相关内容。

(3) 根据读者的反馈和建议，修正、完善学科内容，保持其先进性。

(4) 根据学生的年龄、认知能力、学习态度及网课教学需要，进一步创新编写形式和内容呈现方式，以便更有效地服务于教学。

4. 教材的特点

本教材的特点突出体现在如下三个方面。

(1) 理论体系精炼，避免繁杂内容，遵循"必需""够用"原则，降低理论难度，弱化计算部分。

(2) 本教材的一条主线强调理论知识在汽车行业的实践应用，围绕应用来构建知识体系。电路识图是本教材的另一条主线，根据内容和教学需要穿插在项目中，并在项目8系统地介绍了汽车电路识图知识。

(3) 突出元器件的工作原理和应用，突出零部件和设备在汽车上的应用，强化汽车电工电子常用仪表的使用。

5. 教学建议

(1) 围绕本教材的特点开展教学，针对汽车类各专业人才培养方案和学情对教材内容进行解构和重构。

(2) 尽量多做实训，围绕实训讲解知识，真正做到理论与实践相结合，强化技能培养。需要说明的是，本教材除了安排项目实施模块，还补充了61个任务工单和相关视频，供教师参考。

(3) 线上线下教学相结合，增加教师与学生、学生与学生之间的互动，增强教学效果，提高教学质量。

本教材由李子云、宋佑川、蔡思担任主编，由周彬、童寒川、胡晶晶担任副主编。其中，宋佑川负责项目1和项目2及任务工单，蔡思负责项目7和项目3，周彬负责项目4，童寒川负责项目5和视频制作，胡晶晶负责项目6和项目8，李子云负责全书统稿和修订。我们本着对读者负责和精益求精的精神，在修订中，对原书通篇字斟句酌，尽可能消除瑕疵和错误。但由于水平有限，书中难免存在缺点和错误，敬请读者批评指正。同时，借此机会，向使用本教材的广大师生，向给予我们关心、鼓励和帮助的同行、企业专家致以由衷的感谢。希望各院校师生在使用本教材的过程中继续总结经验，使本教材得到完善和提高，成为真正的精品，更好地服务于广大教师和学生。

反馈邮箱：wkservice@vip.163.com。

编 者

2021年2月

前言(第1版)

"汽车电工电子技术"是高职汽车类专业的基础课程,一般在大学一年级开设。本课程十分重要,但普遍来看,学生学起来比较吃力,究其原因,看不懂教材是一个突出问题。针对这一问题,编者在编写本教材时,从以下几个方面进行了改进。

1. 以学生为本,让学生通过自学能够看懂教材、喜欢教材

这是编写本教材的核心目标。那么,应如何实现呢?

(1) 对于高中和中职学过的基础知识,本教材不再阐述,以简化内容。

(2) 对概念的阐释,本教材采用循序渐进的方式,避免出现概念的跳跃和内容的断层。

(3) 通过图形表现工作过程或工作原理,运用清楚、浅显的语言,杜绝笼统和结论性的叙述。

2. 建立情境,采用项目教学法,实现教、学、做一体

那么,如何实现这一目标呢?

(1) 营造真实情境,使学生的感受更直观。比如,在教学中引用许多实物图形,配合内容讲解。

(2) 将理论阐述与实践应用相结合,使学生能够更加深刻地理解理论知识。

(3) 尽量不出现繁杂、量大和有一定难度的知识、图形、工作过程和项目,多采用小模块、小模型和小实验等方式引导教学。

3. 增加人文知识,提高学生的兴趣和修养

让学生在学习专业知识的同时,了解更多相关背景知识,从而拓宽视野,增加学习兴趣。

4. 教材内容系统化,确保内容安排既"适用"又"够用"

(1) 本教材采用大学科、大岗位群的经验作为素材。大学科是指与本教材密切相关的学科,比如汽车电子、汽车电气等学科。大岗位群指汽车维修、汽车检测、汽车电子、汽车钣金和美容等岗位。将这些学科的教师和中高级技师的经验作为素材集中起来,有助于学生更加深刻地理解教材知识。

(2) 本教材吸收不同的实训基地和不同的汽车订单班教材的经验作为素材。

(3) 本教材吸收并借鉴了当前市场上优秀教材中的素材。

(4) 本教材采纳了专家、国赛指导教师、高级技师的建议和意见。

5. 在每个任务中增设"想一想"和"探究"环节

"想一想"多以本任务中的某方面知识为切入点，引导学生深入思考；"探究"多以小实验的方式进行，有的也需要学生查阅资料，目的是使学生能够实现自主学习、合作学习和探究性学习。

本教材图文并茂，体现高职教学特点，基本知识点按实用、适用、先进、通俗、精炼和可操作的原则选取，充分体现"高等""职业""汽车"三者并重的特色。"高等"是指培养的目标是高等技术人才(高级技能人才)，这类人才能够熟练掌握汽车电工电子的综合性、导论性、系统性的知识。"职业"是指培养的学生能够将知识应用于实践，符合职业学生的认识水平。"汽车"是指本教材知识的运用应与汽车专业紧密联系。

我们深知，教材内容应紧跟时代发展，教材内容应满足改革需要。武汉城市职业学院汽车技术与服务学院有一个国家级实训基地、两个华中地区实训基地，有一个专门致力于汽车技术与服务教学的优秀团队。这些条件为本教材的编写提供了便利。

本教材由武汉城市职业学院李子云老师主编，李树金、姜浩、姜小东老师担任副主编。项目1和项目2分别由武汉城市职业学院的姜浩和姜小东老师编写，项目6由甘肃林业职业技术学院的李树金老师编写，其他各项目和内容都由武汉城市职业学院的李子云老师编写并由其负责全书统稿。"长江技能名师"、汽车售后服务高级培训师王辉老师为本教材的编写提供了许多宝贵的建议和意见，在此深表感谢。此外，还要感谢实训基地的专家和汽车技术与服务学院这样一支优秀的团队。编者在编写本教材过程中参考了一些教材、论著、网页，援引了其中的部分资料和信息，在此一并致谢。

由于编者水平有限，书中不妥之处在所难免，恳请读者批评指正。反馈邮箱：wkservice@vip.163.com。

编　者
2014年1月

目录

项目1 汽车直流电路 ·········· 1
学习目标 ·················· 2
项目描述 ·················· 2
任务1.1 认知汽车电路的组成、特点及基本物理量 ········ 2
 1.1.1 汽车电路的组成 ········ 2
 1.1.2 汽车电路的特点 ········ 4
 1.1.3 汽车电路的基本物理量 ···· 5
 想一想 ···················· 10
 探究 ······················ 10
任务1.2 认知汽车基本电气元件 ···· 10
 1.2.1 电阻 ·················· 10
 1.2.2 特殊电阻器及其在汽车上的应用 ·············· 16
 1.2.3 电容 ·················· 18
 1.2.4 电感 ·················· 21
 想一想 ···················· 24
 探究 ······················ 24
任务1.3 电路分析与计算 ·········· 24
 1.3.1 常用名词 ·············· 24
 1.3.2 基尔霍夫定律 ·········· 25
 1.3.3 电位的计算 ············ 30
 1.3.4 惠斯通电桥 ············ 31
 想一想 ···················· 33
 探究 ······················ 33
任务1.4 汽车电工电子常用仪表 ···· 33
 1.4.1 使用仪表的知识 ········ 33

 1.4.2 汽车专用万用表的使用 ···· 35
 1.4.3 汽车专用示波器的使用 ···· 40
 1.4.4 钳形电流表 ············ 48
 1.4.5 兆欧表 ················ 50
 想一想 ···················· 52
 探究 ······················ 53
项目实施 ·················· 53
项目小结 ·················· 56

项目2 汽车交流电路 ·········· 58
学习目标 ·················· 59
项目描述 ·················· 59
任务2.1 认知单相正弦交流电 ······ 59
 2.1.1 正弦交流电概述 ········ 59
 2.1.2 交流电中的电阻、电感、电容的特性 ············ 63
 想一想 ···················· 67
 探究 ······················ 67
任务2.2 认知三相交流电路 ········ 68
 2.2.1 三相交流电路概述 ······ 68
 2.2.2 三相电源的连接 ········ 69
 2.2.3 三相负载的连接 ········ 72
 想一想 ···················· 73
 探究 ······················ 73
任务2.3 汽车交流发电机 ·········· 73
 2.3.1 交流发电机的类型和作用 ·· 73
 2.3.2 交流发电机的结构 ······ 74
 2.3.3 三相交流电动势的产生 ···· 77
 想一想 ···················· 79

探究 ················· 80
项目实施 ················· 80
项目小结 ················· 80

项目3　汽车磁路及电磁元件 ········ 81
学习目标 ················· 82
项目描述 ················· 82
任务3.1　认知磁场和磁性 ········ 82
3.1.1　磁场的基本物理量 ······ 82
3.1.2　物质的磁性 ·········· 83
3.1.3　磁性材料及磁路 ······· 85
　　想一想 ················· 87
　　探究 ················· 87
任务3.2　汽车继电器 ············ 87
3.2.1　继电器概述 ·········· 87
3.2.2　继电器的识别 ········ 88
3.2.3　继电器的分类 ········ 89
3.2.4　继电器的主要电气参数 ····· 90
3.2.5　继电器的选用 ········ 91
3.2.6　继电器在汽车上的应用 ····· 92
　　想一想 ················· 93
　　探究 ················· 93
项目实施 ················· 93
项目小结 ················· 93

项目4　汽车电动机 ··············· 94
学习目标 ················· 95
项目描述 ················· 95
任务4.1　三相异步电动机 ········ 95
4.1.1　三相异步电动机的结构 ····· 95
4.1.2　三相异步电动机的工作原理 ··· 97
4.1.3　三相异步电动机的起动 ····· 99
4.1.4　三相异步电动机的调速 ···· 100
4.1.5　三相异步电动机的制动 ···· 101
4.1.6　三相异步电动机的反转 ···· 101
　　想一想 ················ 102
　　探究 ················ 102

任务4.2　直流电动机 ············ 102
4.2.1　直流电动机的结构 ······ 102
4.2.2　直流电动机的工作原理 ····· 104
4.2.3　直流电动机的分类 ······ 105
4.2.4　直流电动机转矩自动调节 ··· 106
4.2.5　直流电动机的运行 ······ 107
　　想一想 ················ 110
　　探究 ················ 110
任务4.3　常见的汽车电动机 ······ 111
4.3.1　步进电动机 ·········· 111
4.3.2　伺服电动机 ·········· 115
4.3.3　永磁式电动机在汽车上的
　　　　典型应用 ············ 117
　　想一想 ················ 122
　　探究 ················ 122
任务4.4　电动机的控制 ·········· 122
4.4.1　控制电器介绍 ········ 122
4.4.2　三相异步电动机的直接起动 ··· 131
4.4.3　三相异步电动机的点动或连续
　　　　控制线路 ············ 131
　　想一想 ················ 132
　　探究 ················ 132
项目实施 ················ 132
项目小结 ················ 133

项目5　汽车模拟电路 ············ 134
学习目标 ················ 135
项目描述 ················ 135
任务5.1　认知二极管 ············ 135
5.1.1　半导体基本知识 ······· 135
5.1.2　二极管的结构与符号 ····· 138
5.1.3　二极管的伏安特性 ······ 139
5.1.4　二极管的主要参数 ······ 140
5.1.5　二极管的钳位作用 ······ 141
5.1.6　二极管的限幅作用 ······ 141
5.1.7　二极管的整流作用 ······ 142
5.1.8　特殊用途的二极管简介 ···· 147

| 想一想 152
| 探究 152
|
任务5.2 认知晶体管 153
  5.2.1 晶体管的基本结构 153
  5.2.2 晶体管的分类 154
  5.2.3 晶体管的电流放大作用 154
  5.2.4 晶体管的特性曲线 156
  5.2.5 晶体管的主要参数 158
  5.2.6 晶体管的两个重要作用 159
  5.2.7 特殊晶体管在汽车上的应用 161
  5.2.8 晶体管在汽车电子电路中的应用 163
  想一想 165
  探究 165
项目实施 165
项目小结 168

项目6 汽车数字电路 169
学习目标 170
项目描述 170
任务6.1 数字电路概述 170
  6.1.1 模拟电路和数字电路 170
  6.1.2 脉冲信号 171
  6.1.3 数制与码制 173
  想一想 174
  探究 174
任务6.2 基本门电路 174
  6.2.1 基本门电路概述 174
  6.2.2 与门电路 175
  6.2.3 或门电路 176
  6.2.4 非门电路 178
  6.2.5 复合门 179
  想一想 181
  探究 182
任务6.3 数字电路在汽车上的应用 182
  6.3.1 555定时器概述 182
  6.3.2 555定时器在汽车上的应用 184
  6.3.3 汽车水箱水位过低报警器电路 186
  想一想 186
  探究 187
项目实施 187
项目小结 188

项目7 安全用电 189
学习目标 190
项目描述 190
任务7.1 电流对人体的危害 190
  7.1.1 安全电流和安全电压 190
  7.1.2 触电危害 191
  7.1.3 人体触电的方式 192
  想一想 194
  探究 194
任务7.2 普通电工安全用电常识 194
  7.2.1 触电原因及预防措施 194
  7.2.2 防止人身触电的技术措施 195
  7.2.3 安全用电须知 198
  想一想 199
  探究 199
任务7.3 新能源电动汽车安全用电常识 199
  7.3.1 新能源电动汽车高压安全防护 199
  7.3.2 新能源电动汽车高压断电 200
  7.3.3 新能源电动汽车电池起火爆炸问题及其防护 201
  7.3.4 触电急救常识 202
  想一想 206
  探究 206
项目实施 206
项目小结 207

项目8 汽车电路图识读 208
学习目标 209

项目描述 ································· 209
任务8.1　汽车电路识图概述 ············ 209
　8.1.1　图形符号 ························· 209
　8.1.2　汽车电路配电器件 ············ 210
　8.1.3　汽车电路图的形式 ············ 217
　想一想 ····································· 221
　探究 ······································· 221
任务8.2　汽车电路识图方法与示例 ···· 222
　8.2.1　大众汽车电路图的读法 ········ 222

　8.2.2　电路图例解 ······················ 228
　想一想 ····································· 231
　探究 ······································· 231
项目实施 ····································· 231
项目小结 ····································· 232
参考文献 ····································· 234
习题集 ······································· 235
习题答案 ····································· 242

项目 1

汽车直流电路

学习目标

1. 了解汽车电路的组成及特点；
2. 掌握汽车电路的基本物理量；
3. 掌握交流电中的电阻、电容、电感的特性；
4. 掌握电阻、电容、电感的标志；
5. 理解并运用基尔霍夫定律进行复杂的电路计算；
6. 能正确使用汽车专用数字万用表和汽车专用示波器。

项目描述

本项目主要讲解汽车电路的组成、特点、基本物理量以及电路分析方法，介绍汽车专用万用表和汽车专用示波器，为后面分析各种电工电子电路奠定必要的基础。

众所周知，现代生活离不开电，现代社会的发展离不开汽车。在汽车制造与使用中，电的作用非常重要。因此，作为21世纪的大学生，更有必要学习好与电相关的知识。

任务1.1　认知汽车电路的组成、特点及基本物理量

1.1.1　汽车电路的组成

1. 电路

电路是电流所流经的路径。电路或称电子回路，是由电气设备和元器件(用电器)按一定方式连接起来的，如由电源、电阻、电容、电感、二极管、晶体管、集成电路和电键等构成的网络或回路。不同的电路，其规模可能相差很大，小到硅片上的集成电路，大到高低压输电网。

根据电路处理信号的不同，电路可以分为模拟电路和数字电路。

2. 电路的组成

1) 一般电路

一般电路由电源、负载、连接导线和辅助设备四大部分组成。实际应用的电路比较复杂，为了便于分析电路的实质，通常用符号表示组成电路的实际原件及其连接线，即画成所谓的电路图。其中，导线和辅助设备合称为中间环节。如图1-1所示为手电筒电路，它是由干电池(电源)、小灯泡(负载)、手电筒金属壳(开关和连接导体，中间环节)组成的。

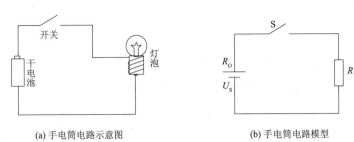

(a) 手电筒电路示意图 (b) 手电筒电路模型

图1-1 手电筒电路图及模型

(1) 电源。电源是提供电能的设备。电源的功能是把非电能转变成电能。例如，电池是把化学能转变成电能；发电机是把机械能转变成电能。由于非电能的种类很多，转变成电能的方式很多，目前实用的电源类型也很多，常用的电源是固态电池、蓄电池和发电机等。电源分为电压源与电流源两种，在电路中，只允许同等大小的电压源并联，同样也只允许同等大小的电流源串联，电压源不能短路，电流源不能断路。电源的种类如图1-2所示。

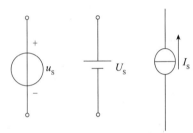

图1-2 电源的种类

(2) 负载。在电路中使用电能的各种设备统称为负载。负载的功能是把电能转变为其他形式能。例如，电炉把电能转变为内能；电动机把电能转变为机械能；等等。通常使用的照明元件、家用电器、机床等都可称为负载。

(3) 连接导线。连接导线用来把电源、负载和其他辅助设备连接成一个闭合回路，起着传输电能的作用。

(4) 辅助设备。辅助设备可用来实现对电路的控制、分配、保护及测量等。辅助设备包括各种开关、熔断器、电流表、电压表及测量仪表等。

2) 汽车电路

汽车电路由相对独立的系统组成。全车电路一般由以下几部分组成。

(1) 电源电路。电源电路由蓄电池、发电机、调节器及工作状况指示装置(电流表、充电指示灯)等组成。

(2) 起动电路。起动电路由起动机、起动继电器、起动开关及起动保护装置组成。

(3) 点火电路。点火电路由点火线圈、分电器、电子点火器、火花塞、点火开关等组成。此外，由发动机控制单元进行点火控制时，可以不使用分电器。

(4) 照明与信号电路。照明与信号电路由前照灯、雾灯、示宽灯、转向灯、制动灯、倒车灯、电喇叭等及其控制继电器和开关组成。

(5) 仪表与报警电路。仪表与报警电路由仪表、传感器、各种报警指示灯及控制器组成。

(6) 电子控制装置电路。电子控制装置电路由电控燃油喷射系统(electronic fuel injection，EFI)、电控自动变速器系统(electronic controlled transmission，ECT)、制动防抱死系统(antilock brake system，ABS)、恒速控制及悬架平衡控制等组成。

(7) 辅助装置电路。辅助装置电路由具有提高车辆安全性、舒适性、经济性等各种功能的电器装置组成。辅助装置因车型不同而有所差异，主要有风窗刮水器/清洗装置、风窗除霜/防雾装置、起动预热装置、音响装置、车窗电动升降装置、电动座椅调节装置、中央电控门锁装置等。

1.1.2 汽车电路的特点

1. 低压

汽车电系的额定电压有6V、12V、24V三种。例如，桑塔纳汽车采用12V电源。

2. 直流

现代汽车发动机是靠电力起动机起动的，起动机由蓄电池供电，蓄电池充电又必须用直流电源，所以汽车电系为直流系统。

3. 单线制

单线连接体现了汽车线路的特殊性，它是指汽车上所有电气设备的正极均采用导线相互连接，而所有的负极则直接或间接通过导线与车架或车身金属部分连接，即搭铁。任何一个电路中的电流都是从电源的正极出发，经导线流入用电设备后，再由电气设备自身或负极导线搭铁，通过车架或车身流回电源负极，从而形成回路。图1-3显示了灯光保护电路工作原理，该电路即采用单线制。

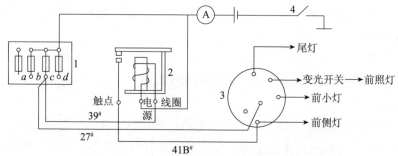

图1-3 灯光保护电路工作原理示意图
1-熔断丝 2-灯光继电器 3-车灯总开关 4-电源总开关

由于单线制导线用量少，线路清晰，接线方便，为现代汽车所广泛采用。

4. 并联连接

各用电设备均采用并联，汽车上的两个电源(蓄电池和发电机)之间以及所有用电设备之间，都是正极接正极，负极接负极，并联连接。

5. 负极搭铁

采用单线制时，蓄电池的一个电极需接至车架或车身上，俗称"搭铁"。蓄电池的负极接车架或车身称为负极搭铁。蓄电池的正极接车架或车身称为正极搭铁。因为负极搭铁对车架或车身金属的化学腐蚀较轻，对无线电干扰小，所以我国汽车线路统一采用负极搭铁。

6. 设有保险装置

为了防止因短路或搭铁而烧坏线束，电路中一般设有保护装置，如熔断器、易熔丝等。

7. 汽车线路有颜色和编号特征

为了区别各线路的连接，汽车所有低压导线必须选用不同颜色的单色线或双色线，并在每根导线上编号。编号由生产厂家统一规定。

8. 汽车电路由相对独立的分系统组成

汽车整车电路通常由电源电路、起动电路、点火电路、照明与灯光信号装置电路、仪表信息系统电路、辅助装置电路和电子控制电路组成。这些电路都是相互独立的，互不干扰。

1.1.3 汽车电路的基本物理量

1. 电流及参考方向

1) 电流的大小与方向

电荷的定向运动形成电流。通常将正电荷移动的方向规定为电流正方向。电流的大小用电流强度来衡量，其数值等于单位时间内通过导体某一横截面的电荷量，用公式表示为

$$i = \frac{dq}{dt} \tag{1-1}$$

式中：i——电流强度，简称电流。电流单位为安培，A。

根据电流大小和方向随时间的变化情况，我们把电流分为两大类：一类电流的大小和方向都不随时间而变化，称为恒定电流，简称直流，常用字母DC或dc表示。如图1-4(a)所示为恒定电流波形。直流电流用大写字母I表示。另一类电流大小和方向都随时间变化，称为变动电流。变动电流用小写字母i表示。其中一个周期内电流的平均值为零的变动电流称为交变电流，简称交流，常用字母AC或ac表示。图1-4(b)为正弦交流电流波形。

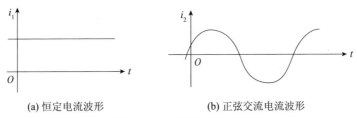

(a) 恒定电流波形　　　　(b) 正弦交流电流波形

图1-4　电流波形示意图

2) 电流的参考方向

电流的方向是客观存在的，但在电路分析中，面对一些较为复杂的电路，有时电流的实际方向难以判断，有时电流的实际方向随时间不断改变，要在电路中标出电流的实际方向较为困难。为了解决这一问题，在电路分析时，常采用"参考方向"这一概念。

在一段电路或电路元件上可以任意选定一个方向作为电流的流动方向，这个方向就是电流的参考方向，在电路图中用箭头表示。如图1-5所示，当电流的参考方向与实际方向一致时，电流为正值($I>0$)；当电流的参考方向与实际方向相反时，电流为负值($I<0$)。

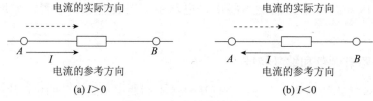

图1-5　电流的参考方向

除了用箭头来表示电流的参考方向外，还可用双下标表示，如I_{ab}表示电流参考方向从a指向b。

在选定的电流参考方向下，根据电流的正负，就可以确定电流的实际方向。在分析电路时，先假定电流的参考方向，并以此去分析计算，最后根据数值的正负值来确定电流的实际方向。

综上所述，电流参考方向是电路分析计算过程中很重要的概念，在学习中需要注意以下几点。

(1) 电流参考方向可随意选择，而实际电流是客观存在的。对于同一个电流，若选择的参考方向相反，则其电流的数值大小相等而符号相反。例如，$I_{ab}=-I_{ba}$。

(2) 电流是个代数量，电流的表达式中反映了大小与方向。例如，当$I=-2A$，表明电流大小为2A，其实际方向与参考方向相反。因此在分析电路电流时，应先选择好电流的参考方向。若不选择参考方向，那么谈论电流的正负将是无意义的。

(3) 在电路图上标注的是电流参考方向而不是实际方向。在某些直流电路中，若可直接判断电流的实际方向，一般为方便起见，其参考方向与实际方向应一致。

2. 电压与电位

1) 电压与电位的概念

如图1-6所示，在导体内电荷定向运动是由电场力的作用形成的。那么，电路中a、b两点间电压的大小就等于电场力将单位正电荷由a点移到b点所做的功，用符号u_{ab}表示，计算公式为

$$u_{ab}=\frac{dw_{ab}}{dq} \quad (1-2)$$

在直流电路中，电压用大写字母U表示。电压的单位为伏特(V)。

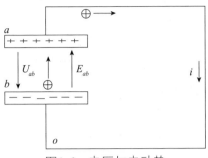

图1-6 电压与电动势

为了更方便地分析电压这个物理量,我们引入了电位的概念。在电路中任选参考点o,则电路中某点a到参考点o的电压就称为a点的电位。换而言之,电位实际上就是相对于参考点的电压,其公式为

$$V_a = U_{ao} \tag{1-3}$$

电位用V表示。电路参考点本身的电位$V_o=0\text{V}$,参考点也称为零电位点。

在电路中任选参考点o,则a、b两点的电位分别为$V_a=U_{ao}$、$V_b=U_{bo}$。按照做功的定义,电场力把单位正电荷从a点移到b点所做的功,等于把单位正电荷从a点移到o点,再移到b点所做的功的和,即

$$U_{ab} = U_{ao} + U_{ob} = U_{ao} - U_{bo} = V_a - V_b$$

$$\text{或}\ U_{ab} = V_a - V_b \tag{1-4}$$

式(1-4)表明,电路中a、b两点间的电压等于a、b两点的电位差,因而电压也称为电位差。

2) 电压的方向

两点之间电压的实际方向是由高电位点指向低电位点,所以电压也常称为电压降。为了方便分析电路,与电流一样,引入电压的参考方向。对元件或电路两端,可以任意选定一个方向为电压的参考方向,当电压的实际方向与它的参考方向一致时,电压值为正,即$U>0$;反之,当电压的实际方向与它的参考方向相反时,电压值为负,即$U<0$。

对电压参考方向的标注除了用箭头外,还可用双下标和正(+)、负(-)极性表示。例如,U_{ab}表明电压参考方向从a指向b。若用正负极性表示,电压参考方向从正极指向负极,如图1-7所示。

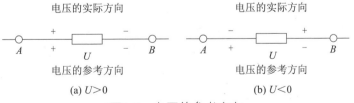

(a) $U>0$　　　　　　　　(b) $U<0$

图1-7 电压的参考方向

电路中电流与电压的参考方向选择是独立的,对一个电路,若元件电流与电压选择的参考方向相同,如图1-8所示,则称这个参考方向为关联参考方向,否则为非关联参考方向。

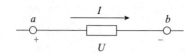

图1-8 电压和电流的关联参考方向

3) 运用电位概念时的注意事项

(1) 选择不同的参考点，同一点的电位数值不同。例如，在图1-9中，若选择O点为电位参考点，则$V_O=0\mathrm{V}$，$V_A=10\mathrm{V}$，$V_B=6\mathrm{V}$；若选择B点为电位参考点，则$V_B=0\mathrm{V}$，$V_A=4\mathrm{V}$，$V_O=-6\mathrm{V}$。

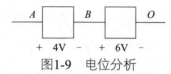

图1-9 电位分析

(2) 两点间的电压大小与参考点的选择无关，即电位的高低是相对的，而电压值是绝对的。在图1-9中，不论参考点选择O点还是B点，都不会改变U_{AB}的大小。

(3) 与电流、电压一样，电位也可为正值或负值，某点的电位高于参考点，则为正，反之则为负。

(4) 在汽车电路中，蓄电池负极直接或间接地通过导线连接在车身金属或车架上，俗称"搭铁"。通常汽车中的搭铁点就是电路的参考点，电路中任一点的电位就是相对于搭铁的电压。电力系统中，通常以大地作为参考点；电子电路中，一般选择电子设备的金属机壳或某公共点作为参考点。参考点的电位为零，用符号"⊥"表示。

3. 电动势

1) 电动势的大小与方向

在图1-6所示的电路中，正电荷在电场力的作用下不断从a极板通过连接导线流向b极板。如果没有一种外力作用，运动到b极板的正电荷将逐渐增多，使电位逐渐升高；a极板正电荷减少，使电位逐渐降低。a、b两点之间的电位差会减小，最后为零。于是，连接导线中的电流也将减小，最后为零。由于电场力的作用，电极上的正电荷不能逆电场而上，为了维持导线中的电流，就必须使a、b两极板间保持一定的电压，这必然要借助于外力使运动到b极板的正电荷经过另一个路径再流向a极板。在这个过程中，外力要克服电场力做功。这种外力是非电场力，称为电源力。

衡量电源力对电荷做功能力的物理量称为电动势。电动势在数值上等于电源力将单位正电荷由低电位(b点)移到高电位(a点)所做的功。电动势的方向规定为在电源内部由负极板指向正极板，即从低电位点指向高电位点。电动势用E表示，单位为伏特(V)。

2) 电动势与电压的比较

电动势与电压是两个不同的概念，它们既有区别又有联系。

(1) 电动势是指在电源内部，电源力将单位正电荷由低电位移到高电位所做的功；而电压是指在电源之外，电场力将单位正电荷由高电位移到低电位所做的功。

(2) 电动势的实际方向从低电位点指向高电位点，即电位升；而电压的实际方向从高电位点指向低电位点,即电位降。

(3) 一个元件的电动势和电压是大小相等、实际方向相反的一对物理量,对外部电路而言,两者没有区别。因此在今后的叙述中,电源常常用电压来等效表示电动势对外电路的作用。

不同的电源具有不同的电压。例如,一般汽车蓄电池的电压通常为12V,干电池的电压为1.5V。

4. 电能和电功率

在图1-8所示的直流电路中,a、b两点的电压为U,电路中的电流为I,电压、电流为关联方向。由电压定义可知,在t时间内,电场力所做的功,即元件消耗(或吸收)的电能为

$$W=UQ=UIt \tag{1-5}$$

式中:W——电功或电能,J;

U——元件两端电压,V;

I——流过元件的电流,A;

t——做功的时间,s。

单位时间内消耗的电能称为电功率(简称功率),在直流电路中用字母P表示,即

$$P=\frac{W}{t}=UI \tag{1-6}$$

若电压、电流为非关联方向,则

$$P=-UI \tag{1-7}$$

在国际单位制中,电能的单位是焦耳(J),功率的单位是瓦特(W)。我国法定计量单位中,有时电能的单位用千瓦时(kWh)表示,1kWh就是指1千瓦功率的设备,使用1小时所消耗的电能。1kWh俗称一度电。如40W的灯泡,工作25h,其消耗的电能就是1kWh。

需要指出的是,电功率是代数量,可以为正值或负值。

(1) 在电压电流关联参考方向下,$P=UI$,当$P>0$时,表示元件消耗电能;当$P<0$时,表示元件释放电能。

(2) 在电压电流非关联参考方向下,$P=-UI$,同样,当$P>0$时,表示元件消耗电能;当$P<0$时,表示元件释放电能。

在分析元件的功率时,首先看电路中标出的电流、电压参考方向是关联方向还是非关联方向;其次根据参考方向相应使用不同的公式,两个公式差一个负号;最后根据求得的功率是正值还是负值,分析元件是吸收(消耗)功率还是发出(提供)功率。不论使用哪一个公式,$P>0$表示元件实际为吸收功率,$P<0$表示元件实际为发出功率。

例1-1 计算如图1-10所示电路的功率,并说明电路是发出功率还是吸收功率。

解:图(a)电路为关联方向,$P=UI=2\times6=12(W)>0$,电路吸收功率。

图(b)电路为关联方向,$P=UI=(-1)\times5=-5(W)<0$,电路发出功率。

图(c)电路为非关联方向,$P=-UI=-5\times4=-20(W)<0$,电路发出功率。

图(d)电路为关联方向,$P=UI=(-3)\times(-2)=6(W)>0$,电路吸收功率。

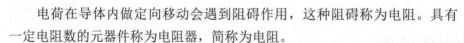

图1-10 例1-1图

> 🔓 **想一想**

类比法是科学研究的基本方法之一。判断物体是运动还是静止要选择参考方向,判断电流和电压的方向也要选择参考方向。在图1-6所示的电路中,a、b两点间电压的大小就等于电场力将单位正电荷由a点移到b点所做的功。在空间中,a、b两点间的高度的大小就等于将重力为1N的重物从a点沿竖直方向移到b点做的功。那么,电压可以类比高度吗?

> 📝 **探究**

1. 汽车上有蓄电池和发电机两个电源,蓄电池的功率在什么情况下大于零和小于零?发电机的功率是否也可以大于零和小于零?

2. 请在汽车上找到汽车电路中的主要搭铁点,如车身搭铁、发动机搭铁。

任务1.2 认知汽车基本电气元件

1.2.1 电阻

1. 电阻的定义

电荷在导体内做定向移动会遇到阻碍作用,这种阻碍称为电阻。具有一定电阻数的元器件称为电阻器,简称为电阻。

经过大量的实验,得出了电阻定律:在一定温度下,导体的电阻R与它的长度L成正比,与它的横截面积S成反比,还与导体的材料有关系,其表达式是

$$R = \rho \frac{L}{S} \tag{1-8}$$

式中:R——导体的电阻,Ω;

L——导体的长度,m;

S——导体的横截面积,mm^2;

ρ——导体的电阻率,$\Omega \cdot mm^2/m$。

其中,ρ称为物体的电阻系数或电阻率,它与材料的性质有关,不同材料的电阻率是不同的,常见材料的电阻率和电阻温度系数如表1-1所示。

表1-1 常见材料的电阻率和电阻温度系数

材料名称	电阻率ρ/$\Omega \cdot mm^2/m$	平均电阻温度系数α/1/℃ 0℃～100℃
银	0.0165	0.0036
铜	0.0175	0.004
铝	0.0283	0.004
低碳钢	0.13	0.006
碳	35	−0.0005
锰铜	0.43	0.000 006
康铜	0.49	0.000 005
镍铬合金	1.1	0.000 13
铁铬铝合金	1.4	0.000 08
铂	0.106	0.003 89

电阻率ρ是反映材料导电性能强弱的系数。由表1-1可见,银、铜、铝的电阻率很小,表示其对电流的阻碍小,导电能力强。因此,常用铜或铝来制造导线和电气设备的线圈。银的电阻率最小,但因价格昂贵,只在有特殊要求的场合使用,如电器触头等。镍铬、铁铬铝合金的电阻率很大,而且耐高温,常用来制造发热器件的电阻丝。

2. 电阻与温度的关系

人们在生产实践或科学实验中发现,导体的电阻还与温度的变化有关,一般可分为三种情况:第一类导体电阻随温度的升高而增大,如银、铝、铜、铁、钨等金属;第二类导体电阻随温度的升高而减小,如电解液、碳素和半导体材料;第三类导体电阻几乎不随温度的改变而变化,如康铜、锰钢、镍铬合金等。因此,在实践中,常用电阻温度系数来反映材料电阻受温度影响的程度。常见材料的电阻温度系数如表1-1所示。

工程中,通常用电阻温度系数极小的康铜、锰铜制造标准电阻、电阻箱以及电工仪表中的分流电阻和附加电阻等。金属导体的电阻随温度变化的特性还可用于温度的测量。例如金属铂,它是一种贵重金属,电阻温度系数较大,且熔点高,因而常用于制造铂电阻温度计,测温范围为−200℃～+850℃。

通常金属导体的电阻随温度的升高而增大,电阻与温度的关系式为

$$R_2 = R_1[1+\alpha(t_2-t_1)] \tag{1-9}$$

式中:t_1——参考温度(通常为20℃);

t_2——导体实际温度,℃;

R_1——t_1时的电阻,Ω;

R_2——t_2时的电阻,Ω;

α——电阻温度系数,1/℃。

3. 线性电阻与非线性电阻

电阻元件的端电压u与通过该元件的电流i之间的函数关系,用$u=f(i)$来表示。在坐标

平面上表示电阻元件的电压电流关系的曲线称为伏安特性曲线。根据伏安特性的不同，电阻元件分两大类：线性电阻和非线性电阻。

线性电阻元件的端电压u与电流i符合欧姆定律，即$u=Ri$，其中R是一个常数，其伏安特性曲线是一条通过坐标原点的直线，如图1-11(a)所示。该直线的斜率只与元件的电阻R有关，与元件两端的电压u和通过该元件的电流i无关。

非线性电阻元件的端电压u与电流i的关系是非线性关系，其阻值R不是一个常数，随着电流或电压的变化而变化，其伏安特性曲线是一条通过坐标原点的曲线，如图1-11(b)所示。非线性电阻种类繁多，常见的有白炽灯丝、普通二极管、稳压二极管等。

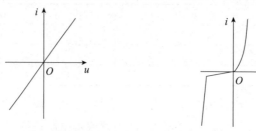

(a) 线性电阻的伏安特性　　(b) 非线性电阻的伏安特性

图1-11　电阻元件的伏安特性

4. 电阻的特性

在关联参考方向下，如图1-12所示，电阻元件的功率表达式为

$$P=ui=Ri^2=\frac{u^2}{R}\geq 0 \qquad (1-10)$$

由式(1-10)可知，电阻总是消耗能量的。

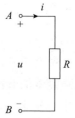

图1-12　电阻关联参考方向

5. 电阻的分类

(1) 按阻值特性，电阻分为固定电阻、可调电阻、特种电阻(敏感电阻)。其中，不能调节的电阻，我们称为定值电阻或固定电阻；而可以调节的电阻，我们称之为可调电阻。常见

的可调电阻是滑动变阻器，例如收音机调节音量的装置是个圆形的滑动变阻器。主要应用于电压分配的电阻，我们称为电位器。

(2) 按制造材料，电阻分为碳膜电阻、金属膜电阻、线绕电阻、无感电阻、薄膜电阻等。其中，薄膜电阻是用蒸发的方法将一定电阻率的材料蒸镀于绝缘材料表面制成的。

(3) 按安装方式，电阻分为插件电阻、贴片电阻。

(4) 按功能，电阻为负载电阻、采样电阻、分流电阻、保护电阻等。

6. 电阻器的标称方法

在使用电阻器时，我们需要了解它的主要参数，主要有标称值、功率、允许偏差。电阻器的标称值和允许偏差一般都标在电阻体上，而在电路图上通常只标出标称值。

《电阻器和电容器优先数系》(GB/T 2471—1995)规定,电阻器的标称值为表1-2所列数字乘$10^n\Omega$,其中,n为正整数、负整数或零。

表1-2 电阻器的标称值

系列	允许误差	电阻器的标称值
E24	I($\pm 5\%$)	1.0, 1.1, 1.2, 1.3, 1.5, 1.6, 1.8, 2.0, 2.2, 2.4, 2.7, 3.0, 3.3, 3.6, 3.9, 4.3, 4.7, 5.1, 5.6, 6.2, 6.8, 7.5, 8.2, 9.1
E12	II($\pm 10\%$)	1.0, 1.2, 1.5, 1.8, 2.2, 3.0, 3.9, 4.7, 5.6, 6.8, 8.2
E6	III($\pm 20\%$)	1.0, 1.5, 2.2, 3.3, 4.7, 6.8

电阻器的标称方法分为下列四种。

1) 直标法

直标法是一种常见的标注方法,特别是在体积较大(功率大)的电阻器上经常采用此法。它将该电阻器的标称值和允许偏差、型号、功率等参数直接标注在电阻器表面,如图1-13(a)所示。

在4种标称方法中,直标法使用最为方便。

2) 文字符号法

文字符号法和直标法相同,也是直接将有关参数标在电阻器上,如将5.7kΩ电阻器标成5K7,其中K既做单位,又做小数点。使用文字符号法时,偏差通常用百分数表示,如图1-13(b)所示,该电阻器阻值为100kΩ,偏差为±1%。如图1-13(c)所示为碳膜电阻,阻值为1.8kΩ,偏差为±20%,级别符号II表示偏差。

(a) 直标法　　(b) 文字符号法(一)　　(c) 文字符号法(二)

图1-13 电阻器的直标法和文字符号法

3) 数码法

数码法是指在电阻器上用三位数码表示标称值的标记方法。数码从左到右,第一、二位为有效值,第三位为指数,即零的个数,单位为欧姆。允许误差通常采用文字符号表示。

4) 色环表示法

色环表示法是指将不同颜色的色环涂在电阻上来表示电阻值及允许误差的标记方法。

(1) 四色环电阻。四色环电阻表示法如图1-14所示。紧靠电阻端的为第一色环,其余依次为第二、三、四色环。第一色环表示阻值的第一位有效数字,第二色环表示阻值的第二位有效数字,第三色环表示阻值的末尾加几个零,第四色环表示阻值的误差。

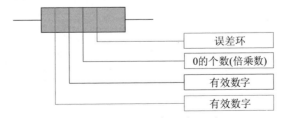

图1-14 四色环电阻表示法

四色环电阻色环的含义如表1-3所示。

表1-3 四色环电阻色环的含义

颜色	一环	二环	三环	四环
棕	1	1	10^1	±1%
红	2	2	10^2	±2%
橙	3	3	10^3	
黄	4	4	10^4	
绿	5	5	10^5	±0.5%
蓝	6	6	10^6	±0.25%
紫	7	7	10^7	±0.1%
灰	8	8	10^8	
白	9	9	10^9	
黑		0	10^0	
金			10^{-1}	±5%
银			10^{-2}	±10%
无色				±20%

速记口诀：棕1、红2、橙为3，4黄、5绿、6为蓝，紫7、灰8、9雪白，黑色为0，须牢记。

例如，某电阻的色环颜色分别是棕、红、红、金，则其电阻值为$12×10^2=1.2kΩ$，误差为±5%，表示电阻值允许在标准值1200Ω±5%的范围内波动，即电阻值在1140～1260Ω之间都是合格的电阻。

(2) 五色环电阻。五色环电阻器为精密电阻，它属于金属膜电阻，误差环有棕、红、绿、蓝、紫、金、银七种颜色。在五色环电阻中，两端色环总有一个色环离电阻体的边缘更近些，这道色环就是第一色环，其余依次为第二、三、四、五色环。第一、二、三色环是有效数字，第四色环是0的个数(或倍乘数)，第五色环为误差，注意黑色不能在第一环。

五色环电阻表示法如图1-15所示。

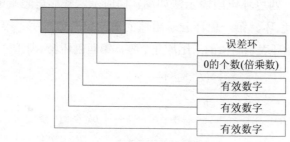

图1-15 五色环电阻表示法

五色环电阻色环的含义如表1-4所示。

表1-4 五色环电阻色环的含义

颜色	一环	二环	三环	四环	五环
棕	1	1	1	10^1	±1%
红	2	2	2	10^2	±2%
橙	3	3	3	10^3	
黄	4	4	4	10^4	
绿	5	5	5	10^5	±0.5%
蓝	6	6	6	10^6	±0.25%
紫	7	7	7	10^7	±0.1%
灰	8	8	8	10^8	
白	9	9	9	10^9	
黑		0	0	10^0	
金				10^{-1}	±5%
银				10^{-2}	±10%

例如,某电阻的色环颜色分别是红、红、黑、棕、金,则其电阻值为220×10^1=2.2kΩ,误差为±5%。

7. 电阻器额定功率的识别

电阻器额定功率是指电阻器在直流或交流电路中,长期连续工作所允许消耗的最大功率。电阻器额定功率有两种标记方法:功率1W或大于1W的电阻器,一律以阿拉伯数字标出;1W以下的电阻器,以自身体积来表示功率。常用的电阻器额定功率有0.05W、0.125W、0.25W、0.5W、1W、2W、3W、5W、7W、10W。在电路图中,非线绕电阻器额定功率的符号如图1-16所示。

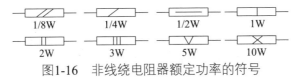

图1-16 非线绕电阻器额定功率的符号

8. 电位器

电位器是常用的电子元件之一,种类较多,特性不同。电位器的阻值是可调的,它所用的材料与固定电阻器相同。每个电位器的外壳上都标有阻值,这是电位器的标称值。标称值是指电位器的最大电阻值。常见的电位器有直线式(X型)、指数式(Z型)、对数式(D型)。三种形式的电位器的阻值随活动触点的旋转角度变化的曲线如图1-17所示。图中纵坐标表示在某一角度时的实际电阻值占电位器总电阻值的百分比,横坐标表示旋转角与最大旋转角的百分比。

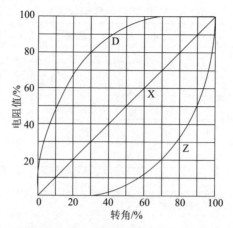

图1-17 三种形式的电位器旋转角与实际电阻值的变化关系

X型电位器的电阻值变化与转角成直线关系,也就是说,电阻体上导电物质的分布是均匀的,所以单位长度的电阻值相等。它适用于一些要求均匀调节的场合,如分压器、偏流调整等电路。

Z型电位器在开始转动时,电阻值变化较小,而在转角接近最大转角一端时,电阻值变化比较显著。它适用于音量控制电路,因为人耳对较小的音量稍有增加时感觉很灵敏,但音量大到某一值后,即使声音功率大幅增加,人耳的感觉变化也不大。因此,采用这种电位器控制音量,音量与电位器转角近似于线性关系。

D型电位器的电阻值变化与Z型正好相反,它在开始转动时电阻值变化很大,而在转角接近最大值时,电阻值变化比较缓慢。它适用于音量控制等电路。

1.2.2 特殊电阻器及其在汽车上的应用

1. 热敏电阻

热敏电阻是一种用陶瓷半导体制成的温度系数很大的电阻体。在工作温度范围内,按陶瓷半导体的电阻与温度的特性关系,热敏电阻可分为三种类型,如图1-18所示。

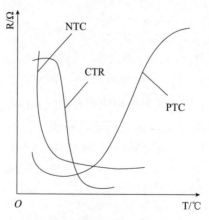

图1-18 热敏电阻的温度特性

(1) 负温度系数热敏电阻(NTC)。它的电阻值随温度升高而减小。这种电阻是由镍、铜、钴、锰等金属氧化物按适当比例混合后，高温烧结而成的，现广泛用于汽车发动机冷却水温度传感器、进气温度传感器、机油温度传感器和空调温度传感器中。

(2) 正温度系数热敏电阻(PTC)。它的电阻值随温度升高而按指数函数增加。这种电阻广泛应用于汽车发动机、仪器、仪表等测温感温部件中。

(3) 临界温度系数热敏电阻(CTR)。它的电阻值随温度升高而按指数函数减小。

现以红旗轿车冷却液温度传感器为例，来介绍热敏电阻。

红旗轿车冷却液温度传感器用一个负温度系数的热敏电阻作为检测元件。当冷却液温度升高时，传感器的电阻值随之减小；反之，当冷却液温度降低时，传感器的电阻值增大。红旗轿车的冷却液温度传感器电阻与温度的关系如表1-5所示。

表1-5 红旗轿车的冷却液温度传感器电阻与温度的关系

温度/℃	-20	0	60	80	100	120
电阻/Ω	15 080	5800	603	327	187	114

热敏电阻式温度传感器具有体积小、灵敏度高、安装简单、价格低廉的特点。因此，在汽车电子控制系统中，这种温度传感器是应用较广泛的传感器之一。

2. 光敏电阻

光敏电阻是利用半导体光电导效应制成的一种特殊电阻。它对光线十分敏感，其电阻值能随着外界光照强弱(明暗)变化而变化。它在无光照射时，呈高阻状态；当有光照射时，其电阻值迅速减小。汽车中的光电式光量传感器中就采用了光敏电阻——硫化镉(CdS)光导电元件，应用了光照强度能引起电阻值变化的特性。当光线照射硫化镉时，若周围环境暗时则电阻值变大，若周围环境亮时则电阻值变小。光量传感器通过硫化镉光导电元件，将周围光照的变化转换为电阻值的变化，并以电信号的形式输入控制器。光电元件硫化镉特性如图1-19所示。

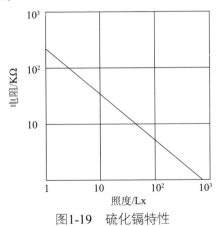

图1-19 硫化镉特性

光电式光量传感器在汽车上可用于各种灯具亮、熄的自动控制。光电式光量传感器的结构如图1-20所示。在该传感器中，光电元件硫化镉为多晶硅结构。在传感器中把硫化镉做成曲线形状，目的是增大与电极的接触面积，从而提高该传感器的灵敏度。灯光控制器安装在仪表板的上方，到傍晚时，它使尾灯点亮；当天色变得更暗时，前照灯被点亮；当前方来车时，还具有变光功能。这些都是自动完成的。

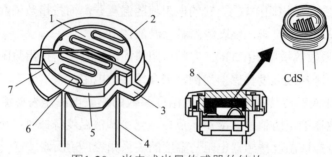

图1-20 光电式光量传感器的结构

1—玻璃 2—金属盖 3—金属底板 4—引线 5—陶瓷基片 6—硫化镉(CdS) 7—电极 8—滤波器

1.2.3 电容

1. 电容元件及其特性

电容元件是从实际电容器抽象出来的电路模型。实际电容器通常由两块金属板及其中间的介质构成。电容器加上电压后，两块极板上将出现等量异种电荷，并在两极间形成电场，储存电荷和电场能。电容器极板上储存的电荷量q与外加电压u成正比，即

$$C = \frac{q}{u} \tag{1-11}$$

式中：C——电容，它是表征电容元件特性的参数，F。

在国际单位制里，电容的单位是法拉，简称法，符号是F。由于法拉这个单位太大，常用的电容单位有毫法(mF)、微法(μF)、纳法(nF)和皮法(pF)等，换算关系是

$$1法拉(F) = 10^3毫法(mF) = 10^6微法(μF)$$
$$1微法(μF) = 10^3纳法(nF) = 10^6皮法(pF)$$

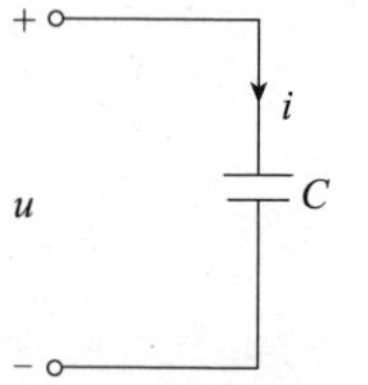

如图1-21所示，当电容上的电压与电流取关联参考方向时，有

图1-21 电容元件

$$i = \frac{dq}{dt} = C\frac{du}{dt} \tag{1-12}$$

式(1-12)表明，电容元件上通过的电流与元件两端的电压对时间的变化率成正比。电压变化越快，电流越大。当电容元件两端加恒定电压时，因$\frac{du}{dt}=0$，$i=0$，这时电容元件相当于开路，所以电容元件有隔直流的作用。

将式(1-12)两边乘以u并积分，可得电容元件极板间储存的电场能量为

$$W_C = \int_0^u Cu du = \frac{1}{2}Cu^2 \tag{1-13}$$

式(1-13)说明，电容元件在某一时刻储存的电场能量与元件在该时刻所承受的电压的平方成正比，与电流无关。电容元件不消耗能量，是储能元件。

2. 电容器的标称方法

(1) 直标法。在电容器的表面上直接标出容量大小和耐压值。如某电容"CD11-10μF 25V"，表示该电容为电解电容，容量为10μF，耐压25V。

(2) 文字符号法。用2~4位数字与字母混合表示电容容量，字母有时表示小数点(字母放在数字中间)。例如，2p2表示容量为2.2pF，1F2表示容量为1.2F，15p表示容量为15pF。

(3) 三位数表示法。前两位数表示有效数字，第三位数表示有效数字后面零的个数，它们的单位都是pF。例如，103表示容量为100 00pF，201表示容量为200pF，683表示容量为68 000pF，104表示容量为100 000pF。

(4) 色标法。电容器的色标法与电阻的色标法大致相同。各颜色对应的参数值如表1-3或表1-4所示。例子如图1-22所示。

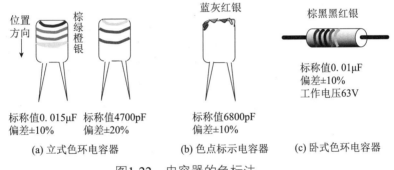

图1-22 电容器的色标法

3. 电容器的两个重要特性

(1) 阻隔直流电通过，允许交流电通过。

(2) 充电和放电特性。①电容器的充电。充电过程中，随着电容器两极板上所带的电荷量的增加，电容器两端电压逐渐增大，充电电流逐渐减小，当充电结束时，电流为零，电容器两端电压等于电源电压。②电容器的放电。放电过程中，电路中的电流从最大逐渐变成零，电容器两端的电压从最大慢慢变成零。

4. 电容器的额定直流工作电压

额定直流工作电压是指电容器能够长期可靠地工作而不被击穿所能承受的最大直流电压(又称耐压)。额定直流工作电压的大小与介质的种类和厚度有关。如果电容器用在交流电路中，则应注意交流电压的最大值不能超过额定直流工作电压。

电容器所承受的电压不能超过额定电压。在汽车上，虽然蓄电池的电压是12V，但有些电路上有超过300V的高电压。因此,选用电容器时要认真研究工作状态,选用额定电压有足够余量的电容。当环境温度很高时,电容器会加速老化,所以对于可靠性有要求的部件,一般要选用云母、聚酯电容器。

5. 电容器在汽车上的典型应用

电容器是广泛应用于汽车电气系统的电路元件之一,用于隔直流、耦合交流、旁路交流、滤波、定时和组成振荡电路等。

1) 电容式中控门锁系统

电容式中控门锁电路如图1-23所示。

正常状态时,蓄电池给电容器C_1充电,其电路为蓄电池→熔断器2→电阻R_1→电容器C_1→搭铁→蓄电池负极。

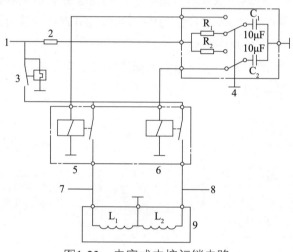

图1-23 电容式中控门锁电路

1—接蓄电池 2—熔断器 3—热敏断电器 4—门锁开关 5—锁门继电器 6—开门继电器
7—接其他门锁(锁) 8—接其他门锁(开) 9—门锁执行器

(1) 车门锁定。当按下门锁开关4时,电容器C_1放电,使锁门继电器线圈5有电流通过,继电器触点闭合。此时,门锁执行器L_1的电路接通而动作,通过操纵机构将车门锁定。当电容器C_1放电到一定程度时,锁门继电器线圈5断电,门锁执行器9的电路被切断。当按下门锁开关4时,电容器C_2开始充电。

(2) 车门开锁。当按回门锁开关4后,电容器C_2放电,使开门继电器线圈6有电流通过,继电器触点闭合。此时,门锁执行器L_2的电路接通而动作,通过操纵机构将车门开启。当电容器C_2放电到一定程度时,开门继电器线圈6断电,门锁执行器9的电路被切断。当按回门锁开关时,电容器C_1开始充电,回到原始状态。

2) 电容式闪光器

电容式闪光器主要由继电器和电容器组成,其电路如图1-24所示。继电器铁芯上绕有串联线圈3和并联线圈4,电容器是大容量电解电容器5(约1500μF)。电容式闪光器根据电容器充电、放电特性,使继电器串联线圈和并联线圈的电磁力时而相加,时而相减,致使触点2周期性地开和闭,从而使转向信号灯和转向指示灯闪烁。

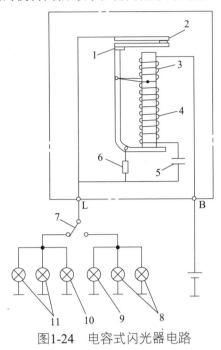

图1-24 电容式闪光器电路

1—弹簧片 2—触点 3—串联线圈 4—并联线圈 5—电容器 6—灭弧电阻 7—转向灯开关
8—右转向信号灯 9—右转向指示灯 10—左转向指示灯 11—左转向信号灯

1.2.4 电感

1. 电感元件及其特性

电感元件是从实际电感线圈抽象出来的电路模型。当电感线圈通过电流时,将产生磁通,在其内部及周围形成磁场,储存磁场能量。当忽略导线电阻及线圈匝及匝之间的电容时,可将其抽象为只具备储存磁场能量性质的电感元件。电感上的磁链与电流成正比,即

$$L=\frac{\Phi}{i} \tag{1-14}$$

式中:L——电感,是表征电感元件的特征参数,H;

Φ——磁通,Wb;

i——电流,A。

电感的单位是亨利(H),也常用毫亨(mH)或微亨(μH)做单位。$1H=10^3 mH$,$1H=10^6 \mu H$。

如图1-25所示,当纯电感电路中有交变电流通过时,根据电磁感应定律,线圈L上将产生自感电动势,其表达式为

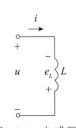

图1-25 电感元件

$$e_L = -L\frac{di}{dt} \tag{1-15}$$

电动势e_L与端电压u总是大小相等,方向相反,即

$$u = -e_L = -(-L\frac{di}{dt}) = L\frac{di}{dt} \tag{1-16}$$

式(1-16)表明,电感元件两端的电压与电流对时间的变化率成正比。

电流变化越快,电感元件产生的自感电动势越大,与其平衡的电压也越大。当电感元件中流过稳定的直流电流时,因$\frac{di}{dt}=0$,$e_L=0$,故$u=0$,这时电感元件相当于短路。

将式(1-16)两边乘上i并积分,可得电感元件中储存的磁场能量为

$$W_L = \int_0^u Li\,di = \frac{1}{2}Li^2 \tag{1-17}$$

式(1-17)说明,电感元件在某一时刻储存的磁场能量,只与该时刻流过的电流的平方成正比,与电压无关。电感元件不消耗能量,是储能元件。

2. 电感元件的标称方法

为了表明电感器的不同参数,便于在生产、维修时识别和应用,常在小型固定电感器的外壳上涂上标志。电感元件的标称方法有直标法、色标法和数码法三种。

1) 直标法

电感量用数字直接标注,用字母表示额定电流,用Ⅰ、Ⅱ、Ⅲ表示允许误差(允许误差含义同表1-2)。直标法的表示方法如表1-6所示。

表1-6 电感量用数字直接标注

字母	A	B	C	D	E
意义	50mA	150mA	300mA	0.7A	1.6A

例如,CⅡ330μH表示标称电感量为330μH,最大工作电流300mA,允许误差为±10%。

2) 色标法

色标法是指在电感器的外壳涂上各种不同颜色的环,用来标注其主要参数。第一色环表示电感量的第一位有效数字,第二色环表示第二位有效数字,第三色环表示倍乘数,第四色环表示允许偏差。数字与颜色的对应关系和色环电阻标注法相同。

例如,某电感器的色环颜色分别为棕、黑、金、金,表示电感器的电感量为1mH,误差为±5%。

3) 数码法

(1) 用拼音字母表示。例如,LGX型,表示小型高频电感线圈。

(2) 用字母和阿拉伯数字命名。例如,固定电感线圈LG1-B-560μH±10%,表示电感器为LG1型号,最大工作电流组别为B,标称电感量为560μH,允许误差为±10%。

3. 电感的作用

(1) 作为滤波线圈阻止交流干扰(通直流阻交流)。

(2) 可起隔离作用。

(3) 与电容组成谐振电路。

(4) 构成各种滤波器、选频电路等,这是电路中应用最多的方面。

(5) 利用电磁感应特性制成磁性元件,如磁头和电磁铁。

(6) 制成变压器传递交流信号,并实现电压的升、降。

在电子线路中,电感线圈有通直流阻交流、通低频阻高频、变压、传送信号等作用,它能与电阻器或电容器组成高通或低通滤波器及谐振电路等。变压器可以进行交流耦合、变压、变流和阻抗变换等。

电感在电路中的常见作用就是与电容一起组成LC滤波电路。我们已经知道,电容具有"阻直流通交流"的作用,而电感则有"通直流阻交流"的功能。如果让伴有许多干扰信号的直流电通过LC滤波电路,如图1-26所示,那么,交流干扰信号将被电容变成热能消耗掉。变得比较纯净的直流电流通过电感时,其中的交流干扰信号也被变成磁感和热能,频率较高的信号更容易被电感阻抗,这就可以抑制较高频率的干扰信号。

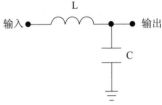

图1-26 LC滤波电路示意图

4. 电感在汽车上的典型应用

在车内,尾灯、牌照灯及停车灯的灯丝是否断开是无法确认的,而电流传感器可用于检测这类灯具的灯丝是否断开。舌簧开关式电流传感器的结构原理如图1-27所示,在电流线圈的周围绕有电压线圈,在线圈的中央设置舌簧开关。电压线圈的功能是防止电压变化时引起传感器的误动作。

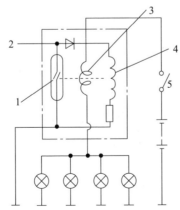

图1-27 舌簧开关式电流传感器的结构原理示意图

1-舌簧开关 2-接微机端子 3-电流线圈 4-电压线圈 5-开关

当图中所示开关闭合时,因为电流线圈3中有规定的电流流过,所以在电流线圈所形成的电磁力的作用下，舌簧开关闭合。当有一个灯丝断开时，电流线圈中的电流减小，电磁力减弱，舌簧开关打开，报警处于异常状态。这样，利用舌簧开关的通断就可以发出灯丝是否正常的信号。

🔒 想一想

电阻在电路中消耗能量，电气线路中为什么还使用电阻？电容和电感储存能量，电气线路中为什么也使用电容和电感？你能总结它们的作用吗？

✏️ 探究

1. 电容器能够隔直流，为什么能够通交流呢？请上网查阅相关的资料。
2. 请你查阅资料分析汽车电位计式节气门位置传感器的工作原理。
3. 请你查阅资料分析汽车冷却液温度传感器的工作原理。

任务1.3　电路分析与计算

1.3.1　常用名词

下面以图1-28所示电路为例，说明一些常用名词。

(1) 支路。支路是指电路中具有两个端钮且通过同一电流的无分支电路。如图1-28中的ED、AB、FC均为支路，该电路的支路数目为$b=3$。

(2) 节点。节点是指电路中三条或三条以上支路的连接点。如图1-28中的节点为A、B两点，该电路的节点数目为$n=2$。

(3) 回路。回路是指电路中任一闭合的路径。如图1-28中的CDEFC、AFCBA、EABDE路径均为回路，该电路的回路数目为$l=3$。

(4) 网孔。网孔是指不含有分支的闭合回路。如图1-28中的AFCBA、EABDE回路均为网孔，该电路的网孔数目为$m=2$。

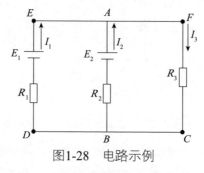

图1-28　电路示例

(5) 网络。在电路分析范围内，网络是指包含较多元件的电路。

1.3.2 基尔霍夫定律

基尔霍夫定律是电路中电压和电流所遵循的基本规律,是分析和计算较为复杂电路的基础。该定律于1845年由德国物理学家G. R. 基尔霍夫(G.R.Kirchhoff, 1824—1887,如图1-29所示)在大学毕业时提出。它既可以用于分析直流电路,也可以用于分析交流电路,还可以用于分析含有电子元件的非线性电路。直到现在,该定律仍然是解决复杂电路问题的重要工具。其后基尔霍夫与化学家本生共同创立光谱分析学,并发现了铯和铷两种元素。他还提出热辐射中的基尔霍夫辐射定律。该定律是辐射理论的重要基础,并成为量子论诞生的契机,促使天体物理学得到发展。基尔霍夫定律包括电流定律和电压定律。

图1-29 基尔霍夫

1. 基尔霍夫电流定律(第一定律)

1) 基尔霍夫电流定律(第一定律)的内容

基尔霍夫电流定律又称第一定律,简记为KCL(kirchhoff's current law),其物理背景是电荷守恒公理。基尔霍夫电流定律是确定电路中任意节点处各支路电流之间关系的定律,因此又称为节点电流定律。

基尔霍夫电流定律的第一种表述:在任一瞬时,流向某一节点的电流之和恒等于由该节点流出的电流之和,即

$$\sum I_{流入} = \sum I_{流出} \tag{1-18}$$

如图1-30中,在节点A上:$I_1 + I_3 = I_2 + I_4 + I_5$。

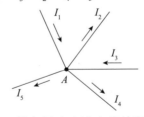

图1-30 基尔霍夫电流定律的举例说明

基尔霍夫电流定律的第二种表述:在任何时刻,电路中任一节点上的各支路电流代数和恒等于零,即

$$\sum I = 0 \tag{1-19}$$

一般可在流入节点的电流前面取"+"号,在流出节点的电流前面取"-"号,反之亦可。如图1-30中,在节点A上:$I_1 - I_2 + I_3 - I_4 - I_5 = 0$。

在运用基尔霍夫电流定律时,应注意以下几点。

(1) 对于含有n个节点的电路,只能列出$n-1$个独立的电流方程。

(2) 列节点电流方程时,只需考虑电流的参考方向,然后代入电流的数值。

为便于分析电路,通常需要在所研究的一段电路中事先选定(即假定)电流流动的方

向,称为电流的参考方向,通常用"→"号表示。

电流的实际方向可根据数值的正、负来判断。当$I>0$时,表明电流的实际方向与所标定的参考方向一致;当$I<0$时,则表明电流的实际方向与所标定的参考方向相反。

2) KCL的应用举例

(1) 对于电路中任意假设的封闭面来说,电流定律仍然成立。如图1-31中,对于封闭面S来说,$I_1+I_2=I_3$。

(2) 对于网络(电路)之间的电流关系,仍然可由电流定律判定。如图1-32中,流入电路B中的电流必等于从该电路中流出的电流。

(3) 若两个网络之间只有一根导线相连,那么这根导线中一定没有电流通过。

(4) 若一个网络只有一根导线与地相连,那么这根导线中一定没有电流通过。

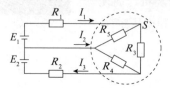
图1-31 电流定律的应用举例(1)

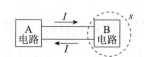
图1-32 电流定律的应用举例(2)

例1-2 已知$I_1=3A$,$I_2=5A$,$I_3=-18A$,$I_5=9A$,计算如图1-33所示电路中的电流I_6及I_4。

解:对于节点a,四条支路上,I_1和I_2流入节点,I_3和I_4流出节点;对于节点b,三条支路上,I_4、I_5、I_6均为流入节点。

对于节点a,根据KCL定律可知

$I_1+I_2=I_3+I_4$

$I_4=I_1+I_2-I_3=3+5+18=26(A)$

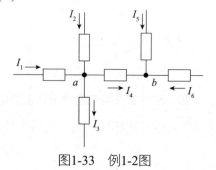
图1-33 例1-2图

对于节点b,根据定律可知

$I_4+I_5+I_6=0$

$I_6=-I_4-I_5=-26-9=-35(A)$

I_6为负值,说明实际电流方向与图1-33中I_6电流方向相反,即从b节点流出。

例1-3 已知$I_1=5A$,$I_6=3A$,$I_7=-8A$,$I_5=9A$,试计算如图1-34所示电路中的电流I_8。

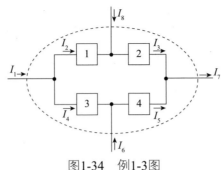

图1-34 例1-3图

解：在电路中选取一个封闭面，如图1-34中虚线所示，根据KCL定律可知

$I_1+I_6+I_8=I_7$

$I_8=I_7-I_1-I_6=-8-5-3=-16(A)$。

负号表示I_8的实际电流方向与图中的电流方向相反。

2. 基尔霍夫电压定律(第二定律)

1) 基尔霍夫电压定律(第二定律)的内容

基尔霍夫电压定律又称第二定律，简记为KVL(kirchhoff voltage laws)，其物理背景是能量守恒公理。基尔霍夫电压定律是确定电路中任意回路内各电压之间关系的定律，因此又称为回路电压定律。它的内容为：对于集中参数电路中的任何一个回路而言，在任一瞬时，沿回路绕行方向，各支路的电压代数和为零，即

$$\sum u(t)=0 \tag{1-20}$$

应用式(1-20)时，必须先选定回路的绕行方向，可以是顺时针，也可以是逆时针。各段(或各元件)的电压参考方向也应选定，若电压的参考方向与回路的绕行方向一致，则该电压取正，反之则取负。同时各电压本身的值也有正负之分，所以应用基尔霍夫电压定律时，也必须注意两套正负号。

例如，在图1-35所示的回路中，选择顺时针绕行方向，按各元件上电压的参考极性，可列出KVL方程式为

$$u_1+u_2-u_3-u_4=0$$

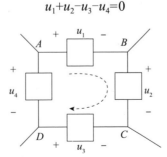

图1-35 基尔霍夫电压定律的举例说明

在运用基尔霍夫电压定律时，应注意以下几点。

(1) 对各回路设定一个绕行方向，作为该回路电势降落的标定方向。

(2) 当支路上电流的标定方向与绕行方向一致时，该支路上电阻的电势降落前取加号，否则取减号。

(3) 当电源电动势的方向(从电源的负极指向正极)与绕行方向一致时，该电源电动势前取负号，否则取正号。

2) KVL的应用举例

运用基尔霍夫电压定律解题时，应注意以下几个问题。

(1) 对正、负号的约定与给出方程式的形式相对应。本约定与式(1-20)相对应。

(2) 电路中若有n个节点，可以列出$n-1$个独立的节点电流方程式，另一个方程式可由这$n-1$个组合得出。

(3) 电路中若有m个独立回路，可以列出m个独立的回路电压方程式。判断电路中独立回路的数目时，可以把电路看作渔网，其中有多少个网孔，就有多少个独立回路。

(4) 独立方程的数目要与未知量的数目相等，方程组才有唯一解。

例1-4 试求图1-36所示电路中元件3、4、5、6的电压。

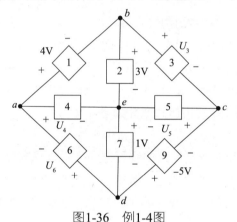

图1-36 例1-4图

解：仔细分析电路图，只有$cedc$和$abea$这两个回路中各含有一个未知量，因此，可先求出U_5或U_4，再求U_3和U_6。

在回路$cedc$中，$U_5+U_7+U_9=0$，则有

$U_5=-U_7-U_9=-(-5)-1=4(V)$

在回路$abea$中，$U_1+U_2-U_4=0$，则有

$U_4=U_1+U_2=4+3=7(V)$

在回路$bceb$中，$U_3+U_5-U_2=0$，则有

$U_3=U_2-U_5=3-4=-1(V)$

在回路$aeda$中，$U_4+U_7+U_6=0$，则有

$U_6=-U_4-U_7=-7-1=-8(V)$

例1-5 如图1-37所示为某电路的一部分，试确定其中的i和u_{ab}。

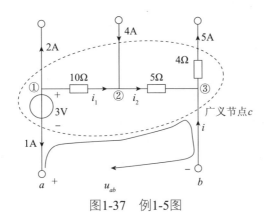

图1-37 例1-5图

解：(1) 求i。方法一是根据KCL求出各节点的电流。

节点①：$i_1+1A+2A=0A$ $i_1=-3A$；

节点②：$i_2=i_1+4A=-3A+4A=1A$；

节点③：$i=5A-i_2=5A-1A=4A$。

方法二是取广义节点c，则根据KCL可直接求得

$i+4A=1A+2A+5A$

$i=4A$

(2) 求u_{ab}。可以在a、b两端点之间设想有一条虚拟的支路，该支路两端的电压为u_{ab}。这样，由节点a经过节点①、②、③到节点b就构成一个闭合回路，这个回路就称为广义回路。对广义回路应用KVL可得

$u_{ab}-3+10i_1+5i_2=0(V)$

$u_{ab}=3-10\times(-3)-5\times1=28(V)$

例1-6 如图1-38所示电路，已知电压$U_{S1}=10V$，$U_{S2}=5V$，电阻$R_1=5\Omega$，$R_2=10\Omega$，电容$C=0.1F$，电感$L=0.1H$，求图1-38(a)和图1-38(b)中的电压U_1、U_2。

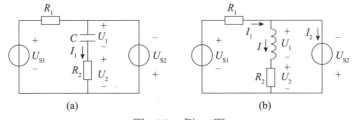

图1-38 例1-6图

解：(1) 在图1-38(a)中，在直流电路中电容C相当于开路，$I_1=0$，则

$U_2=I_1R_2=0V$

$U_1+U_2+U_{S2}=0$

$U_1=-U_2-U_{S2}=-5V$

(2) 在图1-38(b)中，在直流电路中电感L相当于短路，$U_1=0V$，根据KVL得

$U_1+U_2+U_{S2}=0$

$U_2=-U_1-U_{S2}=-5(V)$

1.3.3 电位的计算

1. 电位的定义、前提条件和意义

(1) 电位的定义。电路中某点至参考点(零电位点)的电压，就是该点的电位。

(2) 前提条件。计算电位时，必须先确定零电位点(参考点)。

(3) 意义。电位的变化反映电路工作状态的变化，检测电路中各点的电位是分析电路与维修电器的重要手段。

2. 电路中各点电位的计算

电路中各点电位的计算方法与步骤如下所述。

(1) 确定零电位点(参考点)的位置，用符号"⊥"标出。

(2) 从某点选择一条捷径(元件最少或容易计算的简捷路径)绕至零电位点，计算出选定路径上全部电压的代数和，即为某点的电位。

(3) 要特别注意每项电压正负号的选择。在绕行中，从电源正极到负极，应选取"+"号；反之，则选取"−"号。如顺着电流的方向，电阻上的电势应选取"+"号；反之，则应选取"−"号。

例1-7 如图1-39所示电路，已知：$E_1 = 45V$，$E_2 = 12V$，电源内阻忽略不计；$R_1 = 5\Omega$，$R_2 = 4\Omega$，$R_3 = 2\Omega$。试求B、C、D三点的电位V_B、V_C、V_D。

解：确定电路中A点为零电位点(参考点)，电流方向为顺时针方向，则

$$I = \frac{E_1 - E_2}{R_1 + R_2 + R_3} = \frac{45 - 12}{5 + 4 + 2} A = 3A$$

B点电位：$V_B = U_{BA} = -R_1 I = -3A \times 5\Omega = -15V$

C点电位：$V_C = U_{CA} = E_1 - R_1 I = 45V - 15V = 30V$

D点电位：$V_D = U_{DA} = E_2 + R_2 I = 12V + 12V = 24V$

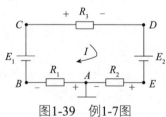

图1-39 例1-7图

例1-8 如图1-40所示，汽车上的发电机、蓄电池和负载连成并联电路。图中E_1、r_1为发电机的电动势和内电阻，E_2、r_2为蓄电池的电动势和内电阻，R_3是车灯等用电器的电阻。已知$E_1=15V$，$E_2=12V$，$r_1=1\Omega$，$r_2=0.5\Omega$，$R_3=10\Omega$。试求：(1)I_1、I_2和I_3各是多少？(2)以B点为参考点，A点的电位是多少？

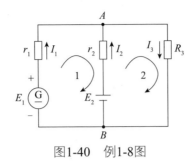

图1-40 例1-8图

解：(1) 假设各支路电流方向和回路方向如图1-40所示,根据三条支路列出三个独立方程。列出节点A的KCL方程

$I_1+I_2-I_3=0$

列出回路1和回路2的KVL方程

$r_1I_1-r_2I_2-E_1+E_2=0$

$r_2I_2+R_3I_3-E_2=0$

得到

$I_1+I_2-I_3=0$

$I_1-0.5I_2-3=0$

$0.5I_2+10I_3-12=0$

解联立方程式,可得

$I_1=2.42$ (A), $I_2=-1.16$ (A), $I_3=1.26$ (A)

I_2为负值,表明该支路中实际电流方向与参考方向相反,此时蓄电池处于充电状态。

(2) 以B点为参考点,则A点电位为

$V_A=U_{AB}=-r_2I_2+E_2=-0.5\times(-1.16)+12=12.58$(V)

1.3.4 惠斯通电桥

电桥电路在电学中是一种基本电路。利用电桥平衡原理构成的电测仪器,可以用来测量电阻、电容和电感,并可通过这些物理量间接测量非电量,如温度、压力等。因此,电桥电路在自动化仪表和自动控制中有着广泛的应用。其中,惠斯通电桥是比较简单的一种。

1. 惠斯通电桥原理

用惠斯通电桥测量电阻的原理如图1-41所示。

图中R_1、R_2、R_S、R_X(待测电阻)是电桥的四条臂,一般称R_1、R_2为比例臂(它们为标准电阻),R_S为调节臂。b、d之间有一个可调电阻R_h(对G起保护作用)和检流计G串联,这就是"桥"。"桥"的作用是将b、d两点的电位进行比较,当b、d两点的电位不相等时,检流计G就有电流通过;当b、d两点电位相等时,检流计G无电流通过,检流计G指针无偏转(通常指针指向"0")。此时电桥平衡,电桥平衡时流过R_1、R_X的电流相等,设为I_1,流过R_2、R_S的电流相等,设为I_2,则

$$U_{ab}=U_{ad} \quad I_1R_1=I_2R_2$$
$$U_{bc}=U_{dc} \quad I_1R_X=I_2R_S$$

所以有

$$R_X=\frac{R_1}{R_2}R_S \tag{1-21}$$

令$M=\dfrac{R_1}{R_2}$,称为"倍率",则式(1-21)可写为

$$R_X=MR_S \tag{1-22}$$

要使电桥平衡,一般固定倍率M,调节R_S直至电桥平衡。检流计在测量过程中起判断桥路有无电流的作用,只要检流计有足够的灵敏度来反映桥路电流的变化,则电阻的测量与检流计的精度无关。由于标准电阻可以制作得比较精密,利用电桥平衡原理测量电阻的正确度可以大大提高。

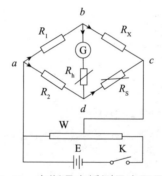

图1-41 惠斯通电桥测量电阻原理

2. 惠斯通电桥型汽车电路分析

在汽车电子控制燃油系统中,通常使用利用惠斯通电桥工作原理制成的热线式空气流量传感器,该传感器主要用来精确测量发动机内的空气质量。

热线式空气流量传感器主要由感知空气流量的铂热丝、根据进气温度进行修正的温度补偿电阻(冷线)、控制热丝电流并产生输出信号的控制电路板以及空气流量传感器的壳体等组成。热线式空气流量传感器的结构如图1-42(a)所示。

热线式空气流量传感器的电路工作原理如图1-42(b)所示。安装在控制电路板上的精密电阻R_A、电桥电阻R_B与热线电阻R_H、温度补偿电阻R_K组成了惠斯通电桥电路。当空气流经过热线电阻R_H时,热线温度降低,电阻减小,电桥失去平衡。流经热线的进气量不同,热线的温度变化量就不同,其电阻的变化量也不同。若要保持电桥平衡,就必须增大流经热线电阻的电流,以恢复其温度和阻值,而精密电阻R_A两端的电压也相应增大,控制电路将此电压的变化U_o输送给ECU,从而确定进气量。

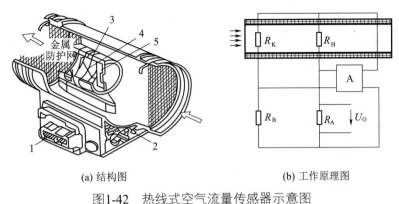

(a) 结构图　　　　　　　　　(b) 工作原理图

图1-42　热线式空气流量传感器示意图

1-插座　2-控制电路板　3-测试管　4-铂热丝　5-温度补偿电阻

A-混合集成电路　R_H-热线电阻　R_K-温度补偿电阻　R_A-精密电阻　R_B-电桥电阻

想一想

基尔霍夫定律与我们中学阶段所学的知识紧密联系，它拓展了欧姆定律的应用，对于复杂电路的计算是了不起的创新。完成这一创新论文的是一名21岁的大学毕业生，可见，创新并不神秘！

探究

在汽车上找一找热线式空气流量传感器，看看它在汽车的什么位置。

任务1.4　汽车电工电子常用仪表

1.4.1　使用仪表的知识

电工电子仪表是用于测量电压、电流、电能、电功率等电量和电阻、电感、电容等电路参数的仪表，在电气设备安全、经济、合理运行的监测与故障检修中起着十分重要的作用。电工电子仪表的结构性能及使用方法会影响电工测量的精确度，因此在实践中，电工必须能合理选用电工电子仪表，而且要了解常用电工电子仪表的基本工作原理及使用方法。

1. 电工电子仪表的分类

电工电子仪表种类繁多，分类方法也各不相同。按照电工电子仪表的结构和用途，常将其分为三种。

(1) 指示仪表。在电工电子仪表中，凡利用电磁力使其机械部分动作，并用指针或光标在刻度盘上指示被测量值的仪表就称为电测量指示仪表。电测量指示仪表直接通过仪表指示的读数来确定被测量值的大小。这是应用最为广泛的一种电测量仪表，属于直读式仪表。各种交直流电流表、电压表以及万用表等都是指示仪表。

(2) 比较式仪表。比较式仪表是将被测量数值与相应的标准量进行比较的仪表。使用者在测量过程中，要将被测量数值与某一标准量比较后才能确定其大小，如各类电桥、电位差计等。这种仪表的特点是灵敏度和准确度都很高，一般用于高精度测量或校对指示仪表。

(3) 其他电测量仪表。常见的电测量仪表还有数字式仪表、记录式仪表，以及用来扩大仪表量程装置的仪表，如分流器、测量用互感器等。

2. 电工电子仪表的选择

(1) 类型选择。除了根据用途选择仪表的种类外，还应根据使用环境和测量条件选择仪表的类型。如配电盘、开关板上仪表板所用的仪表等采用垂直安装方式，而在实训室中大多选用水平放置方式。

(2) 准确度选择。在使用仪表时，必须合理地选择仪表的准确度。一方面，虽然测量仪表的准确度越高越好，但不要盲目追求高准确度。对一般的测量来说，不必使用高准确度的仪表。因为仪表准确度越高，价格越贵，从而使设备成本增加，这是不经济的。而且准确度越高的仪表，使用时的工作条件要求也越高，如要求恒温、恒湿、无尘等，在不满足工作条件的情况下，测量结果反而不准确，这是不可取的。另一方面，也不应使用准确度过低的仪表，避免造成测量数据误差太大。因此，仪表的准确度等级要根据实际需要确定。准确度等级为0.1和0.2的仪表通常作为标准仪表以校正其他仪表。实训室一般用0.5～1.5级仪表。生产部门用于监视生产过程的仪表一般为1.0～2.5级。准确度等级为5.0级的仪表，通常在组合式或多用途仪表上使用。

(3) 量程选择。仪表的量程应根据测量值的可能范围确定。测量值范围较小，要选用较小的量程，这样可以得到较高的准确度；如选用太大的量程，则测量结果误差就较大。下面举一个例子说明选择合适量程的重要性。有两只毫安表，量程分别为I_1m=200mA和I_2m=50mA，两只仪表准确度等级均为1.0级，用来测量40mA的电流，则测量结果中可能出现如下误差。

对于量程为200mA的毫安表，可能产生的最大绝对误差ΔI_{1m}为

$\Delta I_{1m} = \pm 1.0\% \times 200 = \pm 2.0 (mA)$

因此，表测40mA电流可能产生的最大相对误差γ_{1max}为

$\gamma_{1max} = \frac{\pm 2.0}{40} \times 100\% = \pm 5.0\%$

对于量程为50mA的毫安表，可能产生的最大绝对误差ΔI_{2m}为

$\Delta I_{2m} = \pm 1.0\% \times 50 = \pm 0.5 (mA)$

因此，表测40mA电流可能产生的最大相对误差为γ_{2max}

$\gamma_{2max} = \frac{\pm 0.5}{40} \times 100\% = \pm 1.25\%$

由以上计算可以看出，用200mA的毫安表测40mA电流比用50mA的毫安表所测得的结果具有更大的最大相对误差，可见量程的选择对测量结果的准确度有很大影响。对于同一

只仪表，被测量值越小，其测量准确度就越低。例如，在正常情况下，用0.5级、量程为10A的安培表来测量8A电流时，可能产生的最大相对误差γ_{3max}为

$$\gamma_{3max}=\frac{\pm 0.5\% \times 10}{8}\times 100\%=\pm 0.625\%$$

而用它来测量1A电流时，则可能产生的最大相对误差γ_{4max}为

$$\gamma_{4max}=\frac{\pm 0.5\% \times 10}{1}\times 100\%=\pm 5\%$$

由此可见，对于一只确定的仪表，测量值越小，其测量时准确度越低。因此在选择量程时，应尽量使被测量的值接近于满标值。此外，也要防止超出满标值而使仪表受损。因此可取被测量值为满标值2/3左右的仪表，最少也应使被测量值超过满标值的一半。当被测电流大小无法估计时，可选用多量程仪表，先将其置于大量程挡，然后根据仪表的指示调整量程，使其达到合适的量程挡。

(4) 仪表内阻。当仪表接入被测电路后，仪表线圈电阻会影响原有电路的参数和工作状态，以致影响测量的准确度。例如，电流表是串联接入被测电路的，仪表内阻增加了电路的阻值，也就相应减小了原电路的电流，这势必影响测量结果，所以要求电流表内阻越小越好。量程越大，内阻应越小。再如，电压表是并联接入被测电路的，它的内阻减小了电路的阻值，使被测电路两端的电压发生变化，影响测量结果，所以电压表内阻越大越好。量程越大，内阻应越大。采样式数字电压表具有极高的内阻，对被测电路电压影响很小。

3. 电工电子仪表使用注意事项

非法操作和使用仪表，都有可能导致测量误差增大，或使被测电路、元器件及仪表损坏。因此，在使用仪表的过程中，应严格遵循仪表的操作方法，按步骤操作，并且在操作中应该注意以下一些问题。

(1) 接通电源前，应仔细检查仪表的开关、旋钮、接线插头等是否接好，是否存在故障，以防止短路、开路或接触不良等人为故障。为了确保人身和仪表的安全，仪表的电源插头连接线等绝缘层应完好无损，接地要良好。

(2) 接通电源后，不能敲打仪表机壳，不能用力拖动。如要移动仪表，应首先切断电源，然后轻轻移动。测试结束后，应先切断电源，确保安全时再拆除电路。

(3) 使用仪表时，应注意仪表适用电压范围与电网电压是否吻合，同时应注意电网电压的波动，盲目使用会导致仪表不能正常工作或损坏。

(4) 在将仪表和电路连接成测试系统时，要注意系统的"共地"问题，同一系统中的所有仪表和电路的接地端需可靠地连接在一起。否则，就会引起外界干扰，导致测量误差增大。有时甚至会损坏仪表或电路，造成损失。

1.4.2 汽车专用万用表的使用

汽车专用万用表是一种数字式万用表，在汽车检测中用途广泛，它除了具有数字式

万用表的功能外，还具有一些汽车专用测试功能。在发动机电控系统故障的检测与诊断中，除经常需要检测电压、电阻和电流等参数外，还需要检测转速、闭合角、频宽比(占空比)、频率、压力、时间、电容、电感、温度等。这些参数对于发动机电控系统的故障检测与诊断具有重要意义。但是这些参数用一般数字式万用表是无法检测的，需用专用仪表，即汽车专用万用表。

汽车专用万用表的基本工作原理：通过测试探针采集外部电信号后，传入万用表专用集成电路进行预处理，再通过CPU处理完成后，传入显示屏进行显示。

1. 汽车专用万用表的功能要求

使用汽车专用万用表测量电流、电压和电阻与普通万用表类似，在测量前要正确选择挡位和量程。不同的万用表，操作方法可能有所不同，具体操作方法参考随机附带的使用说明书。这里以普通汽车专用万用表为例，说明测量一些专用功能的一般操作步骤和方法。

汽车专用万用表一般应具备下述功能。

(1) 测量交、直流电压。考虑到电压的允许变动范围及可能产生的过载，汽车专用万用表应能测量大于40V的电压值，但测量范围也不能过大，否则读数的精度会下降。

(2) 测量电阻。汽车专用万用表应能测量1MΩ的电阻，测量范围大一些，使用起来较方便。

(3) 测量电流。汽车专用万用表应能测量大于10A的电流，测量范围小，则使用不方便。

(4) 记忆最大值和最小值。该功能用于检查电路的瞬间故障。

(5) 模拟条显示。该功能用于观测连续变化的数据。

(6) 测量脉冲波形的频宽比和点火线圈一次侧电流的闭合角。该功能用于检测喷油器、怠速稳定控制阀、废气再循环(exhaust gas recirculation，EGR)电磁阀及点火系统等的工作状况。测试项目选择开关置于频宽比(duty cycle)挡或闭合角(dwell)挡，黑线搭铁，红线接电路信号或点火线圈负接线柱，发动机运转，显示屏即显示脉冲信号的频宽比或点火线圈一次侧电路闭合角。

(7) 测量转速。测试项目选择开关置于转速(revolutions per minute，RPM)挡，转速测量专用插头插入搭铁座孔与公用座孔中，感应式转速传感器(汽车专用万用表附件)夹在某一缸高压点火线上。在发动机工作时，显示屏即显示发动机转速。

(8) 输出脉冲信号。该功能用于检测分电器点火系统有无故障。

(9) 测量传感器输出的电信号频率。测试项目选择开关置于频率(freq)挡，黑线(自汽车专用万用表搭铁座孔引出)搭铁，红线(自汽车专用万用表公用座孔引出)接被测信号线，显示屏即显示被测频率。

(10) 测量大电流。配置电流传感器(霍尔式电流传感夹)后，可以测量大电流。

(11) 测量温度。配置温度传感器后可以检测冷却液温度、尾气温度和进气温度等。测试项目选择开关置于温度(temp)挡，按下功能按钮(°C/°F)，将黑线搭铁，探针线插头端插入汽车专用万用表温度测量座孔,探针端接触被测物体,显示屏即显示被测温度。

(12) 测量二极管的性能。目前,国内生产的"胜利-98"、笛威TWAY9206、TWAY9406A和EDA-230等型号,都具有上述功能。有些汽车专用万用表除了具有上述功能外,还有一些扩展功能。例如,EDA-230型汽车专用万用表在配用真空/压力转换器(附件)的情况下可以测量压力和真空度,并且具有背光显示功能(使显示数据在光线较暗时也能被看清楚)。

2. 汽车专用万用表的基本结构

汽车专用万用表主要由数字及模拟量显示屏、功能按钮、测试项目选择开关、温度测量座孔、公用座孔(用于测量电压、电阻、频率、闭合角、频宽比和转速等)、搭铁座孔、电流测量座孔等构成。

如图1-43所示为数字型汽车专用万用表基本结构。

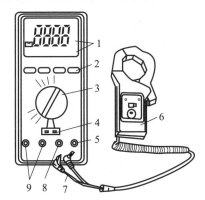

图1-43　数字型汽车专用万用表基本结构示意图

1-数字及模拟量显示屏　2-功能按钮　3-测试项目选择开关　4-温度测量座孔　5-公用座孔
6-霍尔式电流传感夹　7-引线插头　8-搭铁座孔　9-电流测量座孔

3. 汽车专用万用表的量程

直流电压:400mV～400V(精度±0.5%),(1000±1%)V;

交流电压:400mV～400V(精度±1.2%),(750±1.5%)V;

直流电流:(400±1%)mA,(20±2%)A;

交流电流:(400±1%)mA,(20±2.5%)A;

电阻:(400±1%)Ω,4kΩ～4MΩ(精度±1%),(400±2%)MΩ;

频率:40Hz～4kHz(±0.05%),最小输入10Hz;

二极管检测:精度±1%dgt;

温度检测:18～300℃(精度±3℃),301～1100℃(精度±3%);

转速:150～3999r/min(精度±0.3%),4000～10 000r/min(精度±0.6%);

闭合角:±0.5°;

频宽比:±0.2%。

4. 汽车专用万用表的使用方法

(1) 信号频率测试。测试项目选择开关置于频率(freq)挡，黑线(自汽车专用万用表搭铁座孔中引出)搭铁，红线(自汽车专用万用表公用座孔中引出)接被测信号线，显示屏即显示被测频率。

(2) 温度检测。测试项目选择开关置于温度(临时)挡，按下功能按钮(°C/°F)，将黑线搭铁，将探针线的插头端插入汽车专用万用表温度测量座孔，探针端接触被测物体，显示屏即显示被测温度。

(3) 点火线圈一次侧电路闭合角检测。测试项目选择开关置于闭合角挡，黑线搭铁，红线接点火线圈负接线柱，发动机运转，显示屏即显示点火线圈一次侧电路闭合角。

(4) 频宽比测量。测试项目选择开关置于频宽比挡，红线接电路信号，黑线搭铁，发动机运转，显示屏即显示脉冲信号的频宽比。

(5) 转速测量。测试项目选择开关置于转速(每分钟转数)挡，转速测量专用插头插入搭铁座孔与公用座孔中，感应式转速传感器(汽车专用万用表附件)夹在某一缸高压点火线上，在发动机工作时，显示屏即显示发动机转速。

(6) 起动机起动电流测量。测试项目选择开关置于400mV挡(1mV相当于1A电流，即用测量电流传感器电压的方法来测量起动机起动电流)，把霍尔式电流传感夹夹到蓄电池线上，其引线插头插入电流测量座孔，按下最小/最大功能按钮，然后拆下点火高压线，用起动机转动曲轴2~3s，显示屏即显示起动电流。

(7) 氧传感器测试。拆下氧传感器线束连接器，将测试项目选择开关置于"4V"挡，按下DC功能按钮，使显示屏显示"DC"，再按下最小/最大功能按钮，将黑线搭铁，红线与氧传感器相连，然后快速(2000r/min)运转发动机，使氧传感器工作温度超过360℃。

(8) 喷油器喷油脉冲宽度测量。测试项目选择开关置于频宽比挡，测出喷油器工作脉冲频率的频宽比后，再把测试项目选择开关置于频率(Freq)挡，测出喷油器工作脉冲频率，然后按以下公式计算喷油器喷油脉冲宽度

$$S_p = \eta / f_p$$

式中：S_p——喷油脉冲宽度，s；

η——频宽比，%；

f_p——喷油频率，Hz。

5. 汽车专用万用表在检查电控系统时的注意事项

(1) 除在测试过程中特殊指明外，不能用指针式万用表测试电子控制单元(electronic control unit，ECU)和传感器，应使用高阻抗数字式万用表，万用表内阻应不低于10kΩ。在测量前，必须对万用表进行调零。

(2) 首先要检查熔丝、易熔线和接线端子的状况，在排除这些部位的故障后，再用万用表进行检查。

(3) 在用万用表检查防水型连接器时，应该小心地取下皮套，如图1-44(a)所示，用测

试表笔插入连接器检查时不可对端子用力过大,如图1-44(b)所示。

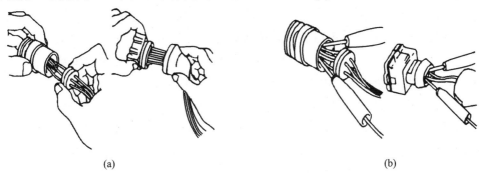

图1-44 检查防水型连接器

检测时,测试表笔可以从带有配线的后端插入,如图1-45(a)所示;也可以从没有配线的前端插入,如图1-45(b)所示。

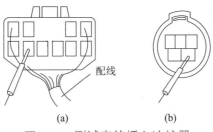

图1-45 测试表笔插入连接器

(4) 检查线路断路故障时,应先脱开ECU和相应传感器的连接器,然后测量连接器相应端子间的电阻,以确定是否有断路或接触不良故障。

(5) 在拆卸发动机电子控制系统线路之前,应首先切断电源,即将点火开关断开(关),拆下蓄电池极柱上的接线。

(6) 连接器上接地端子的符号因车型的不同而不同,应注意对照维修手册加以辨认。

(7) 测量两个端子间或两条线路间的电压时,应将万用表(电压挡)的两支表笔与被测量的两个端子或两根导线接触;而测量某个端子或某条线路的电压时,应将万用表的正表笔与被测的端子或线路接触,而将万用表的负表笔与地线接触。

(8) 检查端子、触点或导线等的导通性,是指检查端子、触点或导线等是否通电或断开,可用万用表电阻挡测量其电阻值的方法进行检查。

(9) 所有传感器、继电器等装置都是和ECU连接的,而ECU又通过导线和执行部件连接,所以在检查故障时,可以在ECU连接器的相应端子上进行测试。

6. 汽车专用万用表在汽车电控系统中的检修实例

目前,国内的电控汽车类型很多,各种汽车都有适合自己的检修方法和检测仪器。要掌握所有电控汽车的修理方法、维修数据是不现实的,只有通过不断的维修实践,加深对工作原理的认识,积累经验,正确掌握各种检测仪器的使用方法,借助维修手册提供的有关技术资料、标准数据,才能准确、迅速地判断和查找故障。

1) 诊断与排除

(1) 检查点火系统，对不符合要求的火花塞进行更换。

(2) 清洁空气滤芯，并检测汽油供给系统压力、喷油器，均显示工作正常。

(3) 在发动机怠速时检查空气流量计，触碰进气管时发动机熄火，仔细观察后发现进气管上有裂口。裂口在波纹管内侧，不仔细查看很难观测到。

(4) 更换新管后试车，故障消失。

该故障产生的原因是进气管上有裂口，起动暖机后，塑胶管变软，发动机振动使空气从扩大的裂口进入，混合气过稀而造成发动机熄火。

2) 故障分析

发动机电控系统是根据进入气缸的空气量来决定喷油量的，因此进气系统出现问题对发动机的工作影响较大。检修进气系统前，先要进行目视检查。查看空气管、真空管接口有无松动，软管上有无破损，确认没有问题后再进行其他检查。

(1) 叶片式空气流量计的检查。这种流量计是通过机构动作把空气流量转变为电信号。它由滑动触点、开关触点、转动机构及调整装置等组成。这种流量计容易出现触点烧蚀、接触不良、动作不灵活和位置变动等故障。

(2) 涡流式空气流量计的检修。涡流式空气流量计的种类较多，输出信号不同，检测的方法和使用的仪器也不一样。

(3) 进气歧管压力传感器的检修。

1.4.3　汽车专用示波器的使用

1. 汽车专用示波器简介

有些汽车电子设备的信号变化速度非常快，有的信号变化周期仅为0.001s，许多故障信号是间歇发出的，时有时无，这就需要仪器的测试速度快于故障信号的传输速度。通常要求测试仪器的扫描速度是被测信号的5～10倍。数字示波器完全可以达到这个速度，它不仅可以快速捕捉电路信号，还可以用较慢的速度来显示这些波形，以便使用者一边观察，一边分析。此外，它可以用储存的方式记录信号波形，使用者可以倒回来观察显示过的快速信号，这就为故障分析提供了极大方便。

将数字示波器加以改进，设置汽车专用的参数指标，就成为汽车专用示波器。在汽车专用示波器的使用过程中，有以下几点需要注意。

(1) 测试点火高压线时，必须使用专用的电容探头，不能将示波器探头直接接入点火次级电路。

(2) 使用汽车专用示波器时，注意远离热源(如排气管、催化器等)，温度过高会损坏仪器。

(3) 使用汽车专用示波器测试时，测试线应尽量离开风扇叶片、传动带等转动部位。

(4) 使用者测试前应先确认发动机盖是完好无损的，防止发动机盖自动下降伤及头部或损坏汽车专用示波器。

(5) 路试中，不要将汽车专用示波器放在仪表台上方，最好拿在手中。

2. 汽车专用示波器的基本使用方法

目前，市场上流行的汽车专用示波器有金德KT600和远征X431。现以金德KT600为例，说明汽车专用示波器的基本使用方法。

金德KT600汽车专用示波器可以实时采集点火、喷油、电控系统传感器的波形。通过对传感器波形的分析，可以准确地诊断传感器是否有故障。通过对点火波形的分析，不仅可以诊断点火系统的火花塞、高压线、点火线圈等各元器件故障，还可以分析进气系统和燃油系统的可能故障点，为了解汽车运行技术状况和故障诊断提供科学的依据。

1) 基本功能

(1) 金德KT600示波器在国内首次真正实现了次级点火波形的实时显示，金德KT600装备业内领先的32位主控CPU+高速数字处理芯片，保证在高达20MHz采样频率的情况下仍能实时处理信号。

(2) 金德KT600是高速五通道汽车专用示波器，可以存储参考波形。

(3) 金德KT600可以分析汽车初级、次级点火波形，有纵列、三维、阵列、单缸等多种次级波形显示方式，并显示点火击穿电压、闭合角、燃烧时间等。金德KT600能够实现精确的点火同步，自动检测点火信号极性，无论是分电器点火、独立点火还是双头点火都能可靠检测，相当于一台手持式发动机分析仪。

(4) 金德KT600具有通用示波器功能。

(5) 金德KT600具有记录仪功能。

(6) 金德KT600具有发动机分析仪功能(需选配其他配件)。

2) 设备配置及参数

金德KT600各设备参数如表1-7、表1-8、表1-9所示。

表1-7 主机参数

项 目	指 标
供电电压	12VDC
操作温度	−30℃～+50℃
相对湿度	小于90%
串行口	标准RS232(ps/2口)
CF卡接口，供插拔CF卡	

表1-8 示波器性能参数

项 目	指 标
通道数目	5通道
采样频率	20MHz
采样精度	双8位
电压量程	20mV～20V/格
扫描时间	2.50μs～2s/格

表1-9 硬件配置

系统硬件	指标
CPU	32位嵌入式芯片
主频	80MHz
闪存	超大容量flash可反复擦写
外存	CF卡，可任意扩展
显示器	6.4寸LCD触摸真彩屏
打印机	热敏式微型打印机

3) 设备结构

金德KT600主机正面如图1-46所示。

图1-46 金德KT600主机正面

1-触摸屏 2-返回上级菜单、退出 3-进入菜单、确认所选项目 4-电源开关 5-方向选择键 6-多功能辅助键

金德KT600主机背面如图1-47所示。

图1-47 金德KT600主机背面

1-打印盒 2-打印机卡扣 3-手持处 4-卡锁 5-胶套 6-保护带 7-触摸笔槽

金德KT600主机上接口如图1-48所示。

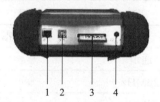

图1-48 金德KT600主机上接口

1-网口 2-ps/2 3-CF卡 4-power

金德KT600主机下接口(示波盒)如图1-49所示。

图1-49　金德KT600主机下接口(示波盒)

CH1、CH2、CH3、CH4-示波通道　CH5-触发通道

4) 随机附件

金德KT600汽车专用示波器的随机附件包括示波连接线、电源延长线、测试探针等，具体说明如表1-10所示。

表1-10　金德KT600汽车专用示波器的随机附件

示　意　图	名　　称	功　　能
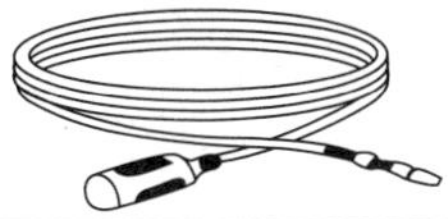	电源延长线	给主机提供电源，可以连接汽车点烟器接头或汽车鳄鱼夹
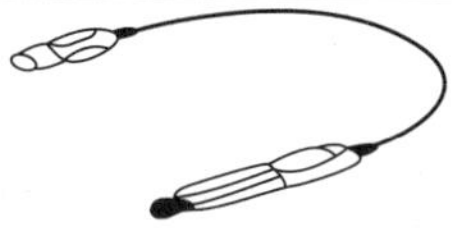	汽车点烟器接头	连接电源延长线和汽车点烟器，给主机供电
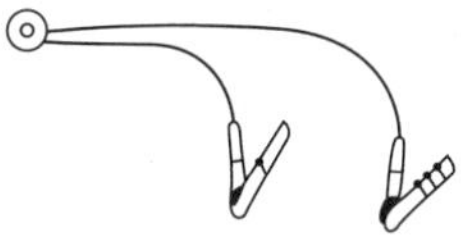	汽车鳄鱼夹	连接电源延长线和汽车电瓶，给主机供电
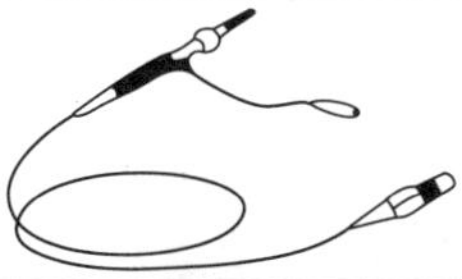	测试探针	连接通道CH1、CH2、CH3、CH4，带接地线，可以×1或者×10衰减
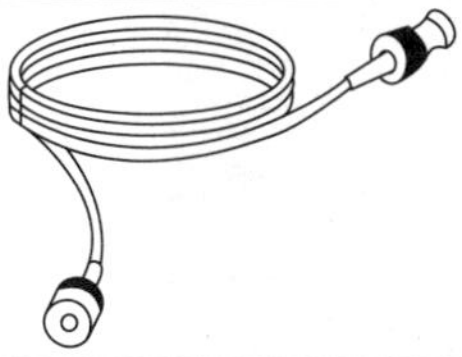	示波延长线	连接CH1、CH2、CH3、CH4通道，主要功能是延长输入信号线
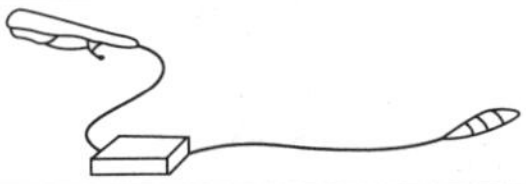	一缸信号夹	连接CH5通道，可以检测发动机转速和触发状况
	容性感应夹	可以连接CH1、CH2通道，感应次级点火信号
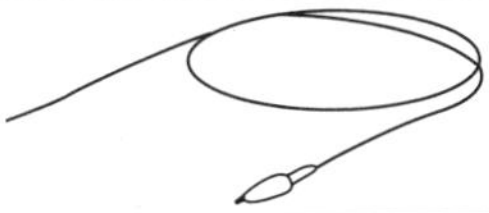	示波连接线	可以对接地线或者延长信号线

5) 基本功能与操作

在金德KT600主界面上选择示波器分析仪，确认进入如图1-50所示菜单。

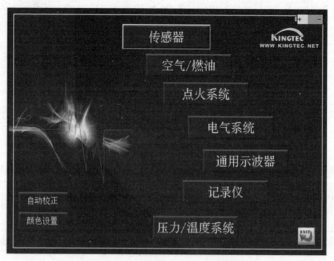

图1-50 示波器分析仪功能菜单

在金德KT600的功能菜单里按上下方向键选择需要检测的项目,按"ENTER"键可以进入下一级菜单,选择需要的测试项目,按"EXIT"键可以返回上级菜单。

6) 通用型示波器的调整方法

一般情况下,汽车专用示波器的波形显示不需要调整,当要检测超出汽车专用示波器标准菜单的项目时,可以选择通用示波器功能,但需要掌握一定的调整方法。在汽车专用示波器测试过程中如果有相似菜单,调整方法也相同。

选择通用示波器,按"ENTER"键确认,如图1-51所示,在屏幕上有十二个选项:通道、周期、电平、幅值、位置、停止、存储、载入、光标、触发、打印、退出。三个功能选项:通道设置、自动设置、配置取存。按左右方向键可以对选择项目进行调整。

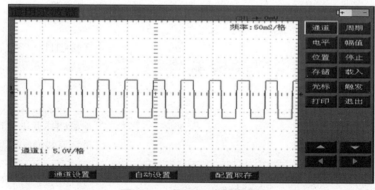

图1-51 通用示波器界面

(1) 通道调整。按功能键可以选择通道1(CH1)、通道2(CH2)、通道3(CH3)、通道4(CH4)任意组合方式,如图1-52所示。

(2) 周期调整。选择周期调整,按上下键可以改变每单格时间的长短,如果开机时设定的是10ms/格,按向下键则会变为5ms/格,波形就会变稀疏;按向上键则会变为20ms/格,波形会变密集。

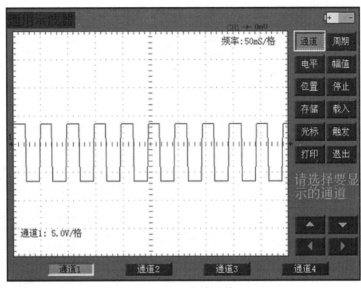

图1-52 通道调整

(3) 电平调整。对纵轴的触发电平进行调整，对于同一波形，选择不同的触发电平，波形在显示屏上的位置就会随之变化。如果触发电平的数值超出波形的限值范围，波形将产生游动，无法在屏幕上保持稳定。

(4) 幅值调整。按上下方向键可以调整纵向波形幅值的大小，金德KT600可以选择1∶500，1∶200，1∶100，1∶0.5，1∶1.0，1∶2.5，1∶5，1∶10和1∶20的幅值。

(5) 位置调整。选择位置调整可以对波形的上下显示位置进行调整，按向上方向键，波形就会向上移动；按向下方向键，波形就会向下移动。

(6) 触发方式调整。选择触发方式调整，可在高频(<50ms/格)对波形的触发起点进行调整。使用功能键可以选择触发方式，具体包括上升沿触发、下降沿触发、电平触发，如图1-53所示。

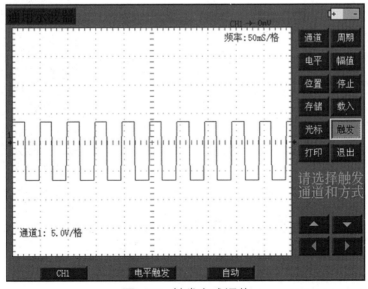

图1-53 触发方式调整

(7) 波形的存储和载入。在选择通用示波器时，如果要存储当前波形，选择"存储"。如果要刷新频率(≥50Hz/格)，系统会等待采集完当前屏波形后自动冻结波形。在弹出的文件存储人机界面上，用户可以设定存储波形的文件名，然后保存波形数据(最多支持保存64个文件)，保存完以后，系统会自动退出存储界面。

如果要载入已存储的波形，选择"载入"。如果波形文件存在，系统将会自动浏览到已保存的文件，用户可以根据自己的需要调出波形。单击"退出"或按"Esc"均可以退出载入界面，如图1-54所示。

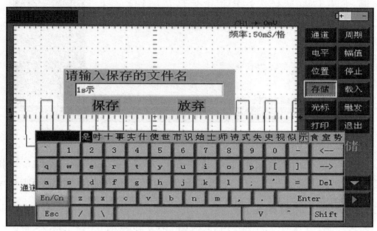

图1-54 波形的存储和载入

7) 传感器信源参数选择调整

在传感器菜单中，用户可以选择"信源参数"来调整所需要观察的通道参数，如图1-55所示。

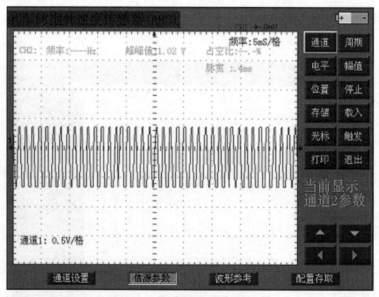

图1-55 传感器信源参数调整

8) 传感器波形参考功能

该功能方便用户在测试传感器波形的时候，比较标准的传感器波形和当前测试的传感器波形,从而直观地看出当前传感器的好坏。为实现该功能,用户先要采集标准的传感器波形,存储到系统中,然后才可以回放波形并进行波形比较。系统最多可以存储64个波形文件。

波形参考有三种功能:采集波形、回放波形、波形比较,如图1-56所示。

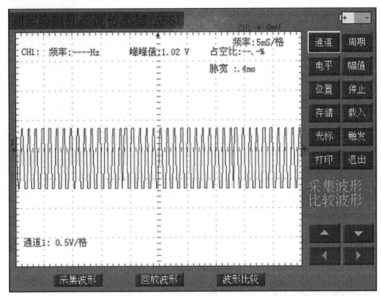

图1-56 传感器波形参考功能

选择采集波形,可将当前波形保存,其文件名可以是字母、数字、中文字符,如图1-57所示。

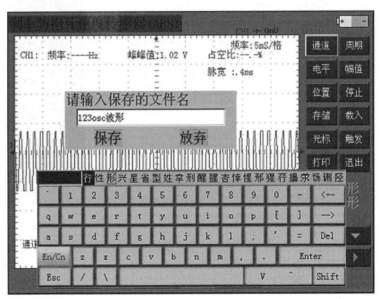

图1-57 采集波形

选择回放波形,可将采集的波形回放,如图1-58所示。

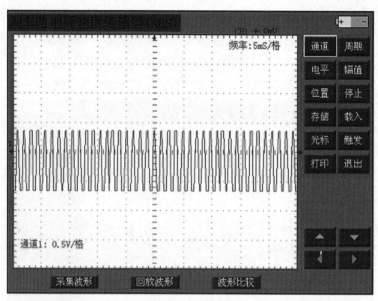

图1-58 回放波形

选择波形比较,可将采集的波形与当前波形进行比较。载入采集波形后,系统会将其与当前波形放在同一位置,用户可以调整其位置来比较两段波形,如图1-59所示。

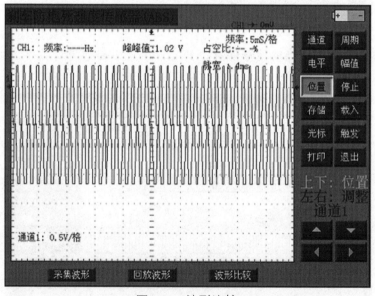

图1-59 波形比较

1.4.4 钳形电流表

钳形电流表是由电流互感器和电流表组合而成的。测量人员捏紧扳手时,电流互感器的铁芯可以张开,被测电流所通过的导线不必切断就可穿过铁芯张开的缺口;测量人员松开扳手后,铁芯闭合。钳形电流表如图1-60所示。

用钳形电流表检测电流时,一定要夹入一根被测的导线。若夹入两根(平行线)导线,则不能检测电流。使用钳形电流表中心(铁芯)检测时，检测误差小。在检测家电产品的耗电量时，使用线路分离器比较方便，有的线路分离器可将检测电流放大10倍，因此，1A以下的电流可放大后再检测。使用钳形电流表检测直流电流(DCA)时，若电流的流向相反，则显示负数，可使用该功能检测汽车蓄电池处于充电状态还是放电状态。

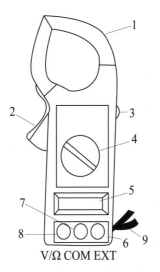

图1-60　钳形电流表示意图

1-钳头　2-钳头扳机　3-保持开关4　4-旋转开关　5-显示器　6-绝缘测试附件接口

7-公共地端　8-电压电阻输入端　9-手提带

1. 使用说明

现以DT266钳形电流表为例，介绍其使用方法。

1) 交流电流测量

(1) 将开关旋至ACA1000A挡。

(2) 保持开关处于放松状态。

(3) 按下扳机，打开钳口，钳住一根导线；如果钳住两根以上，测量无效。

(4) 读取数值，如果读数小于200A，将开关旋至ACA200A挡，以提高准确度。如果因环境条件限制，如在暗处无法直接读数，可按下保持键，拿到亮处读取。

2) 交、直流电压测量

(1) 测直流电压时，将开关旋至ACA200A挡；测交流电压时，将开关旋至ACV750V挡。

(2) 保持开关处于断开状态。

(3) 红表笔接V/Ω端，黑表笔接COM端。

(4) 红、黑表笔并联到被测线路中。

3) 电阻测量

(1) 将开关旋至适当量程的电阻挡。

(2) 保持开关处于断开状态。

(3) 红表笔接V/Ω端，黑表笔接COM端。

(4) 红、黑表笔分别接被测电阻器两端，测在线电阻时，线路应切断电源，与电阻所连的电容应放电。

4) 通断测试

(1) 将开关旋至200n挡。

(2) 红、黑表笔分别接V/Ω端。

(3) 如果红、黑表笔间的电阻小于(50±25)Ω时，内置蜂鸣器发声。

5) 高阻测量

(1) 将开关旋至"EXTERNALUNIT" 20MΩ或2000MΩ挡。

(2) 显示值是不稳定的，处于游离状态。

(3) 测试附件3个插头插入钳形表的3个输入插孔。

(4) 钳形表开关、测试附件量程开关均旋置2000MΩ挡。

(5) 测试附件输入端接被测电阻。

(6) 测试附件电源调至"ON"位置，按下"PUSH"键，指示灯发亮。这时显示器显示被测值，如果读数小于19MΩ，钳形表测试附件的量程均选择20MΩ挡，以提高准确度。

2. 使用注意事项

(1) 测量电流时，被测载流体的位置应在钳口中央，以免产生误差。

(2) 测量前应估计被测电流的大小，选择合适的量程。如不知道电流大小，应选择最大量程，再根据测量情况适当缩小量程，但不能在测量时转换量程。

(3) 为了使读数准确，应保持钳口干净无损。如有污垢，应用汽油擦洗干净再测量。

(4) 在测量5A以下的电流时，为了测量准确，应该绕圈测量。

(5) 钳形表不能测量裸导线电流，以防触电和短路。

(6) 测量结束后一定要将量程分挡旋钮旋到最大量程挡位。

1.4.5 兆欧表

兆欧表又叫摇表，是专门用来测量电气线路和各种电气设备绝缘电阻的便携式仪表。因为它的计量单位是兆欧，所以称为兆欧表。兆欧表的主要组成部分是一只手摇发电机和一个磁电式流比计。其中，发电机是兆欧表的电源，既可以采用直流发电机，也可以采用交流发电机配整流装置。直流发电机的容量很小，但电压(100~500V)很高。磁电式流比计是兆欧表的测量机构，它由固定的永久磁铁和可在磁场中转动的两个线圈组成。当测量人员摇动发电机手柄时，两个线圈中同时有电流通过，在两个线圈上产生方向相反的转矩，表针将依据两个转矩的合成转矩的大小而偏转某一个角度，这个偏转角度取决于上述两个线圈中电流的比值。由于附加电阻的阻值是不变的，电流值仅取决于待测电阻阻值的大小。值得一提的是，兆欧表测得的是额定电压作用下的绝缘电阻值。万用表虽然也能测得数千欧的绝缘电阻值，但它所测得的绝缘电阻值只能作为参考,因为万用表使用的电池电压较低,绝缘材料在电压较低时不易被击穿,而一般被测量的电气线路和电气设备均要在较高电压下运行,所以绝缘电阻只能采用兆欧表来测量。如图1-61所示为ZC11D-10型兆欧表。

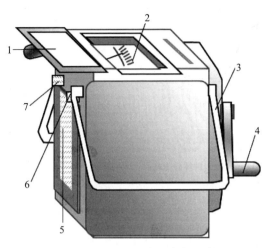

图1-61　ZC11D-10型兆欧表示意图

1–仪表盖　2–仪表盘　3–表梁　4–手柄　5–接地柱　6–L线路　7–操作指示牌

1. 使用方法

1) 选择兆欧表

选择兆欧表,应以所测电气设备的电压等级为依据。通常,额定电压在500V以下的电气设备,选用500V或1000V的兆欧表;额定电压在500V以上的电气设备,选用1000V或2500V的兆欧表。

针对不同的电气设备,究竟选用哪种电压等级的兆欧表来测定绝缘电阻,都有具体规定,按规定选用即可。必须指出,切不可随意选用电压过高的兆欧表,以免被测设备绝缘击穿造成事故。同样,也不得选用电压过低的兆欧表,否则无法测出被测对象在额定工作电压下的实际绝缘电阻值。

选择兆欧表量程时,所选量程不宜过多地超出被测电气设备的绝缘电阻值,以免产生较大误差。测量低压电气设备的绝缘电阻时,一般可选用0~200MΩ挡;测量高压电气设备或电缆的绝缘电阻时,一般可选用0~250MΩ挡。有些兆欧表的刻度不是从0开始,而是从1MΩ或2MΩ开始。这种兆欧表不宜用来测量潮湿环境中的低压电气设备的绝缘电阻。因为在潮湿环境中,电气设备的绝缘电阻值有可能小于1MΩ,无法读取数据,容易误认为绝缘电阻值为0,从而得出错误结论。

2) 测量准备

(1) 测量前,应切断被测设备的电源,并进行充分放电(需2~3s),以确保人身和设备安全。

(2) 擦拭被测设备的表面,使其保持清洁、干燥,以减小测量误差。

(3) 将兆欧表放置平稳,并远离带电导体和磁场,以免影响测量的准确度。

(4) 对有可能感应高电压的设备，应采取必要的措施。

(5) 对兆欧表进行一次开路和短路实验，以检查兆欧表是否良好。实验时，先将兆欧表"线路(L)""接地(E)"两端钮开路，摇动手柄，指针应指在"∞"位置；再将两端钮短接，缓慢摇动手柄，指针应指在"0"处。否则，表明兆欧表有故障，应进行检修。摇表的操作方法如图1-62所示。

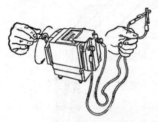 

(a) 校试兆欧表的操作方法　　(b) 测量时兆欧表的操作方法

图1-62　摇表的操作方法

3) 测量方法

(1) 连接兆欧表接线柱与被测设备时，不可使用双股绝缘线、平行线或绞线，而应选用绝缘良好的单股铜线，并且两条测量导线要分开连接，以免因绞线绝缘不良而引起测量误差。

(2) 摇动手柄的速度应由慢逐渐加快，一般保持转速在120r/min左右为宜，保持稳定转速1min后即可读数。如果被测设备短路，指针摆到"0"，应立即停止摇动手柄，以免烧坏仪表。

(3) 兆欧表上有"接地(E)""线路(L)"和"保护环(G)"3个端钮。测量线路对地的绝缘电阻时，将被测线路接于L端钮上，E端钮与地线相接，如图1-63所示。测量电动机定子绕组与机壳间的绝缘电阻时，将定子绕组接在L端钮上，机壳与E端钮连接。测量电缆芯线对电缆绝缘保护层的绝缘电阻时，将L端钮与电缆芯线连接，E端钮与电缆绝缘保护层外表面连接，电缆内层绝缘层表面与保护环端钮G连接。

2. 注意事项

图1-63　兆欧表测量线路绝缘电阻示意图

(1) 测量电容器的绝缘电阻时应注意，电容器的击穿电压必须大于兆欧表发电机的额定电压。测试电容后，应先断开兆欧表表线再停止摇动手柄，以免以充电的电容向兆欧表放电而损坏仪表。

(2) 测量时，所选用兆欧表的型号、电压值以及当时的天气、温度、湿度和测得的绝缘电阻值，都应详细记录下来，为下一步检修维护提供准确依据。

(3) 测量工作一般由两人完成。测量完毕，只有在兆欧表完全停止转动和被测设备对地充分放电后，才能拆线。被测设备放电的方法：用导线将测点与地(或设备外壳)短接2～3s。

想一想

汽车专用万用表和指针式万用表相比有何优点？

探究

如何使用金德KT600检测汽车的喷油波形?

项目实施

汽车专用万用表的使用

一、实训内容及目的

(1) 掌握汽车专用万用表的功能、使用方法和使用注意事项。

(2) 通过对以上内容的学习,学生应能根据测量电路合理地选择测量工具。

(3) 学会编写实训报告。

二、实训器材和用具

汽车专用万用表若干台。

三、实训注意事项

使用汽车专用万用表检测时,应当注意挡位的选择。

四、实训操作步骤

(1) 练习使用汽车专用万用表进行一般功能的测试。

详情见"1.4.2 汽车专用万用表的使用"中的"1.汽车专用万用表的功能要求",选取若干项进行测试。

(2) 练习使用汽车专用万用表进行专用功能的测试。

详情见"1.4.2 汽车专用万用表的使用"中的"4.汽车专用万用表的使用方法",选取若干项进行测试。

五、完成实训报告

汽车专用示波器的使用——点火次级波形分析

一、实训内容及目的

(1) 掌握汽车专用示波器的功能、使用方法和使用注意事项。

(2) 学生可以正确地采集波形、分析波形。

二、实训器材和用具

汽车专用示波器金德KT600一台,奇瑞A3车一台。

三、实训注意事项

(1) 操作本仪器需有一定的汽车检测维修知识基础,对被测汽车电控系统有一定认识。

(2) 在良好的通风条件下进行检测,如果没有足够的通风,则将汽车排气管接到室外。

(3) 起动发动机前,拉好手制动,特别应注意挡好前轮,并将排挡杆置于P挡或空挡,以免起动发动机时,车辆冲出伤人。

四、实训操作步骤

1. 连接设备

由于被测试发动机的点火方式和点火系统的连接方式不尽相同,连接方法也不一样。在测试次级点火波形前,请先确认被测试发动机的点火方式。下面我们针对常见的三种点火方式说明测试连接方法。

连接金德KT600和电源延长线，根据被测试车型的电瓶位置选择电瓶供电或者点烟器供电。本说明书连接图都是以电瓶供电为例，如果选择点烟器供电，请先确认点烟器是否有12V电瓶电压。

(1) 传统点火。在包装箱中找出一缸信号夹和一个容性感应夹。一缸信号夹一端接金德KT600的CH5端口，信号夹夹住发动机一缸的高压线，请查看信号夹上是否标注"此面朝向火花塞"，注意不要夹反；容性感应夹一端接CH1端口，然后用其中的一个夹子夹住高压总线，请参考如图1-64所示的连接方法。

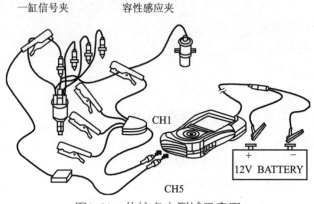

图1-64　传统点火测试示意图

(2) 直接点火。在包装箱中找出一缸信号夹和一个容性感应夹。一缸信号夹一端接金德KT600的CH5端口，信号夹夹住发动机一缸的高压线，请查看信号夹上是否标注"此面朝向火花塞"，注意不要夹反；容性感应夹一端接CH1端口，然后将容性感应夹分别夹在各气缸高压线上。

(3) 双头点火。在包装箱中找出一缸信号夹和两个容性感应夹。一缸信号夹一端接金德KT600的CH5端口，信号夹夹住发动机一缸的高压线，请查看信号夹上是否标注"此面朝向火花塞"，注意不要夹反；查看点火线圈的极性，假设一侧是正，那么另一侧肯定为负，相同侧的极性相同，共用同一个容性感应夹，连接方法如图1-65所示。

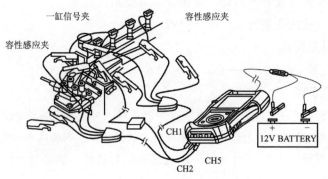

图1-65　双头点火测试示意图

2. 测试条件

起动发动机，在不同负荷及速度下测试检验元件的性能，火花塞、点火连线接头及其他次级电路的元件可能在高负荷时功能不正常。在负荷状态下进行测试(在功率试验机上测试或路试），以确定系统发生故障的位置。

3. 测试步骤

(1) 按照图1-64连接设备，打开金德KT600电源开关。

(2) 在金德仪器主菜单下按上下方向键选择示波分析仪，按"ENTER"键确认。

(3) 在汽车专用示波器菜单下选择"点火系统"，按"ENTER"键进入点火系统选择菜单。

(4) 选择"次级点火"，按"ENTER"键确认。

(5) 选择发动机参数设定，按"ENTER"键，屏幕显示如图1-66所示。

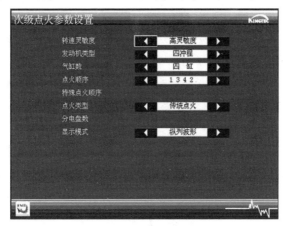

图1-66　次级点火参数设置

(6) 测试时，可根据发动机状况更改参数，按上下方向键选择需要更改的项目，按左右方向键可以更改参数。更改完毕，按"EXIT"键返回上级菜单。

(7) 按向下方向键选择次级点火测试，按"ENTER"键确认。按照测试条件，屏幕显示波形。

(8) 必要时，可以选择周期、幅值、电平等参数，然后按上下方向键改变波形；也可以选择停止，冻结波形后，可选择存储，供以后修车时参考。

次级点火测试如图1-67所示。

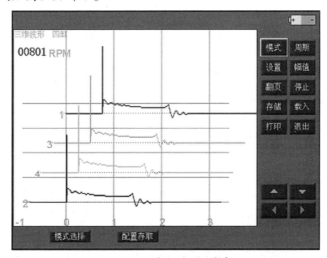

图1-67　次级点火测试

说明:

(1) 选择模式时,按左右方向键可以更改次级点火波形的显示模式,如三维波形、并列波形、纵列波形和单缸显示。

(2) 按向右方向键选择参数,按"ENTER"键确认,可以返回发动机参数设定界面,重新更改参数。

4. 波形分析

点火次级波形分为三个部分:闭合部分、点火部分、中间部分。传统次级点火的特征波形请参考图1-68。

(1) 闭合部分。此段时间是三极管导通或者白金触点结合时间,应保持波形下降沿一致,表示各缸闭合角相同以及点火正时正确。

(2) 点火部分。该部分由一条点火线和一条火花线(燃烧线)组成。点火线显示为一条垂直线,代表的是击穿电压;火花线则是一条近似水平的线,代表维持电流通过火花塞间隙所需的电压。

(3) 中间部分。该部分显示点火线圈中通过初级和次级的振荡来耗散剩余的能量,一般最少有两个振荡波。

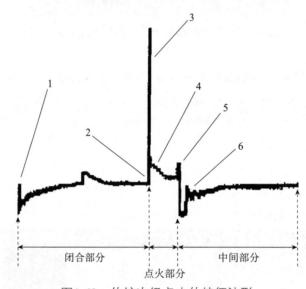

图1-68 传统次级点火的特征波形

1—触发闭合或三极管打开 2—触发断开或三极管关闭 3—触点断开或三极管关闭
4—火花线 5—火花熄灭 6—线圈振荡

项目小结

1. 一般电路由电源、负载、连接导线和辅助设备四大部分组成。汽车电路由相对独立的系统组成。汽车电路的特点是低压、直流、单线制、负极搭铁、设有保险装置、汽车线路有颜色和编号特征、由相对独立的分系统组成。

2. 电流、电压和电动势的实际方向。电流实际方向规定为正电荷移动的方向,或负电荷定向运动的相反方向；电压实际方向是以在电路中，由高电位端指向低电位端，电位降低的方向；电动势实际方向是以在电源内部由低电位端指向高电位端，电位升高的方向。在分析电路时，当电路中电压、电流和电动势的实际方向无法确定时，可以任意假定方向并标注在电路图上，这称为参考方向。参考方向一经选定，在解题过程中就不能更改。当求得的电压或电流为正值，表明假定的参考方向与实际方向相同；否则相反。

根据电压和电流的实际方向可以确定电路元件的功率性质。在同一元件上，当 U、I 的实际方向相同，电流从"+"端流入，表明该元件是消耗功率，是负载性质；如 U、I 的实际方向相反，电流从"+"端流出，表明该元件是发出功率，是电源性质。

3. 电路中某一点的电位等于该点与参考点之间的电压。参考点改变，则各点的电位值相应改变，但任意两点间的电位差(电压)不变。

4. 本章介绍了电阻、电容和电感元件，读者应深入理解其含义、性质并对其加以识别，还应熟悉这些元件的伏安特性。

5. 基尔霍夫定律包括电流定律(KCL)和电压定律(KVL)。

基尔霍夫电流定律表述为：在任何时刻，电路中任一节点上的各支路电流代数和恒等于零，即 $\sum I=0$。

基尔霍夫电压定律是确定电路中任意回路内各电压之间关系的定律，因此又称为回路电压定律，可表述为：对于集中参数电路中的任何一个回路而言，在任一瞬时，沿回路绕行方向，各支路的电压代数和为零，即 $\sum u(t)=0$。

6. 学习完本章内容后，读者能够正确使用汽车专用万用表和汽车专用示波器。

项目 2
汽车交流电路

学习目标

1. 掌握正弦交流电的基本概念；
2. 掌握交流电中的电阻、电容、电感的特性；
3. 掌握线电压、相电压、线电流和相电流的基本概念；
4. 了解星形连接法和三角形连接法；
5. 掌握交流发电机的基本结构和工作原理。

项目描述

生活中我们使用交流电，我们要知道什么是交流电。汽车结构中有交流发电机，我们更要清楚汽车交流发电机是如何产生交流电的。了解这些知识，有助于我们正确使用交流电。

任务2.1 认知单相正弦交流电

2.1.1 正弦交流电概述

1. 正弦量

在电路中，电压、电流的大小和方向都不随时间变化的电流称为直流电，电压、电流的大小和方向随时间变化的电流称为交流电。如图2-1(a)所示为稳恒直流电，如图2-1(b)所示为波动直流电，如图2-1(c)所示为正弦交流电，如图2-1(d)所示为非正弦交流电。

随时间按正弦规律变化的交流电压、电流称为正弦电压、电流。如图2-1(c)所示的正弦交流电的每一个电流值在相同的时间后重复出现，该时刻即为周期T，而且在每一个周期内，电流的值按正弦规律变化，其瞬时值有正有负，且在一个周期内平均值为零。正弦交流电压和正弦交流电流统称为正弦量。

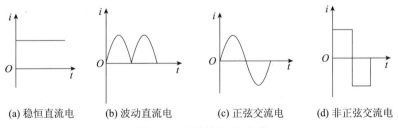

(a) 稳恒直流电　(b) 波动直流电　(c) 正弦交流电　(d) 非正弦交流电

图2-1　电流的变化曲线

在我国，正弦交流电的运用非常广泛，主要原因有以下几点：一是可以利用变压器升高或降低电动势、电压、电流，这种变换方式既灵活又经济；二是正弦量经过加、减、求导、积分等数学运算后，仍为正弦量，这在电工技术方面有重大意义；三是正弦量变化平滑,在正常情况下不会引起过电压而破坏电气绝缘设备。

2. 交流电的三要素

关于正弦量在任一时刻的瞬时值,用小写字母 u、i、e 分别表示正弦电压、电流、电动势。正弦量瞬时值中的最大值叫幅值,用大写字母带下标"m"表示,如 U_m、I_m、E_m。正弦量中的有效值,用大写字母表示,如 U、I、E。

现以电流为例,说明正弦交流电数学表达式和三要素。

图2-2给出一个正弦电流 i 的波形。图中的 T 为电流 i 的变化周期,其单位是秒(s)。电流每秒变化的周数叫频率,用 f 表示,单位是赫兹(Hz)。频率的其他常用单位有千赫(kHz)、兆赫(MHz)。它们的换算关系是:$1\text{kHz}=10^3\text{Hz}$;$1\text{MHz}=10^6\text{Hz}$。

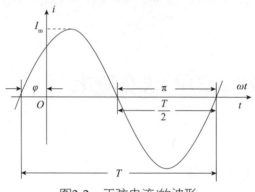

图2-2 正弦电流 i 的波形

我国和大多数国家的电力标准频率是50Hz,美国和日本等国家的电力标准频率是60Hz。在工程实际中,常以频率的大小作为区分电路的标志,如高频电路,低频电路等。

周期和频率的关系是

$$f=\frac{1}{T} \tag{2-1}$$

图2-2所示的正弦电流 i,其瞬时值可用正弦函数表示,即

$$i=I_m\sin(\omega t+\varphi) \tag{2-2}$$

由式(2-2)可知,对于一个正弦电流 i,如果知道 I_m、ω、φ,则电流与时间 t 的函数就是唯一确定的,因此 ω(角频率)、I_m(幅值)、φ(初相位)称为正弦电流 i 的三要素。

(1) 角频率。式(2-2)中的 ω 在数值上等于单位时间内正弦函数幅角的增长值,称为角频率,它的单位为弧度每秒(rad/s)。由于在一个周期内幅角增长2π弧度,则有

$$\omega=\frac{2\pi}{T}=2\pi f \tag{2-3}$$

式(2-3)表明了正弦量的角频率 ω 和周期 T、频率 f 之间的关系,它们都是表示正弦量变化快慢的物理量,只要知道其中一个,另外两个量就可求得。

(2) 幅值。由于正弦函数的最大值为1,式(2-2)中的 I_m 为电压 i 的最大值,也称为幅值。

(3) 初相位。式(2-2)中正弦函数的幅角 $\omega t+\varphi$ 称为正弦量的幅角,简称相位。$t=0$ 时的相位角 φ 称为初相位角或初相位。

3. 交流电的有效值

在电工技术应用中，有时并不需要知道交流电的瞬时值，而是规定一个能够表征其大小的特定值——有效值，其依据是交流电流和直流电流通过电阻时，电阻都要消耗电能(热效应)。

交流电流i通过电阻R在一个周期内所产生的热量和直流电流I通过同一电阻R在相同时间内所产生的热量相等，则这个直流电流I的数值称为交流电流i的有效值，相关公式为

$$Q = I^2 R T$$

$$Q = \int_0^T i^2 R \, dt$$

$$I^2 R T = \int_0^T i^2 R \, dt$$

$$I = \sqrt{\frac{1}{T} \int_0^T i^2 \, dt}$$

有效值又称为均方根值，设$i = I_m \sin\omega t$，则

$$I = \sqrt{\frac{1}{T} \int_0^T I_m^2 \sin^2 \omega t \, dt} = \sqrt{\frac{I_m^2}{T} \int_0^T \frac{1 - \cos 2\omega t}{2} dt}$$

$$= \sqrt{\frac{I_m^2}{2T} \left(\int_0^T dt - \int_0^T \cos 2\omega t \, dt \right)} = \sqrt{\frac{I_m^2}{2T}(T - 0)}$$

$$I = \frac{I_m}{\sqrt{2}} = 0.707 I_m \tag{2-4}$$

同理，可得到电压的有效值U和电动势的有效值E，即

$$U = \frac{U_m}{\sqrt{2}}$$

$$E = \frac{E_m}{\sqrt{2}}$$

若一交流电压有效值$U=220$V，则其最大值为$U_m \approx 311$V。工程上说的正弦电压、电流一般指有效值，如设备铭牌额定值、电网的电压等级等，但绝缘水平、耐压值指的是最大值。因此，对于电气设备的耐压水平，应按最大值考虑。测量中，电磁式交流电压、电流表读数均为有效值。我国工业和民用交流电源的有效值为220V、频率为50Hz，通常将这一交流电压简称为工频电压。

4. 同频率的相位差

设正弦电压u和电流i为同频率的正弦量，u、i可分别表示为

$$u = U_m \sin(\omega t + \varphi_1)$$

$$i = I_m \sin(\omega t + \varphi_2)$$

相位差φ为

$$\varphi = (\omega t + \varphi_1) - (\omega t + \varphi_2)$$

$$= \varphi_1 - \varphi_2$$

相位差 φ 是多值的，一般取 $|\varphi| \leq \pi$。

下面，我们来讨论两个正弦量的相位关系(判断方法：超前代表进程在先，即先达到最大值、先过零点等)。

(1) 当 $\varphi > 0$ 时，称电压比电流超前 φ。
(2) 当 $\varphi < 0$ 时，称电压比电流落后 φ，如图2-3(a)所示。
(3) 当 $\varphi = 0$ 时，称电压与电流同相，如图 2-3(b)所示。
(4) 当 $\varphi = \pi$ 或 180°时，称电压与电流反相或电压比电流超前180°，如图2-3(c)所示。
(5) 当 $\varphi = \pi/2$ 或 90°时，称电压与电流正交或电压比电流超前90°，如图2-3(d)所示。

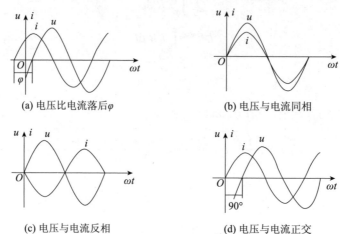

图2-3 相位差

5. 交流电的表示法

1) 解析式表示法

对电流、电压、电动势进行解析，则

$$i = I_m \sin(\omega t + \varphi)$$
$$u = U_m \sin(\omega t + \varphi)$$
$$e = E_m \sin(\omega t + \varphi)$$

例如，已知某正弦交流电流的最大值是2A，频率为100Hz，设初相位为60°，则该电流的瞬时表达式为

$$i = I_m \sin(\omega t + \varphi) = 2\sin(2\pi f t + 60°) = 2\sin(628t + 60°)A$$

2) 波形图表示法

电动势的波形图表示法如图2-4所示。

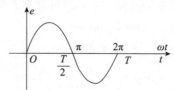

图2-4 电动势的波形图表示法

3) 相量图表示法

正弦量可以用最大值(幅值)相量或有效值相量来表示，通常用有效值相量来表示。

(1) 最大值相量表示法。最大值相量表示法是用正弦量的最大值作为相量的模(大小)，用初相角作为相量的幅角。例如，有以下三个正弦量，则它们的最大值相量图如图2-5所示。

$$e = 60\sin(\omega t+60°)\ \text{V}$$

$$u = 30\sin(\omega t+30°)\ \text{V}$$

$$i = 5\sin(\omega t-30°)\ \text{A}$$

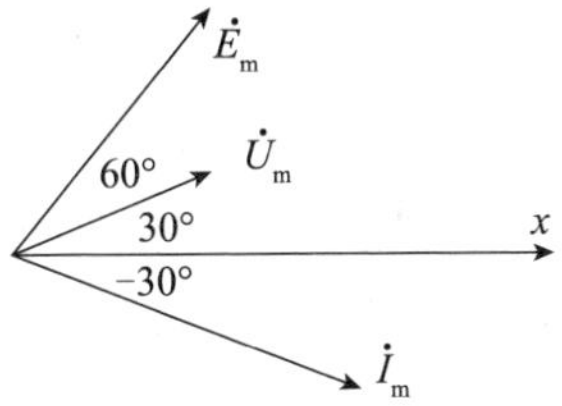

图2-5 正弦量的最大值相量图举例

(2) 有效值相量表示法。有效值相量表示法是用正弦量的有效值作为相量的模(长度大小)，仍用初相角作为相量的幅角，相关表达式为

$$i=\sqrt{2}I\sin(\omega t+\psi) \Leftrightarrow \dot{I}=I\angle\psi$$

$$u=\sqrt{2}U\sin(\omega t+\psi) \Leftrightarrow \dot{U}=U\angle\psi$$

例如，$i=100\sqrt{2}\sin(314t+30°)\text{A}$，$u=311.1\sin(314t-60°)\text{V}$，可分别表示为

$$\dot{I}=100\angle 30°\text{A}$$

$$\dot{U}=220\angle -60°\text{V}$$

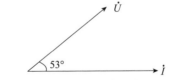

例如，$u=220\sqrt{2}\sin(\omega t+53°)\text{V}$，$i=240\sqrt{2}\sin\omega t\ \text{A}$，其有效值相量图如图2-6所示。

图2-6 正弦量的有效值相量图举例

2.1.2 交流电中的电阻、电感、电容的特性

在直流稳态电路中，电感元件可视为短路，电容元件可视为开路。但在交流电路中，由于电压、电流随时间变化，电感元件中的磁场不断变化，引起感生电动势。电容极板间的电压不断变化，引起电荷在与电容极板相连的导线中移动，从而形成电流。因此，电阻R、电感L及电容C对交流电路中的电压、电流都会产生影响。

1. 电阻的特性

只含有电阻元件的交流电路称为纯电阻电路，设电压电流的参考方向相关联，纯

电阻电路如图2-7(a)所示。如含有白炽灯、电炉、电烙铁等的电路。

1) 电压、电流的瞬时值关系

电阻与电压、电流的瞬时值之间的关系服从欧姆定律。设加在电阻R上的正弦交流电压瞬时值$u = U_\text{m}\sin(\omega t)$,则通过该电阻的电流瞬时值为

$$i=\frac{u}{R}=\frac{U_\text{m}}{R}\sin(\omega t)=I_\text{m}\sin(\omega t) \tag{2-5}$$

式中:$I_\text{m}=\frac{U_\text{m}}{R}$——正弦交流电流的最大值。

这说明,正弦交流电压和电流的最大值之间满足欧姆定律。

2) 电压、电流的有效值关系

电压、电流的有效值关系又称为大小关系。由于纯电阻电路中正弦交流电压和电流的最大值之间满足欧姆定律,把等式两边同时除以$\sqrt{2}$,即得到有效值关系,则

$$I=\frac{U}{R} \text{ 或 } U=IR \tag{2-6}$$

这说明,正弦交流电压和电流的有效值之间也满足欧姆定律。

3) 相位关系

由表达式(2-5)可知,电阻的两端电压u与通过它的电流i同相,其波形图和相量图如图2-7(b)、图2-7(c)所示。

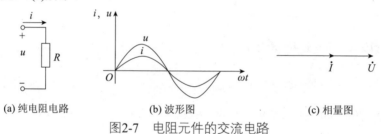

(a) 纯电阻电路　　(b) 波形图　　(c) 相量图

图2-7　电阻元件的交流电路

4) 纯电阻电路的功率

在任一瞬间,电阻中电流瞬时值与同一瞬间电阻两端电压瞬时值的乘积,称为电阻获得的瞬时功率,其表达式为

$$\begin{aligned}p &= ui = U_\text{m}\sin\omega t\, I_\text{m}\sin\omega t\\ &= U_\text{m} I_\text{m}\sin^2\omega t\\ &= UI(1-\cos^2\omega t)\end{aligned} \tag{2-7}$$

(1) 由式(2-7)可知,瞬时功率p的变化频率是电源频率的2倍。瞬时功率在任一瞬间的数值都是正值。这说明电阻总是从电源取用功率,即总是消耗功率,是耗能元件。

(2) 由于瞬时功率时刻变动,不便计算,通常用电阻在交流电一个周期内消耗功率的平均值来表示功率的大小,称为平均功率,也称为有功功率,它用P表示,单位是瓦特(W)。

$$P=\frac{1}{T}\int_0^T p\mathrm{d}t=\frac{1}{T}\int_0^T UI(1-\cos^2\omega t)\mathrm{d}t=UI=RI^2 \tag{2-8}$$

电流电压用有效值表示时,其功率P的计算与直流电路相同。同一电阻接在220V交流电源上与接在220V直流电源上,所取用的功率是完全相同的。

瞬时功率波形如图2-8所示。

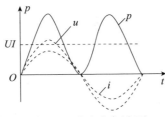

图2-8 瞬时功率波形

2. 电感的特性

只含有电感元件的交流电路称为纯电感电路,例如只含有理想线圈的电路。设电压、电流的参考方向相关联,纯电感电路如图2-9(a)所示。

1) 电感电流与电压的瞬时值关系

当纯电感电路中有交变电流通过时,根据电磁感应定律,线圈L上将产生自感电动势,其表达式为

$$e_L = -L\frac{di}{dt} \tag{2-9}$$

对于一个内阻很小的电源,其电动势e与端电压u_L总是大小相等,方向相反,即

$$u = -e_L = -(-L\frac{di}{dt}) = L\frac{di}{dt} \tag{2-10}$$

设电感L中流过的电流为

$$i = I_m \sin\omega t \tag{2-11}$$

则

$$u = L\frac{di}{dt} = \omega L I_m \cos\omega t = U_m \sin(\omega t + 90°) \tag{2-12}$$

2) 电感电流与电压的有效值关系

由式(2-12)可知,u、i幅值的关系为

$$U_m = \omega L I_m \tag{2-13}$$

u、i有效值的关系为

$$U = \omega L I = X_L I \tag{2-14}$$

$$X_L = \omega L = 2\pi f L \tag{2-15}$$

式中:X_L——感抗,单位为欧姆,Ω。

在直流电路中,$f = 0$,$X_L = 0$,电感可视为短路,感抗只有在交流电路中才有意义。

在交流电路中,$f \uparrow \to X_L \uparrow \to \infty$,电感可视为开路,$L$对高频电流阻碍作用很大。

3) 电感电流与电压的相位关系

由式(2-11)和式(2-12)可见,在相位上,电感电压比电流超前90°(或π/2),或电感电流比电压滞后90°。可画出u、i的波形图和相量图,如图2-9(b)、(c)所示。

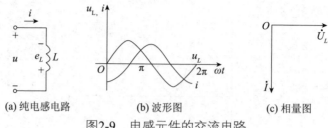

(a) 纯电感电路　　　　(b) 波形图　　　　(c) 相量图

图2-9　电感元件的交流电路

4) 纯电感电路功率

纯电感电路功率的大小是各瞬时电压与电流的乘积，表达式为

$$p = ui$$
$$= U_m \sin(\omega t + 90°) I_m \sin\omega t$$
$$= U_m I_m \sin\omega t \cos\omega t$$
$$= 1/2\, U_m I_m \sin 2\omega t$$
$$= UI \sin 2\omega t \tag{2-16}$$

纯电感电路的平均功率(有功功率)的表达式为

$$P = \frac{1}{T}\int_0^T p\,dt = \frac{1}{T}\int_0^T UI\sin 2\omega t\,dt = 0$$

这样，在同一个周期内，纯电感电路中没有能量的消耗，只有电能和磁能周期性地转换。因此，电感元件是一种储能元件。转换的功率可用无功功率Q衡量。瞬时功率不为零，瞬时功率最大值称为无功功率，用Q表示，单位是乏(var)或千乏(kvar)，1千乏 = 10^3乏，其表达式为

$$Q = UI = I^2 X_L = U_L^2 / X_L \tag{2-17}$$

注意："无功"的含义是"交换"而不是"消耗"，它是相对"有功"而言的，不能理解为"无用"。事实上，无功功率在生产实际中占有很重要的地位。具有电感的变压器、电动机等设备都是靠电磁转换工作的。

3. 电容的特性

1) 纯电容电路电流与电压的关系

设电压、电流的参考方向相关联，如图2-10(a)所示。纯电容电路电流与电压的关系为

$$i = C\frac{du}{dt}$$

设电压u为参考相量，即

$$u = U_m \sin\omega t \tag{2-18}$$

则

$$i = C\frac{du}{dt} = \omega C U_m \cos\omega t = I_m \sin(\omega t + 90°) \tag{2-19}$$

2) 电感电流与电压的有效值关系

由式(2-19)可知，u、i幅值的关系为

$$I_m = \omega C U_m \text{ 或 } U_m = \frac{1}{\omega C} I_m \tag{2-20}$$

u、i有效值的关系为

$$U = \frac{1}{\omega C} I = X_C I \tag{2-21}$$

式中：X_C——容抗，单位为欧姆，Ω。

$$X_C = \frac{1}{\omega C} = \frac{1}{2\pi f C} \tag{2-22}$$

式(2-22)表明，同一电容(C为定值)，对不同频率的正弦电流表现出不同的容抗，频率越高，则容抗越小。因此，电容器对高频电流有较大的传导作用。

3) 电感电流与电压的相位关系

由式(2-18)和式(2-19)可知，在相位上，电感电流比电压超前90°(或π/2)，或电感电压比电流滞后90°。可画出u、i的波形图和相量图，如图2-10(b)、(c)所示。

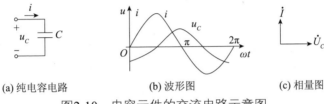

(a) 纯电容电路　　(b) 波形图　　(c) 相量图

图2-10　电容元件的交流电路示意图

4) 电容电路功率

纯电容电路功率大小是各瞬时电压与电流的乘积，表达式为

$$\begin{aligned}
p &= u\,i \\
&= U_m \sin\omega t\, I_m \sin(\omega t + 90°) \\
&= U_m I_m \sin\omega t \cos\omega t \\
&= 1/2\, U_m I_m \sin 2\omega t \\
&= UI \sin 2\omega t
\end{aligned} \tag{2-23}$$

纯电感电路的平均功率(有功功率)为

$$P = \frac{1}{T}\int_0^T p\,dt = \frac{1}{T}\int_0^T UI\sin 2\omega t\,dt = 0$$

这样，在同一个周期内，纯电容电路中没有能量的消耗，只是电容元件与电源之间不停地进行能量交换(电容器不停地充电和放电)。因此，电容元件是一个储能元件。

无功功率用来表示电容和电源交换能量的规模，单位是乏(var)或千乏(kvar)，1千乏=10^3乏。

🔒 想一想

正弦量的相量与中学数学中的向量和物理中的矢量有什么相同点和不同点？

📝 探究

在推导交流电的有效值时会用到积分的知识，你能否自学积分知识呢？

任务2.2 认知三相交流电路

2.2.1 三相交流电路概述

1. 三相交流电路的定义

由三相交流电源供电的电路称为三相交流电路。具体来说,三相交流电路是指由三个频率相同、最大值(或有效值)相等、在相位上互差120°的单相交流电动势组成的电路,这三个电动势称为三相对称电动势。

2. 三相交流电的优点

(1) 三相交流发电机比功率相同的单相交流发电机体积小、重量轻、成本低。

(2) 当输送功率、电压、输电距离、线路损耗相同时,相较于单相制输电,三相制输电可大大节省输电线有色金属的消耗量,即输电成本较低。

(3) 目前广泛应用的三相异步电动机以三相交流电作为电源,它与单相电动机或其他电动机相比,具有结构简单、价格低廉、性能良好和使用维护方便等优点。在现代电力系统中,三相交流电路应用广泛。

3. 三相交流电的产生

三相交流电的产生是指三相交流电动势的产生。三相交流电动势由三相交流发电机产生,它是在单相交流发电机的基础上发展而来的。

如图2-11(a)所示为三相发电机原理图,发电机的转动部分称为转子,在转子的励磁绕组中通过直流电,产生恒定的磁场。发电机的固定部分称为定子,定子铁芯的内圆放置电枢绕组。三个尺寸和匝数相同的绕组分别用U_1U_2、V_1V_2、W_1W_2表示,称为三相绕组U相、V相、W相,U_1、V_1、W_1称为绕组的首端,U_2、V_2、W_2称为绕组的末端。三个绕组安装在定子铁芯槽内,三相绕组在空间位置上相差120°,各相绕组的匝数和形状都相同。如图2-11(b)所示为U相绕组示意图。

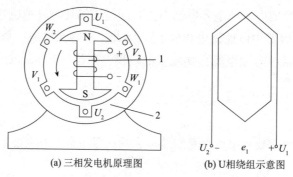

(a) 三相发电机原理图 (b) U相绕组示意图

图2-11 三相对称电动势的产生

1-转子 2-定子

磁极放在转子上,一般均由直流电通过励磁绕组产生一个很强的恒定磁场。当转子由原动机拖动做匀速转动时,三相定子绕组即切割转子磁场,从而感应出三相对称交流电动势。

这三个电动势的三角函数表达式为

$$\begin{cases} e_U = E_m \sin \omega t \\ e_V = E_m \sin(\omega t - 120°) \\ e_W = E_m \sin(\omega t - 240°) = E_m \sin(\omega t + 120°) \end{cases}$$

三相对称电动势波形如图2-12(a)所示,其相量图如图2-12(b)所示。

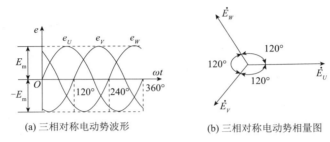

(a) 三相对称电动势波形　　(b) 三相对称电动势相量图

图2-12　三相交流电动势

从图2-12(a)中可以看出,三相交流电动势在任一瞬间,其三个电动势的代数和为零,即

$$e_U + e_V + e_W = 0$$

从图2-12(b)中还可看出,三相正弦交流电动势的相量和也等于零,即

$$\dot{E}_U + \dot{E}_V + \dot{E}_W = 0$$

三相正弦交流电动势也称为三相对称电动势,每相电动势的正方向是从线圈的末端指向首端(或由低电位指向高电位)。

2.2.2　三相电源的连接

三相交流发电机实际有三个绕组,六个接线端,只有将三相电源按照一定的方式连接成一个整体,才能向外送电。三相电源的连接方法有星形连接和三角形连接。

1. 三相电源的星形连接(Y接)

1) 星形连接的定义

星形连接即将电源的三相绕组末端U_2、V_2、W_2连在一起,首端U_1、V_1、W_1分别与负载相连,如图2-13所示。

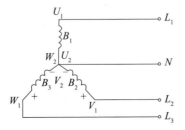

图2-13　三相电源的星形连接(有中性线)

2) 中点、中性线、相线、地线

三相绕组末端相连的一点称为中点或零点，一般用"N"表示。从中点引出的线叫中性线(简称中线)，也叫零线。中性线被称为零线的原因是，三相电源对称时刻中性线没有电流通过，且它直接或间接地接到大地，跟大地相连的电压也接近零。

从首端U_1、V_1、W_1引出的三根导线称为相线(或端线)。由于它与大地之间有一定的电位差，一般通称火线。火线与零线共同组成供电回路。在低压电网中，用三相四线制输送电力，其中有三根相线和一根零线。

地线是把设备或电器的外壳可靠地与大地连接的线路，能够防止触电事故的发生。

为了保证用电安全，在用户使用区改为三相五线制供电，这第五根线就是地线，它的一端在用户区附近，用金属导体深埋于地下；另一端与各用户的地线接点相连，起保护作用。

3) 输电方式

由三根火线和一根地线所组成的输电方式称为三相四线制(通常在低压配电系统中采用)。由三根火线组成的输电方式称三相三线制(在高压输电时较多采用)。

4) 三相电源星形连接的电压关系

(1) 相电压U_P。每个绕组的相线与中性线之间的电压称为相电压。相电压的有效值用U_U、U_V、U_W表示。

(2) 线电压U_L。各绕组相线与相线之间的电压称为线电压，其有效值分别用U_{UV}、U_{VW}、U_{WU}表示。

(3) 有关相电压与线电压参考方向的规定。相电压的正方向是由首端指向中点N，例如电压U_U是由首端L指向中点N；关于线电压的方向，如电压U_{UV}是由首端U指向首端V，书写时不能颠倒，否则相位相差$180°$。

(4) 线电压U_L与相电压U_P的关系。相电源呈星形连接时的电压相量图如图2-14所示。三个相电压大小相等，在空间中各相差$120°$。

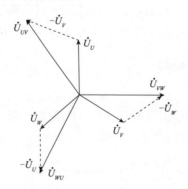

图2-14 相电源呈星形连接时的电压相量示意图

两端线U和V之间的线电压应该是两个相应的相电压之差，即

$$\dot{U}_{UV}=\dot{U}_U-\dot{U}_V$$
$$\dot{U}_{VW}=\dot{U}_V-\dot{U}_W$$

$$\dot{U}_{WU} = \dot{U}_W - \dot{U}_U$$

利用几何关系可求得线电压为

$$U_{UV} = 2U_U\cos30° = \sqrt{3}\,U_U$$

同理可得

$$U_{VW} = \sqrt{3}\,U_V \qquad U_{WU} = \sqrt{3}\,U_W$$

结论：三相电路中线电压的大小是相电压的$\sqrt{3}$倍，其公式为

$$U_L = \sqrt{3}\,U_P \tag{2-24}$$

平常我们讲电源电压为220V，即指相电压；讲电源电压为380V，即指线电压。由此可见，三相四线制的供电方式可以给负载提供两种电压，即线电压380V和相电压220V，因而在实际中得到了广泛应用。

2. 三相电源的三角形连接(△接)

1) 三角形连接的定义

如图2-15所示，将电源一相绕组的末端与另一相绕组的首端依次相连(接成一个三角形)，再从首端U_1、V_1、W_1分别引出端线，这种连接方式就叫三角形连接，如图2-15(a)所示，相量图如图2-15(b)所示。

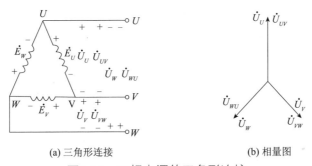

(a) 三角形连接　　　　(b) 相量图

图2-15　三相电源的三角形连接

2) 三相电源三角形连接时的电压关系

由图2-15可知

$$\dot{U}_{UV} = \dot{U}_U$$
$$\dot{U}_{VW} = \dot{U}_V$$
$$\dot{U}_{WU} = \dot{U}_W$$

所以，三相电源呈三角形连接时，电路中线电压的大小与相电压的大小相等，即

$$U_L = U_P \tag{2-25}$$

由相量图2-15(b)可以看出，三个线电压之和为零，即

$$\dot{U}_{UV} + \dot{U}_{VW} + \dot{U}_{WU} = 0 \tag{2-26}$$

同理可得，在电源的三相绕组内部，三个电动势的相量和也为零，即

$$\dot{E}_{UV} + \dot{E}_{VW} + \dot{E}_{WU} = 0 \tag{2-27}$$

因此,当电源的三相绕组采用三角形连接时,在绕组内部是不会产生环路电流(环流)的。在生产实际中,发电机绕组很少接成三角形,通常接成星形。

2.2.3 三相负载的连接

在三相负载中,如果每相负载的电阻均相等,电抗也相等(且均为容抗或均为感抗),则称为三相对称负载。如果各相负载不同,就是不对称的三相负载,如三相照明电路中的负载。负载和电源一样也可以采用两种不同的连接方法,即星形连接和三角形连接。

1. 三相负载的星形连接

如图2-16所示,为三相负载星形连接三相四线制电路,它的接线原则与电源的星形连接相似,即将每相负载末端连成一点N′(中性点N′),首端U、V、W分别接到电源线上。

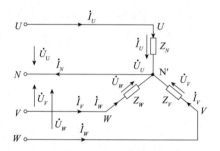

图2-16 三相负载星形连接三相四线制电路

由图2-16可知,流过中性线的电流为

$$\dot{I}_N = \dot{I}_U + \dot{I}_V + \dot{I}_W \tag{2-28}$$

若三相负载对称,则在三相对称电压的作用下,流过三相对称负载中每相负载的电流应相等,即

$$I_N = I_U = I_V = I_W = \frac{U_P}{|Z_P|}$$

此时,流过中性线的电流I_N为零,中性线可以去掉,形成三相三线制电路。但事实上三相负载不对称,若断开中性线,将会使有的负载端电压升高,有的负载端电压降低。因而,负载不能在额定电压下正常工作,甚至可能引起用电设备的损坏。为了确保负载正常工作,对于星形连接的不对称负载(例如照明电路)必须接中性线,而且不能把熔断器和其他开关安装在中性线上。凡有照明、单相电动机、电扇、各种家用电器的场合,也就是说在一般低压用电场所,大多采用三相四线制。如图2-17所示,为三相负载星形连接三相四线制电路,它能提供220V和380V两种电压。

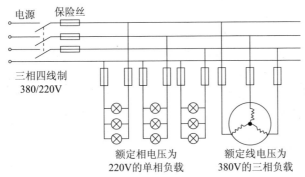

图2-17 三相负载星形连接三相四线制电路(两种电压)

2. 三相负载的三角形连接

如果负载的额定电压等于三相电源的线电压,则必须把负载接于两根相线之间。把这样的负载分为三组,分别接于相线U与V、V与W、W与U之间,就构成了三相负载的三角形连接,如图2-18所示。

由于三相电源的线电压是对称的,而每相负载直接接于相线之间,各相负载所受的电压(也称负载相电压)总是对称的。

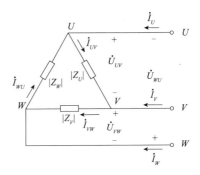

图2-18 三相负载的三角形连接

🔍 想一想

教室里有日光灯、空调、多媒体屏幕升降电动机等设备,试将教室的电路图画出来。

📝 探究

教学大楼是否可采用三相四线制电路?请你找一找中性线在哪里。

任务2.3 汽车交流发电机

2.3.1 交流发电机的类型和作用

发电机有交流发电机和直流发电机两种。过去汽车上采用的是换向式直流发电机,如今已被淘汰,现在汽车上采用的是交流发电机。汽车交流发电机具有体积小、重量轻、结构简单、维护方便、使用寿命长和低速充电性能好等显著特点,故它被广泛应用在汽车上,以硅整流交流发电机的应用最为普遍。

汽车蓄电池的容量是有限的,不能满足长途行驶的需要。所以,在汽车上除装有蓄电池外,还装有发电机。交流发电机的主要作用:当发动机所需电压高于蓄电池电压时,通过调节器能及时向蓄电池充电,并向全车用电设备(除起动机外)直接供电。交流发电机实物和工作原理如图2-19所示。

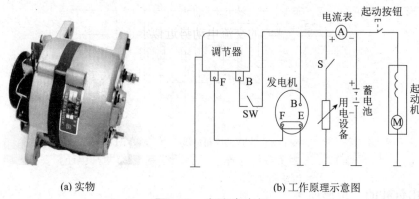

(a) 实物　　　　　　　　　　(b) 工作原理示意图

图2-19　交流发电机

2.3.2　交流发电机的结构

交流发电机由转子、定子、整流器(由整流板和硅二极管构成)、电压调节器、前后端盖、电刷装置、风扇等组成。如图2-20所示，为国产JF系列硅整流发电机的结构。

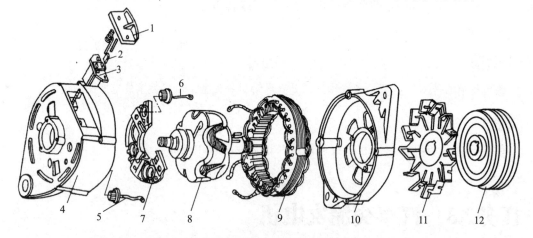

图2-20　国产JF系列硅整流发电机的结构

1-电刷弹簧压盖　2-电刷　3-电刷架　4-后端盖　5-硅二极管　6-硅二极管　7-整流板(元件板)
8-转子　9-定子总成　10-前端盖　11-风扇　12-带轮

1. 转子

转子能产生旋转磁场，它主要由两块爪极、磁场绕组、集电环及转子轴等组成，如图2-21所示。

转子轴上压装着两块低碳钢制成的爪极，两块爪极各有4～8个鸟嘴形磁极(国产多为6个)，爪极空腔内装有磁场绕组(转子线圈)和导磁用的铁芯(磁轭)。集电环由两个彼此绝缘的铜环组成，集电环压装在转子轴上并与轴绝缘，两个集电环分别与磁场绕组的两端相连，并与装在后端盖内的两个电刷相接触。当两个集电环通入直流电时(通过电刷)，磁场绕组中就有电流通过，并产生轴向磁通，使一块爪极被磁化为N极，另一块爪极被磁化为S极，从而形成6对相互交错的磁极。当转子转动时，就形成了旋转的磁场。爪极凸缘的外形像鸟嘴，这种形状可以使定子感应的交流电动势近似于正弦波形。转子每转一周，定子的每相电路上就能产生周波个数等于磁极对数的交变电动势。

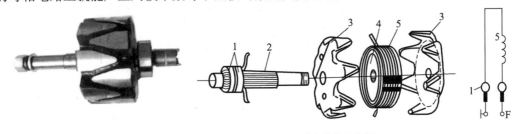

(a) 实物　　　　　　　　　　　(b) 结构示意图

图2-21　交流发电机的转子

1-集电环　2-转子轴　3-爪极　4-磁轭　5-磁场绕组

2. 定子

定子是产生和输出交流电的部件，它由定子铁芯和定子绕组组成。定子槽内置有三相对称绕组。三相绕组大多数采用星形(Y形)连接，如图2-22(a)所示；也可采用三角形连接，如图2-22(b)所示。

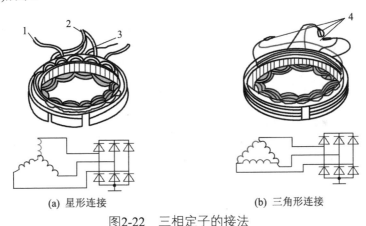

(a) 星形连接　　　　　　　　(b) 三角形连接

图2-22　三相定子的接法

1-接二极管　2-定子中性接点　3-接二极管　4-接二极管

3. 整流器

交流发电机的整流器能将定子绕组产生的三相交流电变成直流电。如图2-23所示为交流发电机的整流器示意图。常见的整流器有6管、8管、9管、11管，一般由6只硅二极管和安装整流管的整流板(元件板、散热板)构成。

二极管安装形式有压装式和焊接式两种。压装式是将具有金属外壳(二极管的一极)的二极管压装在散热板的孔中，如图2-24(a)所示；焊接式是将二极管的PN结直接烧结在金属散热板上，如图2-24(b)所示。

整流二极管有正极管与负极管之分。正极管就是引出电极为二极管的正极，其上有红色标记；负极管就是引出电极为二极管的负极，其上有绿色或黑色标记。

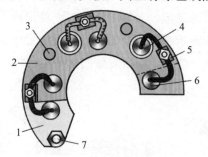

图2-23 交流发电机的整流器示意图

1-正整流板 2-负整流板 3-安装孔 4-正极管 5-绝缘垫
6-负极管 7-电枢接柱安装孔

安装整流二极管的铝质散热板称为整流板。安装三只正极管的整流板称为正整流板；安装三只负极管的整流板称为负整流板。有的交流发电机将三只负极管直接压在发电机的后端盖上。三只正极管和三只负极管的引线端通过三个接线柱一一对应连接，并分别连接三相绕组的U、V、W端，组成了三相桥式全波整流电路。正整流板与负整流板或后端盖之间用绝缘材料隔开，并用螺栓通至后端盖外部，作为发电机的正极，标记为"B"（或"+""电枢"等）。交流发电机整流器安装电路图，如图2-24(c)所示。

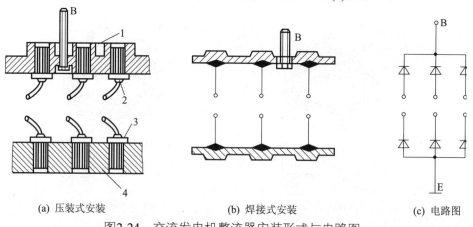

(a) 压装式安装　　　　(b) 焊接式安装　　　　(c) 电路图

图2-24 交流发电机整流器安装形式与电路图

1-正整流板(绝缘散热板) 2-正极管 3-负极管 4-负整流板(接地散热板或后端盖) B-电枢接柱

4. 电压调节器

硅整流发电机配用的调节器实际为电压调节器。整流二极管具有单向导电特性，蓄电池不可能向其定子绕组反向放电，故硅整流发电机调节器无须设逆向截流器。发电机由发动机驱动旋转，其输出电压随发动机转速的不同而变化，而用电设备要求发电机输出电压稳定。因此，硅整流发电机必须配用电压调节器，使其输出的直流电压在一定的转速范围内基本保持恒定。

常用的硅整流交流发电机配用的电压调节器分为触点式和电子式两种。其中电子式电压调节器又分为晶体管式和集成电路式两种。晶体管式电压调节器利用晶体管的开关作用，控制发电机励磁电路的通断，调节励磁电流，使得发电机电压稳定。集成电路式电压调节器(IC调节器)可以作为一个标准件安装。电子式电压调节器没有触点，使用过程中无须保养与维护，体积小，结构简单，目前已逐步取代触点式调节器。图2-25是发电机的电子式电压调节器。

图2-25 发电机的电子式电压调节器

5. 端盖与电刷总成

端盖分前端盖(驱动端盖)和后端盖(整流端盖)。端盖的作用是安装轴承和其他零部件，支撑转子轴，封闭内部构件。端盖用铝合金压铸或用砂模铸造而成，其中铝合金为非导磁材料，可减少漏磁，并具有轻便、散热性能好等优点。

前端盖上装有支撑转子轴前端的轴承。转子轴伸出端盖，冷却风扇(强制通风散热)和皮带轮装在轴端。转子的转动使发电机发电，风扇的转动为发电机散热。

后端盖上装有支撑转子轴后端的轴承、整流器、电刷组件和接线柱。

电刷组件由电刷(由铜粉和石墨粉模压而成)、电刷架和电刷弹簧组成。电刷安装在电刷架的孔内，借弹簧张力与滑环保持接触，用于给发电机磁场绕组提供磁场电流(电刷的作用)。电刷组件的安装形式有外装式和内装式(由于其拆装不便，已很少采用)两种。外装式可直接从发电机的外部拆装电刷，如图2-26(a)所示；内装式必须将发电机拆开才能更换电刷，如图2-26(b)所示。

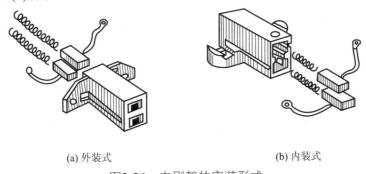

(a) 外装式　　　　　　　　　(b) 内装式

图2-26 电刷架的安装形式

2.3.3 三相交流电动势的产生

1. 交流发电机产生交流电的基本原理

交流发电机产生交流电的基本原理是电磁感应原理，即利用产生磁场的转子旋转，使穿过定子绕组的磁通量发生变化，在定子绕组内产生感应电动势。

我们可通过图2-27来说明其工作原理(按从左到右的顺序来说明)。发动机带动发电机转子旋转，E、F外接电源通过电刷，将励磁电流接入转子，转子上安装爪极和励磁绕组,励磁绕组便产生磁场,转子轴上的两个爪极分别被磁化为N极和S极。当转子旋转时,磁极交替地在定子铁芯中穿过,形成一个旋转的磁场,磁力线和定子绕组之间产生相对运动,定子的三相绕组按一定规律分布在发电机的定子槽中,依次相差120°,这样就在三相绕组中产生频率相同、幅值相等、相位相差120°的正弦交流感应电动势。交流感应电动势经过整流器(6只硅二极管)变成直流电,由"B"输出(B是发电机的正极)、"E"输入(E是发电机的负极),从而形成回路。

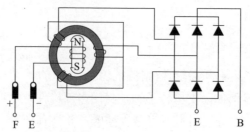

图2-27 发电机的工作原理

正弦交流电动势e_U、e_V、e_W瞬时值方程式为

$$\left.\begin{array}{l}e_U=E_m\sin\omega t=\sqrt{2}E_\varphi\sin\omega t\\e_V=E_m\sin(\omega t-120°)=\sqrt{2}E_\varphi\sin(\omega t-120°)\\e_W=E_m\sin(\omega t-240°)=E_m\sin(\omega t+120°)=\sqrt{2}E_\varphi\sin(\omega t+120°)\end{array}\right\} \quad (2-29)$$

式中:E_m——每相电动势的最大值。

每相绕组所产生电动势的有效值为

$$E_\varphi=4.44KfN\Phi(\text{V}) \quad (2-30)$$

式中:K——定子绕组系数,一般小于1;

f——感应电动势的频率,Hz,$f=Pn/60$(P为磁极对数,n为转数,r/min);

N——每相绕组的匝数;

Φ——磁通量,Wb。

式(2-29)、式(2-30)表明,使用中的交流发电机,其交变电动势的有效值取决于转速和转子的磁通量。这一性质将直接决定交流发电机的输出电压值。

2. 励磁方式

六管交流发电机励磁方式如图2-28所示。汽车发电机采用从蓄电池励磁变换为自励的方式。在发电机开始发电时,电压采用他励方式,即由蓄电池为励磁绕组提供电流,以增强磁场,使发电机在低速运转时电压能够迅速上升,从而使发动机怠速时向蓄电池充电。发电机向蓄电池充电时,励磁方式由他励方式变为自励方式,即励磁电流由发电机自己提供。简单地说,交流发电机的励磁方式是先他励后自励。

发电机开始发电时,电枢的三相电压低于蓄电池电压,整流器的二极管截止,此时励磁电流由蓄电池提供(他励)。励磁电路:蓄电池的正极→点火开关S→调节器"B(+)接线柱"→调节器→调节器"F"接线柱→发电机的励磁绕组→搭铁。

当发电机电压超过蓄电池电压时,二极管导通,此时发电机一方面向蓄电池充电,另一方面向磁场绕组提供励磁电流(自励)。励磁电路：发电机的正极→点火开关S→调节器"B(+)接线柱"→调节器→调节器"F"接线柱→发电机的励磁绕组→搭铁。

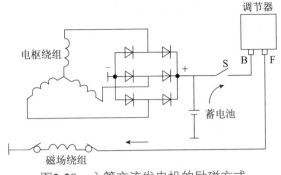

图2-28 六管交流发电机的励磁方式

以上分析的励磁电路只是一个基本电路，这样的电路存在一个缺点，即驾驶员如果在发动机熄火后忘记将点火开关S关闭，蓄电池就会通过调节器向发电机励磁绕组长时间放电。针对这一问题，有很多车型使用九管交流发电机，如图2-29所示。九管交流发电机增加了三个功率较小的硅二极管，专供励磁电流，称为励磁二极管，励磁二极管同时也是充电指示灯。三只励磁二极管与三只负极管同样组成桥式整流电路，"D_+"点与火线接线柱"B"电位相等。

九管交流发电机的工作原理如下所述。

(1) 当点火开关S接通时，励磁电路(他励)：蓄电池正极→点火开关S→充电指示灯→调节器→发电机励磁绕组→搭铁。

这时充电指示灯亮，表示蓄电池放电。

(2) 当发动机起动后，发电机电压高于蓄电池电压时，由于"D_+"与"B_+"两点电位相等，充电指示灯因两端电位相等而熄灭，表示发电机正常发电。一方面，由发电机的火线接线柱"B_+"向全车供电并向蓄电池充电；另一方面，通过"D_+"为发电机的励磁绕组提供励磁电流(自励)。励磁电路：D_+→调节器→发电机励磁绕组→搭铁。

(3) 当发动机熄灭时，充电指示灯亮，说明充电系统有故障，提醒驾驶员应及时维修。

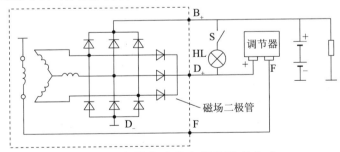

图2-29 九管交流发电机的励磁方式

想一想

你能否将图2-19(b)所示的工作原理描述出来？(首先按下"起动按钮"，然后从右向左说明其工作过程)

📝 探究

1. 在图2-22中，定子三相绕组标有"接二极管"字样，这个二极管在发电机的什么位置？起什么作用？

2. 请你看一看交流发电机装在汽车的什么位置，观察发电机上的连线，确定哪一根输出电压，并用万用表测一测。

⁙ 项目实施

认识交流发电机结构和分析励磁过程

一、实验目的

1. 认识交流发电机的结构。
2. 掌握交流发电机励磁过程。

二、实验原理

1. 交流发电机的结构如图2-20所示(详情见任务2.3.2)。
2. 交流发电机的励磁过程见任务2.3.3，若是六管交流发电机，励磁过程如图2-28所示；若是九管交流发电机，励磁过程如图2-29所示。

三、实验仪器

已经拆解的交流发电机5台。

四、实验步骤

1. 按顺序(从左到右，从上到下)查看已经拆解的发电机的每一个构件，并将每一个构件的名称和作用写在实训报告上。注意区别六管交流发电机和九管交流发电机的结构。

2. 对照拆解的交流发电机结构，结合图2-28或图2-29理解交流发电机的励磁过程，并将发电机的工作过程写在实训报告上。

3. 完成实训报告。

⁙ 项目小结

1. 正弦交流电 $i = I_m \sin(\omega t + \varphi)$ 或 $u = U_m \sin(\omega t + \varphi)$。其中，初相位、角频率、幅值是正弦量的三要素。为了便于分析计算交流电路，引入相量表示正弦量。

2. 正弦交流电在纯电阻电路中，电压与电流同相；在纯电感电路中，电压超前电流90°；在纯电容电路中，电压落后电流90°。

3. 三相交流电是由三相发电机产生的。绕组的始端之间与末端之间都彼此相隔120°。发电机主要由转子、定子、整流器(由整流板和硅二极管构成)、电压调节器、前后端盖、电刷装置、风扇等组成。产生的电动势为：$e_U = E_m \sin\omega t$，$e_V = E_m \sin(\omega t - 120°)$，$e_W = E_m \sin(\omega t - 240°) = E_m \sin(\omega t + 120°)$。

4. 三相电源的连接方式有星形(Y)和三角形(△)连接两种。星形连接电源的线电压是相电压的$\sqrt{3}$倍，线电流等于相电流；三角形连接电源的线电压等于相电压，线电流是相电流的$\sqrt{3}$倍。

项目 3
汽车磁路及电磁元件

学习目标

1. 理解磁场的基本物理量的意义,了解磁性材料的基本知识及磁路的基本定律;
2. 知道什么是继电器,了解继电器接线图及接脚的含义,了解继电器的参数和应用;
3. 掌握电磁式继电器和舌簧管式继电器的结构和工作原理,了解热继电器的工作原理。

项目描述

本项目主要介绍了磁场的基本物理量、电磁基本理论以及电磁阀和继电器等常用电磁器件的结构与工作原理。继电器主要利用电磁感应原理进行工作,控制电路中触点的闭合与断开,实现使用小电流控制较大电流的目的。在汽车上,喇叭、制动信号灯、断线警告灯电路都应用了继电器。

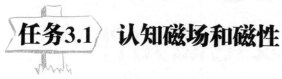

任务3.1 认知磁场和磁性

3.1.1 磁场的基本物理量

1. 磁感应强度

磁感应强度是表示磁场内某点磁场强弱和方向的物理量,以字母 B 表示。它是一个矢量。磁感应强度的方向与电流的方向之间符合右手螺旋定则。将长度为 l 的直导线垂直放入磁场中通过的电流为 I,受到的电磁力为 F,则磁感应强度为

$$B = \frac{F}{lI} \tag{3-1}$$

磁感应强度 B 的单位为特斯拉(T),$1\text{T}=1\text{Wb/m}^2$。在工程计算中,常采用高斯(G)来表示,$1\text{G}=10^{-4}\text{T}$。

若磁场各点磁感应强度大小相等、方向相同,这样的磁场称为均匀磁场。

2. 磁通

穿过垂直于磁感应强度 B 方向的面积为 S 的平面的磁力线总数称为磁通,以 Φ 表示。它是一个标量。

在均匀磁场中,磁通的计算公式为

$$\Phi = BS \tag{3-2}$$

$$\text{或 } B = \Phi/S \tag{3-3}$$

如果不是均匀磁场,则取 B 的平均值。

由式(3-3)可知,磁感应强度 B 在数值上可以看成与磁场方向垂直的单位面积所通过的

磁通，故又称磁通密度。磁通的单位是韦伯(Wb)。

3. 磁通链

磁通链就是磁通量乘以线圈的匝数，以ψ表示。磁通链代表了单位导体截面通过磁通量的多少，也就是磁通的强度，磁通链的单位是韦伯(Wb)。磁通链的计算公式为

$$\psi = N\Phi \tag{3-4}$$

4. 磁导率

实验证明，在通电线圈中放入铁、钴、镍及其合金，通电线圈周围的磁场将大大增强，而放入铜、铝、木材等物质时，线圈周围的磁场几乎不变。由此可见，通电线圈周围的磁场大小不仅与通电电流大小有关，还跟磁场中的介质有关。不同介质的导磁能力不同。

磁导率是表示磁场介质磁性的物理量，它用来衡量物质的导磁能力。磁导率以μ表示，单位为亨/米(H/m)。

真空的磁导率为常数，用μ_0表示，$\mu_0 = 4\pi \times 10^{-7}$ H/m。

相对磁导率μ_r是任一种物质的磁导率μ和真空的磁导率μ_0的比值，其计算公式为

$$\mu_r = \frac{\mu}{\mu_0} \tag{3-5}$$

自然界中绝大多数物质，比如空气、木材、铝对磁场强弱影响甚微，其磁导率$\mu = \mu_0$；而铁、钴、镍及其合金磁导率μ很大，能使磁场大为增强，称为铁磁材料。铁磁材料μ是μ_0的几百倍，通电线圈绕在由铁磁材料制成的铁芯外，可以以较小的电流产生较强的磁场，使线圈圈数、体积、重量减少。

5. 磁场强度

磁场中某点的磁感应强度在实际中很难求得，因为它不仅和电流导体的几何形状以及位置等有关，而且与物质的磁导率有关。为了便于计算，特引入一个计算磁场的辅助物理量，称为磁场强度。磁场强度以H表示，单位是安培/米(A/m)。磁场强度与磁感应强度的关系是

$$H = \frac{B}{\mu} \tag{3-6}$$

3.1.2 物质的磁性

1. 非磁性物质

非磁性物质分子电流的磁场方向杂乱无章，几乎不会因受外磁场的影响而互相抵消，不具有磁化特性。

非磁性材料的磁导率都是常数，即$\mu \approx \mu_0$，$\mu_r \approx 1$。

当磁场介质是非磁性材料时，$B=\mu_0 H$，即 B 与 H 成正比，呈线性关系，如图3-1所示。

2. 磁性物质

磁性物质内部会形成许多小区域，其分子间存在一种特殊的作用力。该作用力使每一个区域内的分子磁场排列整齐，显示磁性，这些区域称为磁畴。

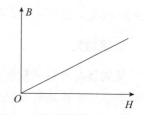

图3-1 非磁性物质磁感应强度与磁场强度的关系

在没有外磁场作用的普通磁性物质中，各个磁畴排列杂乱无章，磁场互相抵消，整体对外不显磁性。在外磁场作用下，磁畴方向发生变化，使之与外磁场方向趋于一致，物质整体显示磁性，称为磁化，即磁性物质能被磁化。铁磁材料磁畴分布如图3-2所示。

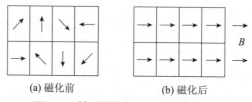

图3-2 铁磁材料磁畴分布示意图

3. 磁饱和性

磁性物质由于磁化所产生的磁化磁场不会随着外磁场的增强而无限增强。当外磁场增大到一定程度时，磁性物质的全部磁畴的磁场方向与外部磁场方向一致，磁化磁场的磁感应强度将趋向某一定值。这一现象称为磁饱和。

铁磁材料的磁化特性可用磁化曲线即 $B=f(H)$ 来表示。铁磁材料的磁化曲线如图3-3中的曲线①所示，它不是直线。在 Oa 段，B 随 H 线性增加；在 ab 段，B 增加缓慢，开始进入饱和状态；b 点以后，B 基本不变，已进入磁饱和状态。铁磁性材料的 μ 不是常数，如图3-3中的曲线②所示。非磁性材料的磁化曲线是通过坐标原点的直线，如图3-3中的曲线③所示。

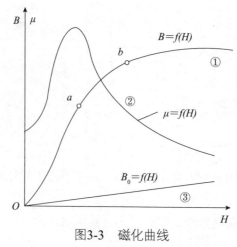

图3-3 磁化曲线

4. 磁滞性

实际工作时，如果铁磁材料在交变磁场中反复磁化，则磁感应强度B的变化总是滞后于磁场强度H的变化，这种现象称为铁磁材料的磁滞现象。磁滞回线如图3-4所示，当H减小时，B也随之减小；但当$H=0$时，B并未回到0值，而是$B=B_r$。B_r称为剩磁感应强度，简称剩磁。若要使$B=0$，则应使铁磁材料反向磁化，即使磁场强度为$-H_c$。H_c称为矫顽磁力，它表示铁磁材料反抗退磁的能力。

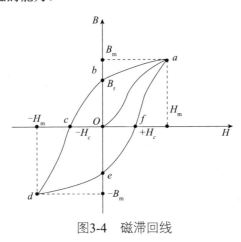

图3-4 磁滞回线

3.1.3 磁性材料及磁路

1. 磁性材料

按磁性物质的磁性能，可将磁性材料分为以下三种类型。

(1) 软磁材料。软磁材料的特点是磁导率很大，而剩磁很小，易磁化，易退磁，反复磁化时磁滞损耗小，适用于反复磁化的场合。典型的软磁材料有铸铁、硅钢、坡莫合金、铁氧体等，一般用来制造电机、电器及变压器等的铁芯，如汽车上的定子、起动机的转子及各种继电器的铁芯等。

(2) 永(硬)磁材料。永(硬)磁材料的特点是需要较强的外磁场作用，才能磁化，而且不易退磁，剩磁较强。典型的永磁材料有钴钢、碳钢等。因为剩磁强，不易退磁，故常用来制造永久磁铁，如汽车上使用的机油压力表、燃油表均采用永磁式转子。汽车上也有永磁式电动机。

(3) 矩磁材料。矩磁材料的特点是在很弱的外磁场作用下就能磁化，并达到磁饱和。当撤掉外磁场后，磁场状态与磁饱和状态相同。常用的矩磁材料有镁锰铁氧体等，用来制造计算机和控制系统中的记忆元件、开关元件和逻辑元件。

2. 磁路

一些物质(铁磁物质)对磁场具有良好的传导性，磁场在这些物质内遇到较少的阻碍，能够形成像电路一样的磁路。

在电机、变压器及各种铁磁元件中常用磁性材料制成一定形状的铁芯。铁芯的磁导率比周围空气或其他物质的磁导率高得多。磁通的绝大部分经过铁芯形成闭合通路，磁通的闭合路径称为磁路。电动机、电气设备中既有电路又有磁路。图3-5中虚线所示即为磁路。

如图3-5(c)所示为变压器的磁路，在磁路中穿过的磁通(包括空气隙)称为主磁通；在线圈周围的空气及在其他非铁磁材料中穿过的磁通称为漏磁通。由于漏磁通只占总磁通的很小一部分，在磁路分析和计算中，一般略去不计。

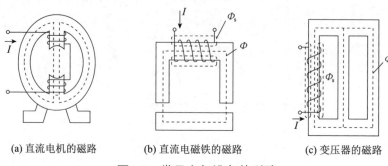

(a) 直流电机的磁路　　(b) 直流电磁铁的磁路　　(c) 变压器的磁路

图3-5　常见电气设备的磁路

磁路与电路具有相似之处，电路中的电动势是形成电流的原因，磁路中的磁动势是产生磁通的原因。磁动势的表达式为

$$F_m = NI \tag{3-7}$$

式中：F_m——磁动势，A；

N——线圈匝数；

I——通过线圈的电流，A。

通过线圈产生的磁动势与线圈的匝数N和通过的电流I的乘积成正比。

电路中有电阻，磁路中有磁阻，它是磁通通过磁路时受磁阻R_m的阻碍作用，R_m的大小与磁路的长度L成正比，与磁路的横截面积S成反比，并且与组成磁路材料的磁导率有关，其表达式为

$$R_m = \frac{L}{\mu S} \tag{3-8}$$

在磁路长度和横截面积相同的情况下，铁磁材料的磁阻比空气的磁阻小得多。

磁通和磁动势、磁阻的关系为

$$\Phi = \frac{F_m}{R_m} \tag{3-9}$$

式(3-9)就是磁路的欧姆定律。一般来说，对于铁磁材料，磁导率不是常数，所以磁阻R_m不是常数，因而磁路的欧姆定律只能用于定性分析，不能用于计算。

磁路又分为直流磁路和交流磁路。

在直流电流励磁的磁路中，磁通的方向不变，这样的磁路称为直流磁路，又称为恒定磁通的磁路。

在由交流电流励磁的磁路中，磁通随时间不断交变，这样的磁路称为交流磁路。交流磁路的励磁线圈称为交流铁芯线圈。交流铁芯线圈会产生磁滞损耗和涡流损耗。当磁路中的磁通交变时，会在铁芯中感应出旋涡状的电流，称为涡流，如图3-6所示。为了减小涡流损耗，可将硅钢片绝缘叠成交流磁路铁芯，例如交流电机、变压器、交流接触器的铁芯等。

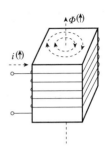

图3-6 涡流现象

【想一想】

了解磁畴的概念并思考，怎么做才能使磁性材料的磁性减弱或消失？

【探究】

你知道电磁炉的发热原理吗？若不清楚可以查阅相关资料。

任务3.2 汽车继电器

3.2.1 继电器概述

1. 继电器的基本概念

继电器是一种根据电量(电流、电压、功率等)或非电量(热、光、声、速度等)的变化，来接通或分断小电流电路，实现自动控制和保护电力拖动装置的电器。继电器的工作过程如图3-7所示。继电器接受并执行控制电路发出的指令，用低电压小电流信号，控制高电压或大电流的工作设备，能够起到"以低控高""以小控大"的作用。继电器是靠触点的动作来工作的，在电路中起着控制、放大、联锁、保护和调节等作用。

图3-7 继电器的工作过程

2. 继电器的时间参数

动作时间：从线圈接受电信号到衔铁完全吸合所需时间。

返回时间：从线圈失电到衔铁完全释放所需时间。

一般继电器的动作、返回时间为0.05～0.15s，快速继电器的动作、返回时间为0.005～0.05s。

3. 常开触点、常闭触点

常开(动合)触点是指继电器有预定激励时闭合,无激励时断开的触点组件。
常闭(动断)触点是指继电器有预定激励时断开,无激励时闭合的触点组件。

4. 继电器的工作电压

继电器的工作电压分为6V、12V和24V,分别装于相应标称电压的汽车上。不同标称电压的继电器不能互换使用。

3.2.2 继电器的识别

为方便使用和接线,继电器的外壳上都画有简明扼要的接线图,如图3-8所示。

如图3-8(b)所示为继电器接线图及接脚的含义。86端子接地线(搭铁线),85端子接开关,85端子和86端子是连通的。30端子接电源,87端子接电路,87A不与电路连接,是空引脚。87端子与30端子之间的触点是常开触点,在继电器得电后30端子与87端子连通,即常开触点闭合,使继电器控制的元器件工作。断电后,30端子与87端子断开,又恢复到常开状态。

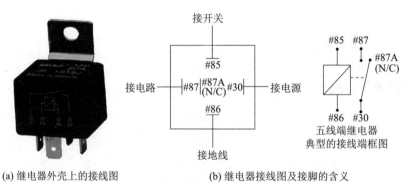

(a) 继电器外壳上的接线图　　(b) 继电器接线图及接脚的含义

图3-8　继电器

如图3-9所示为小型通用插接式继电器的内部电路及插座布置示意图。

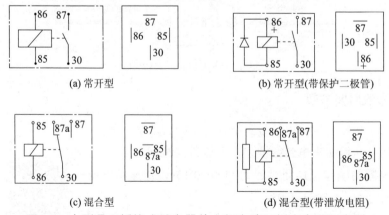

(a) 常开型　　　　　　　　　(b) 常开型(带保护二极管)

(c) 混合型　　　　　　　　　(d) 混合型(带泄放电阻)

图3-9　小型通用插接式继电器的内部电路及插座布置示意图

3.2.3 继电器的分类

继电器的分类方法很多,比如按用途分类,可分为功能型和控制型两种。像闪光继电器、刮水继电器等属于功能型继电器,而普通的单纯控制电路通断与转换的继电器属于控制型继电器,如电源继电器(减荷继电器)、充电指示继电器、起动继电器、灯光继电器、喇叭继电器。按触点状态分类,继电器可分为常开型、常闭型和混合型三种。

在汽车上应用较多的是电磁式继电器、热继电器和舌簧管式继电器。电磁式继电器和热继电器常用于控制电路,舌簧管式继电器常作为传感器使用。

1. 电磁式继电器

(1) 电磁式继电器的结构。电磁式继电器由电磁线圈、铁芯、衔铁和触点等组成。如图3-10所示为电磁式继电器的结构示意图和符号。

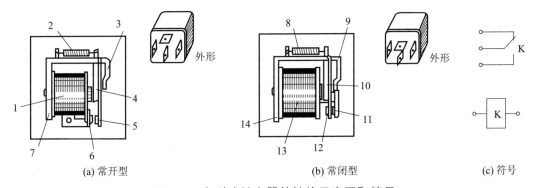

图3-10 电磁式继电器的结构示意图和符号

1-线圈 2-弹簧 3-限位卡 4-衔铁 5-动触点 6-静触点 7-支架
8-弹簧 9-限位卡 10-衔铁 11-静触点 12-动触点 13-线圈 14-支架

(2) 电磁式继电器的工作原理。如图3-10所示,只要在线圈两端加上一定的电压,线圈中就会流过一定的电流,从而产生电磁效应。衔铁会在电磁吸力的作用下克服返回弹簧的拉力吸向铁芯,从而带动衔铁的动触点与静触点(常开触点)吸合。当线圈断电后,电磁吸力会随之消失,衔铁会在弹簧的反作用力下返回原来的位置,使动触点与原来的静触点分离。通过动触点与静触点的吸合、分离,可达到导通、切断电路的目的。

2. 热继电器

热继电器是电流通过发热元件,产生热量,使双金属片弯曲,推动执行机构动作的继电器。它主要用来保护电动机或其他负载免于过载以及作为三相电动机的断相保护等。

如图3-11所示为热继电器的工作原理示意图和符号。发热元件接入电机主电路,若长时间过载,双金属片被烤热,因双金属片的下层膨胀系数大,使其向上弯曲超出扣板,扣板被弹簧拉回,常闭触点断开。热继电器动作后,双金属片经过一段时间冷却,按下复位按钮即可复位。

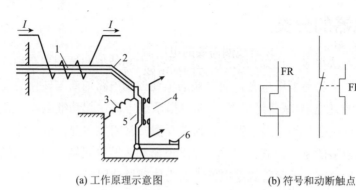

(a) 工作原理示意图　　　　　(b) 符号和动断触点

图3-11　热继电器工作原理示意图和符号

1-热元件　2-双金属片　3-弹簧　4-常闭触点　5-扣板　6-复位按钮

热继电器能够根据过载电流的大小自动调节动作时间，具有反时限保护特性。过载电流越大，动作时间越短。

3. 舌簧管式继电器

舌簧管式继电器的触点是一个或几个舌簧管。如图3-12所示为舌簧管式继电器的结构示意图和实物，它的符号与电磁式继电器一样。当线圈通电后，管中两舌簧片的自由端分别被磁化成N极和S极而相互吸引，在线圈中心工作气隙中形成磁通回路，从而使舌簧管的一对触点吸合，因而接通被控电路。线圈断电后，舌簧片在自身的弹力作用下分开，将线路切断。

舌簧管式继电器具有结构简单、体积小、吸合功率小、灵敏度高的特点。一般吸合与释放时间为0.5~2ms。由于触点密封，它不易受尘埃、潮气及有害气体污染，动片质量小，动程短，触点电寿命长，可正常工作107次。

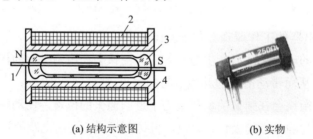

(a) 结构示意图　　　　　(b) 实物

图3-12　舌簧管式继电器的结构示意图和实物

1-舌簧片　2-线圈　3-玻璃管　4-骨架

3.2.4　继电器的主要电气参数

1. 线圈电流和功率

线圈电流和功率是指继电器线圈使用的是直流电还是交流电，以及线圈消耗的额定电功率。例如，JZC-21F型继电器，它的线圈电源为直流电，线圈消耗的额定功率为0.36W。

2. 线圈电压

线圈电压是指继电器正常工作时线圈需要的电压值。同一种型号的继电器的构造大体是相同的,为了使同一种型号的继电器能适应不同的电路,它有多种额定工作电压或额定工作电流以供选用,并用规格号加以区别。例如,型号为"JZC-21F/006-1Z"的继电器,其中"006"为规格号,表示额定工作电压为6V。又如,型号为"JZC-21F/048-1Z"的继电器,其中"048"为规格号,表示额定工作电压为48V。汽车继电器的电压与汽车电源相一致,分12V、24V两种。

3. 线圈电阻

线圈电阻值一般由手册给出。已知继电器额定工作电压和线圈电阻,根据欧姆定律可求出额定工作电流。例如,型号为"JZC-21F/006-1Z"的继电器,查表得知电阻是100Ω,则额定工作电流 $I=\dfrac{U}{R}=\dfrac{6V}{100\Omega}=60mA$。同样,根据线圈电阻和额定工作电流也可以求出线圈的额定工作电压。

4. 寿命

寿命是指接点的负载能力,有时也称接点负荷、接点容量。继电器的接点在切换时能承受一定的电压和电流。例如,型号为"JFX-13F"的继电器的寿命是1A×28V(DV),它表示这种继电器的接点在工作时的电压和电流不超过该值时,可正常工作1×10^6次,否则会影响甚至损坏接点。一般情况下,同一型号继电器的寿命值都是相同的。

3.2.5 继电器的选用

1. 继电器额定工作电压的选择

继电器的额定工作电压应小于或等于控制电路(继电器线圈所在电路)的工作电压。当继电器用晶体管或集成电路来驱动时,还应计算一下继电器额定工作电流是否在晶体管或集成电路的输出电流范围之内,必要时应增加保护电路。

2. 接点负荷的选择

加在接点上的电压和电流值不应超过该继电器的接点负荷。

3. 接点的数量和种类

同一种型号的继电器一般有多种接点形式可供选用,使用时应充分利用各组接点。

4. 继电器的体积应合乎电路的要求

5. 查阅有关手册,找出合乎要求的继电器

在电参数和体积都满足要求的情况下,应选用性价比高的产品。

3.2.6 继电器在汽车上的应用

1. 喇叭电路

喇叭电路示意图如图3-13所示。在汽车上常装有两个不同音频的喇叭，有时甚至装有三种不同音频的喇叭。当装有双喇叭时，由于其消耗的电流较大，用按钮直接控制时，按钮容易烧坏，故常采用喇叭继电器控制。在图3-13中，最上面的一条水平线是电源线(接蓄电池的正极)，最下面的一条水平线是搭铁线。当按下喇叭开关时，继电器得电，常开触点闭合(30端子与87端子之间的触点)，喇叭因有电流通过而发声。

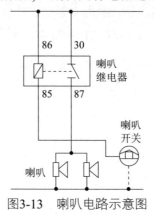

图3-13 喇叭电路示意图

2. 制动信号灯断线警告灯电路

如图3-14所示，在制动信号灯电路中接两个电磁线圈4、6以及舌簧开关5，警告灯3与舌簧开关串联。在正常情况下制动时，踩下制动，制动开关2接通，电流分别流经电磁线圈4、6，使左右制动信号灯7、8亮。此时，两线圈所产生的磁场互相抵消，舌簧开关不闭合，警告灯不亮，若左(或右)制动信号灯线路断路(或灯丝烧断)，则电磁线圈4或6无电流通过，而通电线圈所产生的磁场吸力吸动舌簧开关，触点闭合，警告灯亮，以示警告。

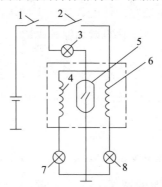

图3-14 制动信号灯断线警告灯电路示意图

1-点火开关 2-制动开关 3-警告灯 4、6-电磁线圈 5-舌簧开关 7、8-制动信号灯

想一想

继电器能够起到"以低控高""以小控大"的作用,它是如何实现的?请用自己的语言描述。

探究

汽车上哪些地方用到了继电器?是哪种类型的继电器?都有什么作用?

项目实施

继电器的拆装

在老师的允许下,首先,从汽车上取下继电器,看看继电器上的一些标注、接线图和接脚,了解继电器在此位置的作用;其次,用工具将继电器拆开,看看内部的结构;再次,将继电器合拢、还原;最后,将继电器安装到其在汽车上原来的位置。

项目小结

1. 磁场的基本物理量有磁感应强度(B)、磁通(Φ)、磁通链(ψ)、磁导率(μ)、磁场强度(H)。

2. 物质分为磁性物质和非磁性物质。磁性物质有磁饱和性和磁滞性,这两种现象都可以用磁畴的概念加以解释。

3. 一些物质(铁磁物质)对于磁场具有良好的传导性,磁场在这些物质内遇到较少的阻碍,能够形成像电路一样的磁路。

4. 继电器是一种根据电量(电流、电压、功率等)或非电量(热、光、声、速度等)的变化,来接通或分断小电流电路,实现自动控制和保护电力拖动装置的电器。继电器的种类很多,在汽车上常用的是电磁式继电器、热继电器和舌簧管式继电器。

项目 4
汽车电动机

学习目标

1. 掌握三相异步电动机的结构和工作原理;
2. 理解三相异步电动机的起动、调速和制动过程;
3. 掌握直流电动机的结构、工作原理以及转矩自动调节过程;
4. 了解汽车上常见的电动机的工作过程;
5. 掌握常见的控制电器。

项目描述

汽车的运行和控制离不开电动机。本项目首先介绍三相异步电动机,其次介绍直流电动机和常见的汽车电动机,最后介绍电动机的控制。通过学习相关内容,学生可以比较全面地了解汽车电动机的结构、工作原理、工作过程等。

任务4.1 三相异步电动机

现代机械生产和生活中广泛使用电动机。电动机分为交流电动机和直流电动机。其中,交流电动机又分为异步电动机和同步电动机。异步电动机使用三相电源,具有结构简单、价格便宜、运行可靠以及维护方便等优点,在工农业生产中得到广泛应用。因此,在交流电动机中,我们重点介绍异步电动机。

4.1.1 三相异步电动机的结构

三相异步电动机主要由定子(固定部分)和转子(转动部分)两部分组成。三相异步电动机的结构示意图如图4-1所示。

三相异步电动机的定子部分包括机座、定子铁芯和定子绕组。机座用铸铁或铸钢制成,它支撑着定子铁芯。定子铁芯由互相绝缘的硅钢片叠压而成,铁芯的表面分布着与轴平行的槽,如图4-2所示。槽内嵌有三相对称绕组。绕组是根据电动机的磁极对数和槽数,按照一定规则排列与连接的。

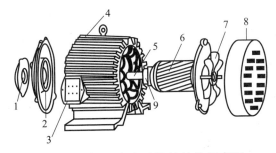

图4-1 三相异步电动机的结构示意图

1-轴承盖 2-端盖 3-接线盒 4-定子 5-转轴 6-转子 7-风扇 8-罩壳 9-轴承

(a) 定子的硅钢片　　　　　(b) 定子铁芯

图4-2　定子硅钢片和定子铁芯

1. 定子

定子绕组是三相异步电动机的电路部分。三相异步电动机有三相绕组，通入三相对称电流时，就会产生旋转磁场。三相绕组由三个彼此独立的绕组组成，且每个绕组又由若干线圈连接而成。每个绕组即为一相，每个绕组在空间相差120°电角度。线圈由绝缘铜导线或绝缘铝导线绕制。中、小型三相异步电动机多采用圆漆包线，大、中型三相异步电动机的定子线圈则用较大截面的绝缘扁铜线或扁铝线绕制后，再按一定规律嵌入定子铁芯槽内。定子三相绕组的六个出线端都引至接线盒上，首端分别标为U_1、V_1、W_1，末端分别标为U_2、V_2、W_2。为了便于改变接线，三相绕组的六根端线都接到定子外面的接线盒内，如图4-3所示，可以接成星形或三角形。

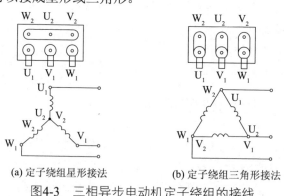

(a) 定子绕组星形接法　　　　(b) 定子绕组三角形接法

图4-3　三相异步电动机定子绕组的接线

2. 转子

三相异步电动机的转子由转子铁芯、转子绕组等组成。

1) 转子铁芯

转子铁芯由0.5mm厚的硅钢片叠压而成，套在转轴上。它的作用和定子铁芯相同：一方面作为电动机磁路的一部分，另一方面用来安放转子绕组。

2) 转子绕组

三相异步电动机的转子绕组分为笼形与绕线形两种，据此将三相异步电动机分为笼形异步电动机与绕线转子异步电动机。

(1) 笼形绕组。在转子铁芯的每一个槽中插入一根铜条，在铜条两端各用一个铜环(称为端环)把导条连接起来，称为铜排转子，如图4-4(a)、图4-4(b)所示。也可用铸铝的方法，把转子导条和端环风扇叶片用铝液一次浇铸而成，称为铸铝转子，如图4-4(c)所示。100kW以下的三相异步电动机一般采用铸铝转子。具有笼形转子的三相异步电动机称为笼式三相异步电动机。

(a) 笼形绕组　　　　　(b) 铜排转子外形　　　　　(c) 铸铝转子外形

图4-4　笼形转子

1—铜条　2—端环　3—铝条　4—端环　5—风扇　6—转子铁芯

(2) 绕线形绕组。绕线形绕组与定子绕组一样，也是一个三相绕组，一般接成星形，三相引出线分别接到转轴上的三个与转轴绝缘的集电环上，通过电刷装置与外电路相连。这就有可能在转子电路中串接电阻或电动势，以改善电动机的运行性能，如图4-5所示。具有绕线式转子的三相异步电动机称为绕线式异步电动机。

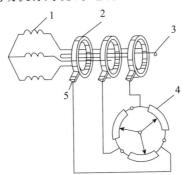

图4-5　绕线形转子与外加变阻器的连接

1—绕组　2—滑环　3—轴　4—变阻器　5—电刷

笼式电动机结构简单、价格低廉、工作可靠，不能人为改变电动机的机械特性。绕线式电动机结构复杂、价格较贵、维护起来工作量大，转子外加电阻可人为改变电动机的机械特性。

4.1.2　三相异步电动机的工作原理

下面通过一个例子来说明三相异步电动机的工作原理。

如图4-6所示为一个装有手柄的蹄形磁铁，在磁极中间放置一个可以自由转动的导电笼形转子，转子与磁极之间没有联系。当摇动手柄使蹄形磁铁旋转时，会看到笼形转子跟着磁铁转动。手柄摇得快，转子转得快；手柄摇得慢，转子也转得慢。若改变磁铁的转向，笼形转子的转向也随之改变。这个例子如同把筷子放在装有水的玻璃杯中，转动筷子时水也随着转动。由此可见，转子转动的必要条件是要有一个旋转的磁场。三相异步电动机就是利用三相交流电通入三相对称绕组所产生的旋转磁场来使转子旋转的。

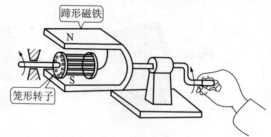

图4-6 旋转磁场带动笼形转子旋转

在三相异步电动机内，旋转磁场是由定子铁芯中放置的三相绕组产生的。当定子绕组中通入三相电流后，它们产生的合成磁场随着三相电流时序的变化不断旋转。旋转磁场的方向与三相电流的顺序有关，也称相序。改变相序可以改变三相异步电动机的转向，例如，可以将三根相线中的两根相线调换位置连接到三相异步电动机上。

实验证明，旋转磁场转速n_0与定子磁极对数p有关。旋转磁场转速为

$$n_0 = \frac{60f}{p} \tag{4-1}$$

式中：f——交流电的频率，我国交流电的频率是$f=50$Hz。

由式(4-1)可得出不同磁极对数p的旋转磁场转速n_0，其值如表4-1所示。

表4-1 不同磁极对数p的旋转磁场转速n_0的数值

不同磁极对数p	每个电流周期磁场转过的空间角度	磁场转速n_0/r/min($f=50$Hz)
1	360°	3000
2	180°	1500
3	120°	1000
4	90°	750

三相异步电动机的转子转速n始终不会加速到旋转磁场转速n_0。因为只有这样，转子绕组与旋转磁场之间才会有相对运动，从而切割磁力线，转子绕组导体中才能产生感应电动势和电流，进而产生电磁转矩，使转子按照旋转磁场的方向继续旋转。由此可见，$n \neq n_0$且$n < n_0$，是三相异步电动机工作的必要条件，"异步"的名称也由此而来。

n_0与n的相对转速n_0-n与n_0的比值称为异步电动机的转差率，用S表示，表达式为

$$S = \frac{n_0 - n}{n_0} \times 100\% \tag{4-2}$$

转差率是三相异步电动机的一个基本参数，对分析三相异步电动机的运行状态及其机械特性有着重要的意义。当电动机起动时，$n=0$，$S=1$。当$n=n_0$，$S=0$时，称其为理想空载情况。一般情况下，S值为2%~8%。

例4-1 有一台三相异步电动机,其额定转速n=2900r/min,试求该电动机在额定负载时的转差率(电源频率f=50Hz)。

解:由于三相异步电动机的额定转速接近且小于旋转磁场转速,根据旋转磁场转速的计算公式,则有

$$n_0 = \frac{60f}{p} = \frac{60 \times 50}{p} > 2900$$

得p=1,即n_0=60×50=3000(r/min)

额定转差率为

$$S = \frac{n_0 - n}{n_0} \times 100\% = \frac{3000 - 2900}{3000} \times 100\% = 3.3\%$$

4.1.3 三相异步电动机的起动

1. 直接起动

直接起动是对定子绕组直接加上额定电压来起动的方法。应用这种起动方法,设备简单、起动速度快,但起动电流较大。

在低压(500V以下)公用电网供电系统中,当电动机容量不超过10kW时,允许直接起动。在专用变压器供电系统中,单台电动机容量不超过变压器容量的20%~30%时,也允许直接起动。

2. 降压起动

降压起动是在电动机起动时降低加在定子绕组上的电压,当电动机转速加快接近稳定时,再加上全部额定电压,以确保电动机正常运行的方法。

由于降低了起动电压,起动电流较小,但由于起动转矩也随之减小,这种起动方法只适用于轻载和空载下起动。

常用的降压起动方法有以下几种。

(1) 定子绕组串接入电阻起动。这种起动方法如图4-7所示。起动时,先合上开关QS_1,起动电流经限流电阻R到三相绕组,故而起动电流减小,电动机开始运转,转速逐渐加快,待转速稳定时,再合上开关QS_2,从而将电阻R短接,使三相绕组获得全部的电源电压。这种起动方法,会使起动电流在电阻R上损耗一定的电能。

(2) Y—△换接起动。这种起动方法只适用于正常工作时采用三角形连接的定子绕组,而且只在起动时将它接成Y形,如图4-8所示。起动时,将转换开关QS_2投向下方起动位置,此时三相定子绕组接成Y形,然后合上开关QS_1。待转速加快至稳定状态,再将转换开关QS_2向上合上,使三相定子绕组接成△形。

经计算,Y—△换接起动,起动电流仅为直接起动电流的1/3,当然其起动转矩也仅为直接起动转矩的1/3,因此只能在轻载或空载时起动。

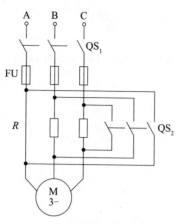
图4-7 串接电阻起动线路

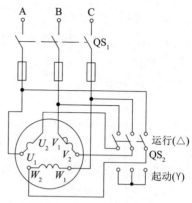
图4-8 Y—△换接起动线路

4.1.4 三相异步电动机的调速

有些生产机械需要在不同的转速下工作,这就需要电动机能够调速。调速是指用人工的办法,在同一负载下,使电动机由某一转速值变为另一转速值。

由电动机转差率公式 $S=\dfrac{n_0-n}{n_0}\times 100\%$ 及旋转磁场转速公式 $n_0=\dfrac{60f}{p}$ 可得

$$n=(1-S)n_0=(1-S)\dfrac{60f}{p} \tag{4-3}$$

根据公式(4-3)可知,异步电动机的转速可以用以下几种方法进行调节。

1. 改变定子绕组的电流频率 f

这是一种比较先进的方法,能够实现平滑无级调速。随着电力电子技术的发展,这种方法越来越广泛地被用于自动化生产中的电动机调速,甚至某些家用电器,例如变频空调。

由于我国的工频电源频率是50Hz,要改变它需要有一套专用装置,如交流—直流—交流变频装置和交流—交流变频装置等。

2. 改变定子绕组的磁极对数 p

改变电动机定子绕组的接法可以改变其磁极对数,从而改变电动机转速。由于磁极对数是成倍变化的,这种调速方法不能实现无级调速。

3. 改变转差率 S

改变转差率 S 的调速方法适用于绕线式电动机。将电动机中的转子电路串入电阻,只要调节电阻值大小,便可调速。

这种调速方法能获得平滑调速,但由于调节电阻的能量损耗较大,不太经济,仅适用于起重设备等恒转矩负载。

4.1.5 三相异步电动机的制动

1. 反接制动

将电动机电源切断后,再将其接到电源的三根相线中的任意两根导线对调位置,此时电动机便有反转旋转磁场产生,但转子由于惯性仍按原方向转动,因此产生的反转电磁通量转矩迫使电动机迅速减速,如图4-9所示。当转速接近0时,再将反接电源切断,从而达到制动的目的。

这种制动方法,设备简单,制动迅速,但机械冲击较大,制动时,电源的电流很大,一般用于不经常制动的场合。

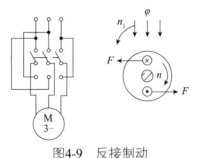

图4-9 反接制动

2. 能耗制动

将电动机三相电源切断,同时通入直流电,如图4-10所示,这时,在定子和转子间产生了一个固定的不旋转的磁场,但转子由于惯性仍按原转向转动,转子导线切割磁力线产生了一个与原转向相反的电磁转矩,使电动机迅速停转。

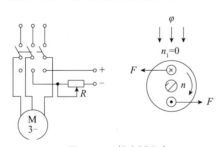

图4-10 能耗制动

4.1.6 三相异步电动机的反转

根据三相异步电动机工作原理可知,三相异步电动机转子的转向与定子旋转磁场的转向相同,改变通入三相定子绕组的电流的相序,就可以改变旋转磁场的转向,从而改变电动机转子的转向。从图4-9可以看出,只要将与三相电源连接的三根导线中的任意两根导线对调位置,就可以改变三相绕组中的电流相序,从而改变旋转磁场的方向,而电动机转子的转向也将随之改变。

💡 想一想

将图4-8、图4-9、图4-10三个图中的转换开关从上端拨到下端,你能否通过电流的流向来分析这三个图的工作原理?

✍ 探究

请尝试采用如图4-3所示的定子绕组星形接法和定子绕组三角形接法连接图4-1中的接线盒的六个接线柱。可以在三相异步电动机上操作。

任务4.2 直流电动机

与三相异步电动机相比,直流电动机结构复杂,使用和维护不如三相异步电动机方便,而且要使用直流电源。特别是近年来,由于变频调速技术的发展,在使用中小功率电动机调速的场合,交流电动机正逐步取代直流电动机。尽管如此,由于直流电动机具有转速稳定、便于大范围平滑调速、起动转矩较大等优点,仍被广泛用于要求进行平滑、稳定、大范围调速或需要频繁正、反转和起、停,多单元同步协调运转的生产机械。例如,轧钢机、电气机车、无轨电车、中大型龙门刨床等调速范围大的大型设备;用蓄电池做电源的设备,如汽车、拖拉机;家庭使用的电动缝纫机、电动自行车、电动玩具等。

4.2.1 直流电动机的结构

直流电动机的结构包括静止和转动两大部分。静止部分称为定子,转动部分称为转子。静止和转动部分之间要有一定大小的间隙,称为气隙。

1. 定子

定子的主要作用是产生磁场、构成磁路以及支撑电动机机械。它由主磁极、换向磁极、机座和电刷装置等组成,如图4-11(a)所示。

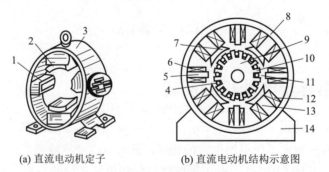

(a) 直流电动机定子　　　　(b) 直流电动机结构示意图

图4-11　直流电动机

1—换向磁极　2—主磁极　3—机座　4—电枢绕组　5—换向器　6—换向绕组　7—极靴
8—铁轭　9—电枢铁芯　10—电枢齿　11—电枢槽　12—励磁绕组　13—主磁极　14—底脚

从图4-11(b)可以看出，主磁极包括铁芯(铁轭)和励磁绕组两部分。当励磁绕组中通入直流电后，铁芯中即产生励磁磁通，并在气隙中建立主磁场，它可以有一对、两对或多对磁极。换向极也由铁芯和绕组构成，位于两主磁极之间，并与电枢串联，通以电枢电流，产生附加磁场，以改善电动机的换向条件，减少换向器产生的火花。在小功率直流电动机中，不装换向磁极。

电刷装置由电刷、刷握、压紧弹簧和刷杆座等组成。如图4-12所示，电刷是用碳、石墨等制成的导电块，电刷装在刷握的盒内，用压紧弹簧把它压紧在换向器的表面上。压紧弹簧的压力可以调整，保证电刷与换向器表面有良好的滑动接触。刷握固定在刷杆上，刷杆装在刷杆座上，彼此之间绝缘。刷杆座装在端盖或轴承盖上，根据电流的大小，每一个刷杆上可以有几个电刷组成的电刷组，电刷组的数目一般等于主磁极数。电刷的作用是与换向器配合，引入或引出电流。

机座一般用铸钢或厚钢板焊接而成。它用来固定主磁极、换向磁极及端盖，借助底脚将电动机固定于基础上。机座还是磁路的一部分，用以通过磁通的部分称为磁轭。端盖固定于机座上，主要起支撑作用，其上放置轴承，支撑直流电动机的转轴，使直流电动机能够运转。

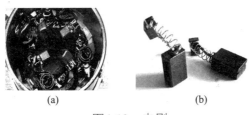

(a)   (b)

图4-12 电刷

2. 转子

转子又叫电枢，它由转子铁芯、转子绕组、换向器、风扇、轴、绑带等构成，如图4-13所示。转子的作用是产生电磁转矩和感应电动势。

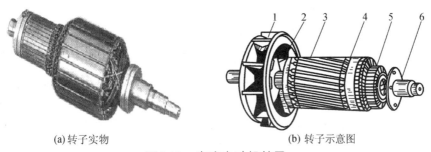

(a) 转子实物   (b) 转子示意图

图4-13 直流电动机转子

1-风扇 2-转子绕组 3-转子铁芯 4-绑带 5-换向器 6-轴

转子铁芯一般用0.5mm厚的涂有绝缘漆的硅钢片冲片叠成，这样铁芯在主磁场中转动时，可以减少磁滞和涡流损耗。铁芯表面有均匀分布的齿和槽，槽中嵌放电枢绕组。电枢铁芯固定在转子支架或转轴上，构成磁路。

电枢绕组是用绝缘铜线绕制的线圈制作而成，并按一定规律嵌放到电枢铁芯槽中，与换向器相连接。线圈与铁芯之间以及线圈的上下层之间均要绝缘，用槽楔压紧，再用玻璃丝带或钢丝扎紧。电枢绕组是电动机的核心部件，电动机工作时在其中产生感应电动势和电磁转矩，实现能量的转换。

换向器又叫整流子，换向器是由若干彼此间用云母片绝缘的铜片(即换向片)组成的，如图4-14所示。换向器与电刷配合，将直流电动机输入的直流电流转换成电枢绕组内的交变电流，从而产生恒定的电磁转矩。

(a) 实物

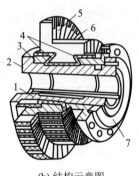
(b) 结构示意图

图4-14　换向器

1-绝缘套筒　2-钢套筒　3-V形钢环　4-V形云母环　5-云母片　6-换向片(梯形铜片)　7-螺旋压圈

3. 气隙

静止的磁极和旋转的电枢的间隙称为气隙。气隙既能保证电动机的安全运行，又是磁路的重要组成部分。在小容量电动机中，气隙为0.5～3mm。气隙数值虽小，但磁阻很大，气隙的大小对电动机的运行性能有很大影响。

4.2.2　直流电动机的工作原理

为了便于讨论直流电动机的工作原理，可把复杂的直流电动机结构进行简化。假设电动机具有一对主磁极，电枢绕组只是一个线圈，线圈两端分别连在两个换向片上，换向片上压着电刷A和B，直流电机工作原理如图4-15所示。

在图4-15中，当励磁绕组加直流电压，电枢绕组在固定的磁场中旋转。由于电刷固定不动，换向片和电源固定连接，这样无论线圈怎样转动，总是上半边的电流流向内(在图中是从a流向b)，下半边的电流流向外(在图中是从c流向d)，电枢导体电流方向不变。根据电磁力(安培力)定律，电枢绕组通入直流电后，每根有效导体均受到电磁力的作用。电磁力的方向可由左手定则确定，如图4-15所示，这一对电磁力可以产生恒定的电磁转矩，使电枢逆时针旋转。

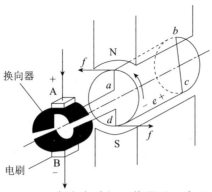

图4-15　直流电动机工作原理示意图

4.2.3　直流电动机的分类

根据励磁线圈和转子绕组的连接关系，励磁式直流电动机可细分为以下四类。

1. 他励式直流电动机

他励式直流电动机的励磁绕组和电枢绕组各自分开，励磁电流由另外的直流电源单独提供，如图4-16所示。这种电动机的励磁电流仅取决于他励电源，而不受电枢端电压的影响，因而称为他励式直流电动机。

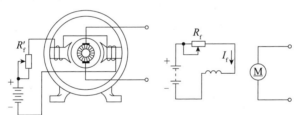

图4-16　他励式直流电动机示意图

2. 并励式直流电动机

并励式直流电动机的励磁绕组和电枢绕组并联，如图4-17所示。电子励磁绕组承受了电枢两端的全部电压，为了减小绕组的铜损耗，励磁电流越小越好，故绕组的匝数较多，导线较细。

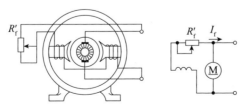

图4-17　并励式直流电动机示意图

3. 串励式直流电动机

串励式直流电动机的励磁绕组和电枢绕组串联，如图4-18所示。为了减小励磁绕组的电压降和铜损耗,绕组应具有较小的电阻,因此它一般用截面较大的导线,且匝数较少。

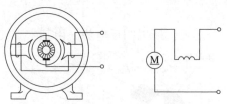

图4-18 串励式直流电动机示意图

4. 复励式直流电动机

复励式直流电动机有两个励磁绕组,一个同电枢并联,一个同电枢串联,如图4-19所示。

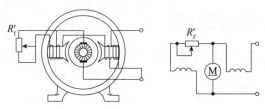

图4-19 复励式直流电动机示意图

4.2.4 直流电动机转矩自动调节

直流电动机加速到某个速度或减速到某个速度后,仍能匀速转动,为什么?在这里,我们来了解一下直流电动机的转矩自动调节功能。

1. 电枢中的感应电动势

电枢通入电流后,产生电磁转矩,使电动机在磁场中转动。通电线圈在磁场中转动,又会在线圈中产生感应电动势(用E表示)。

根据右手定则可知,E和原来通入的电流方向相反,如图4-20所示,其大小为

$$E=C_E\Phi n \tag{4-4}$$

式中:C_E——与电动机结构有关的常数;

Φ——磁通量,Wb;

n——电动机转速,r/min。

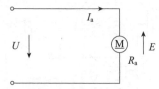

图4-20 感应电动势和电流方向示意图

2. 电枢绕组中的电压平衡关系

因为E与通入的电流方向相反,所以叫反电势。由基尔霍夫定律得到电枢绕组中的电压平衡关系式为

$$U=E+I_aR_a \tag{4-5}$$

式中:U——外加电压,V;

R_a——电枢回路电阻,其中包括电枢绕组的电阻和电刷与换向器的接触电阻,Ω。

3. 转矩平衡关系

根据安培定律,可以推导出直流电动机通电后所产生的电磁转矩T与磁极的磁通量Φ及电枢电流I_a之间的关系为

$$T=C_T\Phi I_a \tag{4-6}$$

式中:C_T——与线圈结构有关的常数,它与线圈大小、磁极对数等有关。

电磁转矩T为驱动转矩,在电动机运行时,它必须和外加负载和空载损耗的阻转矩保持平衡,即

$$T=T_L+T_0 \tag{4-7}$$

式中:T_L——负载转矩,N·m;

T_0——空载转矩,N·m。

转矩平衡过程:当负载转矩T_L发生变化时,通过电动机转速、电动势、电枢电流的变化,电磁转矩自动调整,以实现新的平衡。

例如,设外加电枢电压U一定,$T=T_L+T_0$(平衡)。这时,若T_L突然增加,则调整过程为"$T_L\uparrow \to n\downarrow \to E\downarrow$ [由式(4-4)可知]$\to I_a\uparrow$ [由式(4-5)可知]$\to T\uparrow$ [由式(4-6)可知]",最后达到新的平衡点。与原平衡点相比,新的平衡点的电枢电流I_a增加,输入功率也增加。

由此可见,当负载变化时,电动机能通过转速、电流和转矩的自动变化来满足负载的需要,使之能在新的转速下稳定工作。因此,直流电动机具有自动调节转矩的功能。

4.2.5 直流电动机的运行

1. 直流电动机的起动

在电源接通瞬间,电动机转速n为0,由式(4-4)可知,此时反电动势E亦为0。由式(4-5)可知,此时电枢起动电流为

$$I_{st}=\frac{U}{R_a} \tag{4-8}$$

由于电枢电阻R_a很小,起动电流I_{st}可达额定电流的10~20倍。如此大的起动电流会使换向器与电刷之间产生强烈的火花,将换向器烧坏。由于电磁转矩$T=C_T\Phi I_a$,起动转矩也

会达到额定转矩的10～20倍。它将导致生产机械遭受巨大的机械冲击，对齿轮、皮带等传动机构很不利。因此，直流电动机是不允许直接起动的。

为了限制起动电流，可以使用降低电枢两端的电压或增加电枢电路电阻的方法，即在起动时在电枢电路中串联起动电阻R_{st}，如图4-21所示。

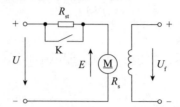

图4-21 他励电动机的起动电路

为了不影响换向器的正常工作，同时保证一定的起动转矩，通常将起动电流限制在额定电流的2～2.5倍范围内，即

$$I_{st}=\frac{U}{R_a+R_{st}}=(2～2.5)I_N \tag{4-9}$$

需要注意的是，直流电动机在起动和工作时，励磁电路一定要接通，不能让它断开，而且起动时要满励磁。否则，磁路中只有很少的剩磁，可能导致以下几种事故。

(1) 若电动机原本静止，由于励磁转矩$T=C_T\Phi I_a$，而$\Phi\to 0$，电动机将不能起动，因此，反电动势为0，电枢电流会很大，电枢绕组有被烧毁的危险。

(2) 如果电动机在负载运行时磁路突然断开，则$E\downarrow\downarrow$，$I_a\uparrow\uparrow$，T和$\Phi\downarrow\downarrow$，可能不满足负载转矩T_L的要求，电动机必将减速或停转，使I_a更大，也很危险。

(3) 如果电动机空载运行，可能造成飞车，即$\Phi\downarrow\to E\downarrow\to I_a\uparrow\to T\uparrow\gg T_0\to n\uparrow$，危及设备和人身安全。

为了避免这些情况的发生，可对他励直流电动机采取失磁保护。一般在励磁绕组上加失压继电器或欠流继电器。当电路失压或欠流时，自动切断电枢电源U。如图4-21所示，K为继电器，就是起这个作用的。

2. 直流电动机的调速

由式(4-4)和式(4-5)得出直流电动机的速度公式为

$$n=\frac{U-I_aR_a}{C_E\Phi} \tag{4-10}$$

由式(4-10)可知，我们可以通过改变Φ、R_a和U来调速。

1) 通过改变磁极磁通Φ调速

改变磁通Φ值的大小，可以改变转速n。为此，在励磁电路中串接一只磁场变阻R'_f，如图4-22所示。如增加磁场变阻器阻值，则激磁电流减小，磁通也随之减小，电动机的转速加快；反之，磁场变阻器阻值减小，则电动机的转速减慢。

并励式电动机的励磁电流较小，在调速过程中能量耗损也较小，故而得到广泛使用。

通过改变磁极磁通Φ来调速，可使电动机的转速在其额定转速以上得到平滑调节。但转速增快受到电枢机械强度的制约,一般不超过额定转速的20%。

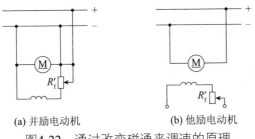

图4-22 通过改变磁通来调速的原理

2) 通过改变电枢电路中的电阻R_a来调速

在电枢电路中串联一个可调变阻器R_{SC},如图4-23所示。当阻值R_{SC}增大时,电枢电流I_{SC}减小,则转速减慢;反之,R_{SC}减小时,电动机转速将增快。

由于电枢电流一般较大,调速电阻R_{SC}要消耗大量的能量,不太经济。另外,这样做还会使电动机的机械特性变软。采用这种调速方法,应使电动机的转速在额定值以下,才能实现平滑调节。

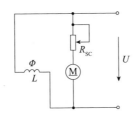

图4-23 通过改变电枢电路中的电阻来调速

3) 通过改变电源电压U来调速

由公式(4-10)知,若保持励磁电路中的磁通Φ不变,则改变电动机的直流电源电压U,可以实现平滑调节,但应注意U不能超过额定电压。

3. 直流电动机的反转

由电磁转矩公式$T=C_T\Phi I_a$可知,要改变T的方向,可改变Φ和I_a的方向,即改变励磁电流的方向或改变电枢电流的方向。需要注意的是,改变电动机转动方向时,励磁电流和电枢电流两者的方向不能同时改变。

4. 直流电动机的制动

直流电动机的制动方法有反接制动、能耗制动、发电回馈制动三种。

1) 反接制动

如图4-24所示为他励电动机反接制动电路图,将转换开关从运行状态变成制动状态时,可使电枢两端反接,从而改变电动机的转向而实现制动。励磁绕组的接法不变,电阻R的作用是限制电源反接制动时电枢的电流过大。

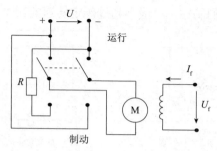

图4-24　他励电动机反接制动电路图

2) 能耗制动

停车时,电枢从电源断开,接到电阻上。这时由于惯性,电枢仍保持原方向运动,感应电动势方向也不变,电动机变成发电机,电枢电流的方向与感应电动势相同,从而电磁转矩与转向相反,起到制动作用,如图4-25所示。

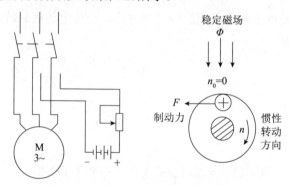

图4-25　他励电动机能耗制动电路图

3) 发电回馈制动

在特殊情况下,例如汽车下坡时、吊车重物下降时,在重力的作用下,$n>n_0$(n_0为理想空载转速)。这时电动机变成发电机,电磁转矩成为阻转矩,从而限制电动机转速过分增快。

想一想

电动机为什么能变成发电机?

探究

1. 在本任务中讲述了汽车"飞车"的概念,造成直流电动机飞车的原因是励磁电路没有接通。同学们可上网查阅汽车"飞车"的相关资料,了解什么是"飞车"现象、产生的原因有哪些,并找出解决方法。

2. 请你查阅资料,找出汽车上哪些电气系统采用了直流电动机。

任务4.3 常见的汽车电动机

4.3.1 步进电动机

1. 步进电动机概述

步进电动机又称为脉冲电动机,是数字控制系统中的一种执行元件。它的功用是将脉冲电信号转换为相应的角位移或直线位移,即给一个脉冲电信号,电动机就转动一个角度或前进一步,带动机械移动一小段距离。图4-26是步进电动机的实物图。

图4-26 步进电动机的实物图

步进电动机的特点:①来一个脉冲,转一个步距角;②控制脉冲频率,可控制电动机转速;③改变脉冲顺序,可改变转动方向。

步进电动机有励磁式和反应式两种。这两种电动机的区别在于励磁式步进电动机的转子上有励磁线圈,反应式步进电动机的转子上没有励磁线圈。

下面以反应式步进电动机为例,说明步进电动机的结构和工作原理。

2. 步进电动机结构

步进电动机主要由两部分构成:定子和转子。它们均由磁性材料构成,定子上有六个或四个磁极,磁极上有绕组。图4-27是三相反应式步进电动机结构示意图,它的定子具有均匀分布的六个磁极,磁极上有绕组,两个相对的磁极组成一组。

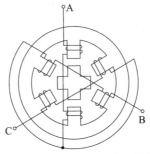

图4-27 三相反应式步进电动机结构示意图

当给A相绕组通电时，转子齿偏离定子齿一个角度。如图4-28(a)所示，由于励磁磁通力沿磁阻最小的路径通过，对转子产生电磁吸力，迫使转子齿转动。当转子转到与定子齿对齐的位置时，因转子只受径向力而无切线力，故转矩为0，转子被锁定在这个位置上，如图4-28(b)所示。由此可见，错齿是使步进电动机运转的根本原因。

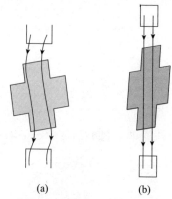

图4-28 三相反应式步进电动机工作原理示意图

3. 与步进电动机相关的概念

步距角β(步距)：当输入一个电脉冲时所转过的一个固定角度。

单：每次只有一相绕组通电。

双：每次有两相绕组通电。

拍：通电次数(即从一种通电状态转到另一种通电状态)。

4. 步进电动机的通电方式

(1) 三相单三拍。A相绕组通电，B、C相不通电。在磁场作用下，转子总是力图旋转到磁阻最小的位置，故在这种情况下，转子必然转到图4-29(a)所示位置，即1、3齿与A、A′磁极轴线对齐。

同理，B相通电时，转子会转过30°角，如图4-29(b)所示，2、4齿和B、B′磁极轴线对齐。

当C相通电时，转子再转过30°角，如图4-29(c)所示，1、3齿和C′、C磁极轴线对齐。

在这种工作方式下，三个绕组依次通电一次为一个循环周期，一个循环周期包括三个工作脉冲，所以称为三相单三拍工作方式。按A→B→C→A→…的顺序给三相绕组轮流通电，转子便一步一步转动起来。每一拍转过30°(步距角)，每个通电循环周期(三拍)转过90°(一个齿距角)。

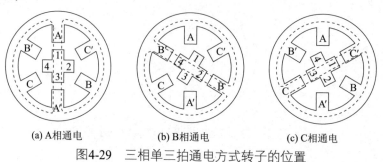

(a) A相通电　　　　(b) B相通电　　　　(c) C相通电

图4-29 三相单三拍通电方式转子的位置

(2) 三相六拍。三相六拍按A→AB→B→BC→C→CA的顺序给三相绕组轮流通电。这种方式可以获得更精确的控制特性。

A相通电,转子1、3齿与A、A′磁极对齐,如同4-30(a)所示。

A、B相同时通电,A、A′磁极拉住1、3齿,B、B′磁极拉住2、4齿,转子转过15°,到达图4-30(b)所示位置。

B相通电,转子2、4齿与B、B′磁极对齐,又转过15°,如同4-30(c)所示。

B、C相同时通电,C′、C磁极拉住1、3齿,B、B′磁极拉住2、4齿,转子再转过15°,如同4-30(d)所示。

三相六拍反应式步进电动机的一个通电循环周期为:A→AB→B→BC→C→CA。每个循环周期分为六拍,每拍转子转过15°(步距角),一个通电循环周期(六拍)转子转过90°(齿距角)。与单三拍相比,六拍驱动方式的步进角更小,更适用于需要精确定位的控制系统。

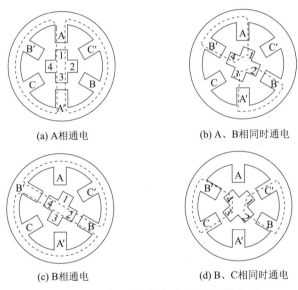

图4-30 三相六拍通电方式转子的位置

(3) 三相双三拍。三相双三拍按AB→BC→CA的顺序给三相绕组轮流通电。每拍有两相绕组同时通电。

与单三拍方式相似,双三拍驱动时,每个通电循环周期也分为三拍。每拍转子转过30°(步距角),一个通电循环周期(三拍)转子转过90°(齿距角)。

从以上对步进电动机三种驱动方式的分析可得到步距角的计算公式为

$$\beta = \frac{360°}{Zm} \tag{4-11}$$

式中:β——步距角,°;

Z——转子齿数;

m——每个通电循环周期的拍数。

实用步进电动机的步距角多为3°和1.5°。为了获得小步距角,电动机的定子、转子都制成多齿齿距角。如图4-31所示为齿距角9°、齿数是40的步进电动机(360°/40=9°)。定子仍是六个磁极，但每个磁极表面加工有五个和转子一样的齿。

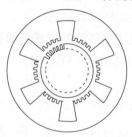

图4-31　齿数是40的步进电动机

步进电动机具有结构简单、维护方便、精确度高、起动灵敏、停车准确等优点。需要说明的是，电脉冲不能直接控制步进电动机，必须采用脉冲控制器将电脉冲按通电方式进行分配，而后经过功率放大器放大到足够的功率，才能驱动步进电动机工作。步进电动机的工作过程如图4-32所示。

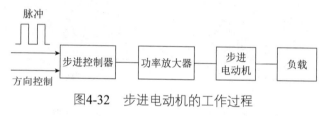

图4-32　步进电动机的工作过程

5. 步进电动机在汽车上的应用

怠速是指汽车发动后，上升到正常温度，发动机处于空挡时稳定的最低转速。此时混合气燃烧所做的功，只是用以克服发动机的内部阻力。

怠速一般均在1000r/min以内。不同的车辆，怠速略有不同，应以其标明的怠速数值为准。在使用汽车时，发动机怠速运转的时间约占30%。怠速转速的高低直接影响燃油的消耗和尾气的排放。怠速过高，耗油量增加；怠速过低，发动机转速不稳，容易熄火。

在实际中，可利用步进电动机作为怠速控制阀的主要执行部件，实现怠速控制。步进电动机式怠速控制阀是电喷发动机中应用最多的一种怠速控制装置。它用于控制汽车进气系统旁通空气通道的开度，从而调节旁通通道的进气量，使发动机转速达到所要求的目标值。

图4-33为步进电动机式怠速控制示意图。汽车行驶时，发动机所需的大流量空气由气缸吸气行程吸入，从主空气通道经节气门通过。节气门开度越大，进入空气越多。空气进入多少由发动机的单片机经空气流量传感器检测得出，然后按空气与汽油的理想混合比例（质量比14.7∶1）计算喷油量，由喷油器将汽油喷入进气管。混合空气越多，燃烧后产生的压力越大，发动机转速就越快。

当汽车暂停行驶时，节气门关闭，为了维持发动机怠速运转，发动机所需的小流量空气从旁通通道入口流入，经步进电动机式怠速控制阀从旁通通道出口流入发动机。

步进电动机式怠速控制阀由步进电动机、阀杆、控制阀和阀座组成。转子的正转或反转运动经阀杆(丝杆)转换成向前或向后的直线伸缩运动。阀杆每旋转1圈，伸缩1个螺距。

控制阀与阀杆相连，呈凸圆锥状，阀座呈凹圆锥状。当控制阀座推进时，通气横截面积减小，反之通气横截面积增大，从而达到控制怠速通气量的目的。

怠速控制均采用发动机转速反馈闭环控制方式，即发动机转速传感器将发动机的实际转速和目标转速进行比较，根据比较的差值确定使发动机达到目标值的控制量，并通过执行机构对发动机怠速进行校正。

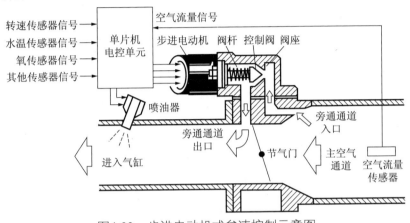

图4-33 步进电动机式怠速控制示意图

4.3.2 伺服电动机

伺服电动机也称为执行电动机，在控制系统中，它常被用作执行元件，负责把接收到的电信号转换为电动机转轴的角位移或角速度，以驱动控制对象。按照电流种类的不同，伺服电动机可分为交流和直流两大类。

1. 交流伺服电动机

交流伺服电动机通过伺服驱动器的矢量控制理论加上编码器构成的闭环回路精准地控制电动机的扭矩、速度、位置等，对交流电进行等换计算，从而控制电动机，所以其制造技术和伺服驱动器软件开发方面比较复杂。

交流伺服电动机由定子、转子和编码器组成。定子结构与单相异步电动机相似，在定子上装有两个相差90°的绕组：一个是励磁绕组R_f，接交流电压U_f；另一个是控制绕组L，连接控制信号电压U_c。若在两相绕组上加幅值相等、相位差90°的对称电压，则在电动机的气隙中产生圆形的旋转磁场。若两个电压的幅值不等或相位差不是90°，则会产生椭圆形的旋转磁场。加在控制绕组上的信号不同，产生的磁场椭圆度也不同。例如，在负载转矩一定的情况下改变防磁绕组控制信号，就可以改变磁场的椭圆度，从而控制伺服电动机的转速。

交流伺服电动机结构如图4-34所示。交流伺服电动机的转子是一个永磁体，在定子产生的旋转磁场作用下，转子磁场同步旋转。转子一般做成笼形，目的是使电动机具有较大的调速范围及线性机械特性，无"自转"现象，能够快速响应。它具有转子电阻较大、转动惯量较小这两个特点。目前,应用较多的转子主要有两种:一种是采用高电阻率的导电材料做成的导条笼形转子,为了减小其转动惯量,转子做得细长;另一种是采用铝合金做成的空心杯形转子,杯壁薄,为了减小磁路的磁阻,在转子内放置固定的内定子。空心杯形转子的转动惯量很小,反应迅速,运转平稳,因此应用广泛。

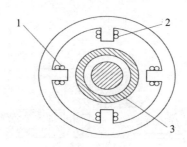

图4-34 交流伺服电动机结构示意图

1-励磁绕组 2-控制绕组 3-转子

交流伺服电动机在没有控制电压时,定子内只有励磁绕组产生的脉动磁场,转子静止不动;当有控制电压时,定子内会产生一个旋转磁场,转子沿旋转磁场方向旋转。在负载恒定的情况下,电动机的转速随控制电压的增减而变化,控制电压的相位相反时,伺服电动机将反转。

交流伺服电动机结构简单、成本低廉、转动惯量小。它的输出功率一般为0.1~100W,电源频率分50Hz、400Hz等多种。它的应用很广泛,可用在各种自动控制、自动记录系统中。

2. 直流伺服电动机

直流伺服电动机和交流伺服电动机相比,具有机械特性硬、输出功率大、易控制、起动转矩大等优点。

直流伺服电动机和一般直流电动机结构相同,只是它的容积和体积较小,是一种微型永磁式直流电动机。为了减小转动惯量,电动机要做得细长些。如图4-35所示为直流伺服电动机的结构和工作原理。

直流伺服电动机把直流电动机加上编码器形成闭环控制,电动机的控制方法基本是通过改变电流的大小来改变电动机的扭矩、速度等参数。直流伺服电动机的工作原理与直流电动机相同。通过改变电枢电压的极性,电动机可实现反转。

直流伺服电动机结构复杂(电刷、换向器)、成本高,它的输出功率一般为1~160W。直流伺服电动机的特性比交流伺服电动机硬,通常应用于功率稍大的系统中,如随动系统中的位置控制等。

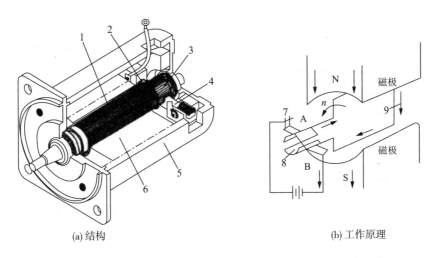

(a) 结构 (b) 工作原理

图4-35 直流伺服电动机的结构和工作原理示意图

1-转子(电枢) 2-电刷(负极) 3-整流子 4-电刷(正极) 5-机壳 6-定子

7-碳刷 8-换向片 9-电枢导体

4.3.3 永磁式电动机在汽车上的典型应用

1. 刮水器电动机

1) 刮水器的作用

刮水器的作用是除去汽车挡风玻璃上的水、雪及沙尘，如图4-36所示，保证在不良天气中，驾驶员视线不受阻挡。

图4-36 刮水器的作用

2) 刮水器电动机结构

刮水器电动机由刷架、摆杆、拉杆、蜗轮等组成，如图4-37所示。

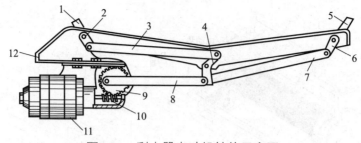

图4-37 刮水器电动机结构示意图

1、5-刷架 2、4、6-摆杆 3、7、8-拉杆 9-蜗轮 10-蜗杆 11-电动机 12-底板

3) 刮水器工作过程

直流电动机运转时,通过蜗轮、蜗杆减速,使蜗轮上偏心相连的拉杆做往复运动,再通过拉杆和摆杆带动左右两刷架做往复摆动,实现刮除雨水、雪、灰尘的目的,其工作原理如图4-38所示。电动刮水器通过控制电动机可实现变速刮水。电动刮水器有自动复位装置,在任意时刻关闭刮水器,刮水片均能停止在风窗玻璃下端。

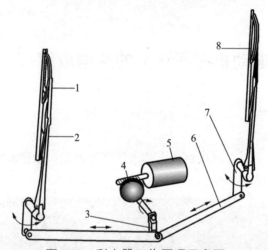

图4-38 刮水器工作原理示意图

1-雨刮片 2-雨刮臂 3-摇臂 4-蜗轮蜗杆减速机构 5-电动机 6-拉杆 7-摆杆 8-铰接式雨刮片架

4) 永磁式刮水电动机变速原理

永磁式刮水电动机利用三个电刷来改变正负电刷之间串联的线圈数,从而实现变速。永磁式电动机工作时,在电枢内同时产生反电动势,其方向与电枢电流的方向相反。要使电动机运转,外加电压必须克服反电动势的作用。当电动机转速加快时,反电动势增加。只有当外加电压等于反电动势时,电枢的转速才能稳定。永磁式电动机工作原理如图4-39所示。

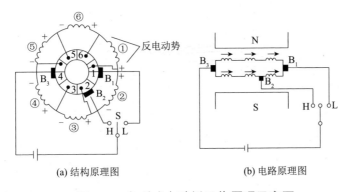

(a) 结构原理图　　　　　　(b) 电路原理图

图4-39　永磁式电动机工作原理示意图

1～6-换向片编号　①～⑥-线圈组编号　S-开关　H-高速挡　L-低速挡

B_1为低速运转电刷，B_2为高速运转电刷，B_3为公共电刷，B_1、B_2安装相差60°。直流电动机工作时，在电枢所有线圈中同时产生反电动势，每一个小线圈都产生相等的反电动势$E=C_E\Phi n$，其方向如图4-39(b)所示。

当开关拨向"L"时，电源电压加在B_1和B_3之间，由于①、⑥、⑤和②、③、④组成两条并联支路，支路中串联的线圈(导体)均为有效线圈，串联线圈(导体)数相对较多(每条支路串联三组绕组)，总反电动势为$3C_E\Phi$，由公式(4-4)和式(4-5)可知电动机的转速为$n=\dfrac{U-I_aR_a}{3C_E\Phi}$，在电压$U$和直流电动机定型的条件下，$I_a$、$\Phi$、$R_a$、$C_E$都是常数，此时电动机以较慢转速运转。

当开关拨向"H"时，电源电压加在B_2和B_3之间，由于线圈①和②产生方向相反的电动势，互相抵消，组成两条并联支路，串联线圈(导体)数相对较少(每条支路串联两组绕组)，总反电动势为$2C_E\Phi$，电动机的转速为$n=\dfrac{U-I_aR_a}{2C_E\Phi}$，电动机以较快转速运转。

2. 电动门锁电动机

门锁电动机是永磁式双向电动机，用于控制车门。通过改变电动机的电流方向，改变其旋转方向，控制车门打开或关闭。

电动门锁电动机工作原理如图4-40所示。下面以锁车为例，说明控制过程。

当门锁主开关转到锁止位置时，触点1闭合，门锁继电器的锁止线圈通电，触点5闭合。各门锁电动机通电，电流方向：蓄电池+→熔断器(左)→门锁主开关1→门锁继电器锁止线圈通→搭铁。此时触点5闭合，使得电流同时流动，电流方向：蓄电池+→熔断器(右)→触点5→最下面导线→分流到四个电动机→触点7→搭铁。此时电动机运转，将车门锁上。

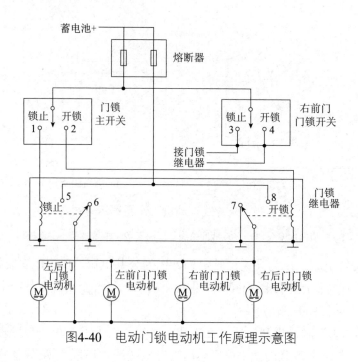

图4-40 电动门锁电动机工作原理示意图

3. 电动车窗电动机

电动车窗电动机通常采用永磁式双向电动机,用于控制车窗玻璃。利用开关改变电动机电枢电流的方向,即可改变其旋转方向,使车窗玻璃上升或下降。

电动车窗电动机的工作原理如图4-41所示。下面以左后门窗为例说明其控制过程。

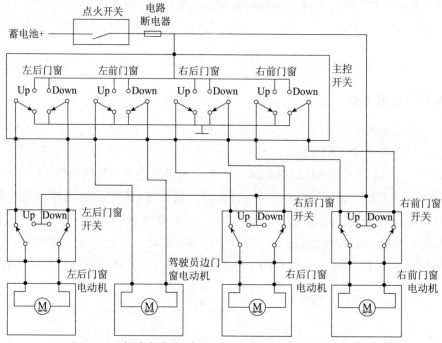

图4-41 电动车窗电动机的工作原理示意图(福特汽车)

假设点火开关已接通,当主控开关的左后窗开关拨到Up时,电动机通电,电流方向:蓄电池+→点火开关→电路断电器→左后门窗Up→左后门窗电动机(电流从左到右)→Down(有两个)→搭铁(第四条水平线上的搭铁)。此时电动机开始运转,带动左后门窗玻璃上升。

当主控开关的左后窗开关拨到Down时,电流反向(学生自己可以指出)。此时电动机反向运转,带动左后门窗玻璃下降。

4. 鼓风电动机

鼓风电动机是汽车空调专用的电动机,其作用是促进空调内外气体的交换,达到制冷、供暖、除霜和通风的目的。

鼓风电动机采用永磁式三速电动机,多数安装在暖风机总成内,与其安装在一起的还有调速电阻总成,如图4-42所示。鼓风电动机的控制开关安装在仪表板上,开关通过控制调速电阻来控制电动机的转速。

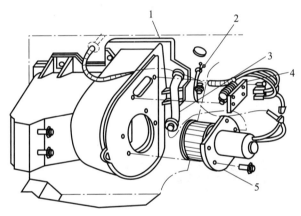

图4-42 鼓风电动机安装位置

1—暖风机总成 2—搭铁线 3—暖风水管 4—调速电阻总成 5—鼓风机

鼓风电动机的工作原理如图4-43所示。

(1) 将鼓风机开关1置于"低"挡,此时电动机串入三个电阻,其电枢电压最低,电动机以低速运转。

(2) 将鼓风机开关1置于"中(中1、中2)"挡,电动机串入的电阻数减少,电枢电压升高,以中速运转。

(3) 将鼓风机开关1置于"高"挡,蓄电池电压全部加在电动机上,所以电动机以高速运转。

可见,通过开关控制电动机串入的电阻数即可达到调速的目的。

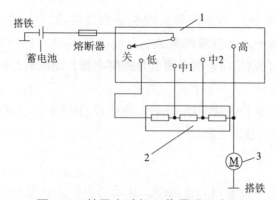

图4-43 鼓风电动机工作原理示意图

1-鼓风机开关 2-调速电阻总成 3-鼓风电动机

想一想

由公式 $E=C_E\Phi n$ 可知，电枢转动时转速 n 越大，产生的反电动势 E 也越大。依据永磁式电动机变速原理，能否反过来认为：反电动势 E 越大，电动机的转速 n 也越大？

探究

1. 汽车上的刮水器是如何工作的？
2. 汽车上的门窗电动机是如何控制玻璃升降的？

任务4.4 电动机的控制

4.4.1 控制电器介绍

1. 控制电器概述

在汽车上，不仅需要驱动(动力)设备，还需要控制装置，以实现各种工艺要求。对电能的生产、输送、分配和使用起控制、调节、检测、转换及保护作用的电工器械称为电器。在交流电压1200V、直流电压1500V及以下的电路中起通断、保护、控制或调节作用的电器产品称为低压电器。控制电器用途广泛，品种繁多。为了便于了解这些控制电器，可从以下几个方面对其加以分类。

(1) 按工作电压等级分类。按工作电压等级，可将电器分为高压电器和低压电器。高压电器是指用于交流1200V、直流电压1500V及以上电路的电器。例如，汽车点火系统的高压线路。低压电器是指用于交流电压1200V、直流电压1500V及以下电路中起通断、保护、控制或调解作用的电器。例如，接触器和继电器等。

(2) 按操作方式分类。按操作方式，可将电器分为手动电器和自动电器。手动电器是指靠人手操作发出动作指令的电器。例如，刀开关、按钮等。自动电器是指依靠指令或物理量(如电流、电压、时间、速度等)变化而自动动作的电器。例如，接触器、继电器等。

(3) 按用途分类。按用途，可将电器分为控制电器、配电电器、主令电器、保护电器和执行电器。控制电器是指用于各种控制电路和控制系统的电器。配电电器是指用于电能的输送和分配的电器。主令电器是指用于自动控制系统中发出动作指令的电器。例如，按钮、转换开关等。保护电器是指用于保护电路及用电设备的电器。例如，熔断器、热继电器等。执行电器是指用于完成某种动作或传送功能的电器。

2. 刀开关

刀开关一般用于不频繁操作的低压电路中，用于接通和切断电源，或用来将电路与电源隔离，有时也用来控制小容量电动机的直接起动与停机。如图4-44所示为刀开关的典型结构。

图4-44 刀开关的典型结构

1-静触头 2-动触头 3-熔体

为了使用方便和减小体积，在刀开关上安装熔体(熔断丝)或熔断器，组成兼有通断电路和保护作用的开关电器，如胶盖开关、熔断器式刀开关等。安装开关时，在垂直安装时，手柄向上合为接通电源，向下拉为断开电源，不能反装。电源线接在静触点上，负载线应接在与闸刀相连的端子上。对有熔断丝的刀开关，负载线应接在闸刀下侧熔断丝的另一端，确保刀开关切断电源后闸刀和熔断丝不带电。

汽车电源总开关主要用于切断蓄电池与外电路的连接，以防止汽车停驶过程中蓄电池经外电路漏电。电源开关主要有闸刀式和电磁式两种。电磁式电源开关使用较少。闸刀式电源总开关如图4-45所示。刀开关的图形符号及文字符号如图4-46所示。

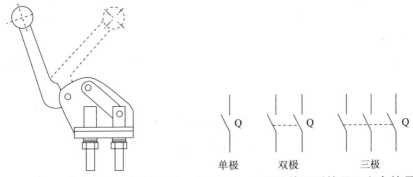

图4-45 闸刀式电源总开关示意图　　图4-46 刀开关的图形符号及文字符号

3. 组合开关

组合开关又叫转换开关，是一种转动式的刀开关，主要用于接通或切断电路，换接电源，控制三相异步电动机的起动、停止、正反转或局部照明。常用的产品有HZ5、HZ10和HZ15系列。其中，HZ5系列是类似万能转换开关的产品。

组合开关有若干个动触片和静触片，分别装于数层绝缘件内，静触片固定在绝缘垫板上，动触片装在转轴上，随转轴旋转而变更通、断位置。组合开关实物、结构和符号如图4-47所示。

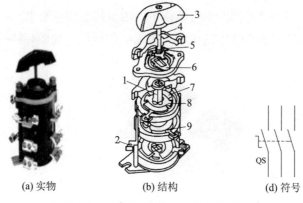

(a) 实物　　　　(b) 结构　　　　(d) 符号

图4-47　组合开关实物、结构和符号

1-绝缘杆　2-接线柱　3-手柄　4-转轴　5-弹簧　6-凸轮　7-绝缘垫板　8-动触片　9-静触片

汽车上各种电气控制系统的工作均受控于开关。开关的状态决定了汽车各种电气系统能否正常工作。汽车电气开关有组合开关和单体开关，现代汽车多采用电气系统，用于提高汽车的性能和乘坐舒适性。若采用较多的单体开关，汽车内部布置会很乱。因此，现代汽车将很多功能相近的控制系统的开关组合在一起，如灯光系统组合开关、司机位门组合开关、座椅组合开关，如图4-48所示。

(a) 灯光系统组合开关　　(b) 司机位门组合开关　　(d) 座椅组合开关

图4-48　汽车组合开关

汽车上有一个多功能组合开关，它将照明开关、信号开关等开关组合为一体，安装在驾驶员操纵的转向柱上，如图4-49所示。

图4-49　多功能组合开关

4. 点火开关

点火开关主要用来控制常用电器的电源电路和点火电路，另外还控制发电机磁场电路、仪表电路、预热电路、起动电路以及一些辅助电器等。点火开关一般都是具有自动复位起动挡位的多挡开关并配有钥匙以备停车时锁住，因此又称为钥匙开关。如图4-50所示为点火开关。

图4-50 点火开关

常用的点火开关多为三挡位、四挡位或五挡位。三挡位点火开关有"OFF"(关闭)、"ON"(点火)和"START"(起动)三个挡位；四挡位点火开关在"OFF"和"ON"之间增加了一个"ACC"(专用于辅助电器，如收音机、点烟器)挡；五挡位点火开关在"ON"和"START"之间加了一个"HEAT"(预热)挡，用于柴油发动机冷车起动前的预热。

点火开关在电路图上通常采用触刀挡位图法和表格法来表示。如图4-51所示为五挡位点火开关的三种表示方法。

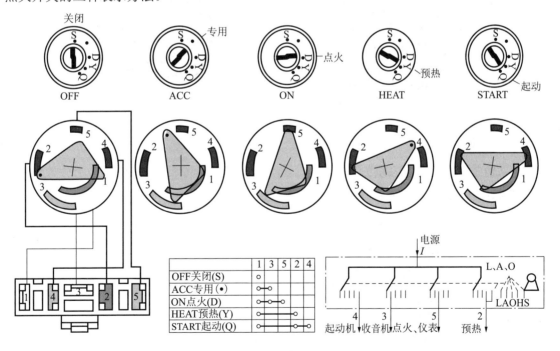

(a) 五挡位点火开关簧片各挡位置　　　(b) 表格法　　　(c) 触刀挡位图法

图4-51 五挡位点火开关的三种表示方法

一些进口汽车和国内生产的轿车的点火开关通常还设有LOCK(转向盘锁止)挡，当点火开关转至LOCK挡时，转向盘被锁止。这些点火开关各挡的位置通常是按LOCK、OFF、ACC、ON、START(顺时针旋转)的顺序排列。大多数汽车的点火开关安装在转向柱管上，如图4-52和图4-53所示，以便停车时锁止转向盘。

图4-52　别克君越点火开关(2008款)　　　　图4-53　丰田花冠EX点火开关

近年来，有很多汽车采用按钮式点火开关，并将其安装在仪表板台面上，如图4-54和图4-55所示。驾驶员将钥匙插入点火开关后，轻按一下按钮即可接通汽车电源，稍长时间按下按钮则可起动发动机，再按一下按钮即可熄火。

图4-54　一汽迈腾轿车点火开关　　　　图4-55　宝马3系第五代轿车点火开关

5. 按钮

按钮是在自动控制系统中，发出主令的电器，如图4-56所示。按钮的触点分常闭触点(动断触点)和常开触点(动合触点)两种。按下按钮时，常闭触点断开，常开触点闭合；松开后，依靠复位弹簧使触点恢复到原来的位置。

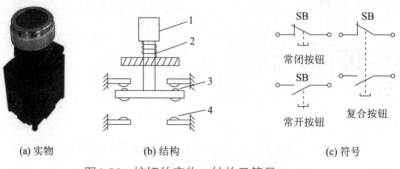

(a) 实物　　　　(b) 结构　　　　(c) 符号

图4-56　按钮的实物、结构及符号

1—按钮帽　2—复位弹簧　3—常闭触点　4—常开触点

6. 熔断器

熔断器俗称保险丝,它在电路中起保护作用,当电路发生短路或严重过载故障时,通过熔体的电流势必超过一定的额定值,使熔体发热,当达到熔点温度时,熔体某处自行熔断,从而断开故障电路。熔断器主要由熔体和熔座两部分组成。熔体由低熔点的金属材料(铅、锡、锌、银、铜及合金)制成丝状或片状。熔断器的结构如图4-57所示。

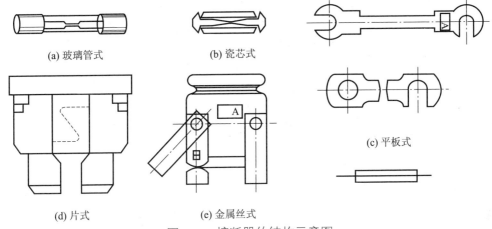

图4-57 熔断器的结构示意图

熔断器性能要求:熔断器用于对局部电路进行保护,能长时间承受额定电流负载,但在超过额定负载25%的情况下,熔体约3min熔断;在超过额定负载100%时,熔体不到1s即会熔断。也就是说,结构一定时,流过熔断丝的电流越大,熔断时间越短。

为了便于检查和更换熔断器,常将汽车上各电路的熔断器集中安装在一起,形成熔断器盒,如图4-58所示。熔断器盒盖上会注明各熔断器的名称、额定电流和位置,并且用不同的颜色来区别熔断器的容量。

图4-58 熔断器盒实物

7. 易熔线

易熔线,又称FUL电线,是指截面积小于被保护电路导线、可长时间通过额定电流的铜线或铝合金导线。易熔线用于保护总体线路或较重要电路,如图4-59所示。易熔线与一般熔丝的不同之处在于其熔断反应较慢,且导线形式也不同。易熔线由多股绞合线外包耐热性能好的绝缘护套制成，与普通低压导线相比更为柔软，一般长度为50～200mm。它通常接在电路起始端，即蓄电池正极端附近。

当线路中有超过额定电流数倍的电流时，易熔线首先熔断(熔断过程较长)，用于保护重要电路。例如，北京切诺基设有五股易熔线，分别保护充电电路、预热加热器、雾灯、灯光及辅助电路。

易熔线的护套要耐热、绝缘性能良好(如玻璃丝)，且不能捆绑。

(a) 易熔线实物　　　　　　　(b) 符号

图4-59　易熔线的实物及符号

国产易熔线的规格如表4-2所示。日本产易熔线的规格如表4-3所示。

表4-2　国产易熔线的规格

标称容量/A	横截面积/mm²	额定电流/A	5s熔断电流/A	颜色
20	0.3	13	150	棕
40	0.5	20	200	绿
60	0.85	25	250	红
80	1.25	33	300	黑

表4-3　日本产易熔线的规格

标称容量/A	横截面积/mm²	额定电流/A	5s熔断电流/A	颜色
20	0.3	13	150	蓝
40	0.5	20	200	绿
60	0.85	25	250	红
80	1.25	33	300	黑

使用易熔线时应注意，当易熔线熔断时，一定是主电路或大电流电路发生故障。必须先找出短路的原因，排除故障。不能随意更换比标称容量大的易熔线或者用粗导线代替。易熔线的四周不能用聚四氟乙烯塑料带包扎。

8. 断路器

断路器用于正常工作时容易过载的电路中，其工作原理是利用双金属片受热变形使触点分离。与易熔线和熔断器相比，易熔线和熔断器是一次性保险装置，当电路中的电流超过熔体的熔断电流时，易熔线会自行熔化断开电路；而断路器是重复性保险装置，当电路过载或短路时，断路器就会自行切断电路，经一段时间冷却后，又自行接通电路。断路器的特点是可重复使用。按作用形式，可将断路器分为两类。

(1) 手动式断路器。当电路过载时，双金属片变形，断路器自动切断电路，冷却后手动复位，如此反复直到电路不过载(报警与限流)。如图4-60(a)所示为手动式断路器。当电流较大时，双金属片受热弯曲使触点分开，切断电路。其中，按钮为复位开关。螺钉可以调节，用于整定动作电流。排除故障后，需按下按钮手动复位。

(2) 自动复位式断路器。如图4-60(b)所示为自动复位式断路器，多用于拉杆式灯光开关。当电路过载时，双金属片自动地"分—合—分……"，导致灯光闪烁，提示线路故障。

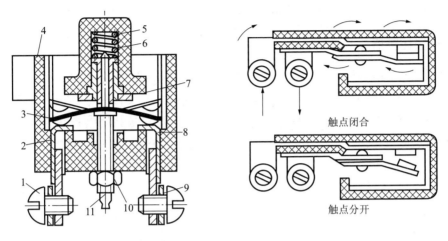

(a) 手动式断路器　　　　　　　　(b) 自动复位式断路器

图4-60　断路器结构示意图

1、9-接线柱　2、8-静触点　3-双金属片动触点　4-绝缘护套　5-按钮

6-弹簧　7-复位垫圈　10-锁紧螺母　11-调整螺钉

9. 行程开关

行程开关又叫限位开关，是一种根据行程位置实现线路切换的主令电器，如图4-61所示。它用于电路的限位保护、行程控制、自动切换等。行程开关的结构与按钮类似，由机械撞击推杆，利用机械运动部件的碰撞来控制触头动作，使电路通断。图4-62是行程开关的符号。

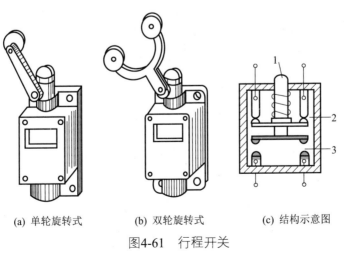

(a) 单轮旋转式　　　(b) 双轮旋转式　　　(c) 结构示意图

图4-61　行程开关

1-触杆　2-常闭触头　3-常开触头

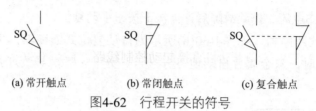

(a) 常开触点　　(b) 常闭触点　　(c) 复合触点

图4-62　行程开关的符号

10. 交流接触器

接触器是一种自动开关，是电力拖动中主要的控制电器之一。它分为直流和交流两类。其中，交流接触器常用来接通和断开电动机或其他设备的主电路，其工作原理如图4-63所示。接触器主要由电磁铁和触头两部分组成，它是利用电磁铁的吸引力而动作的。当电磁线圈通电后，吸引山字形动铁芯（上铁芯），使常开触头闭合。

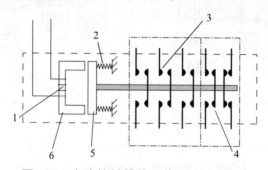

图4-63　交流接触器的工作原理示意图

1-线圈　2-弹簧　3-主触头　4-辅助触头　5-衔铁　6-铁芯

根据用途，接触器的触头可分为主触头和辅助触头两种。辅助触头通过的电流较小，常接在电动机的控制电路中；主触头能通过较大的电流，常接在电动机的主电路中。例如，CJl0-20型交流接触器有三个常开主触头和四个辅助触头（两个常开，两个常闭）。

当主触头断开时，其间产生电弧，会烧坏触头，并使电路分断时间拉长，因此，必须采取灭弧措施。通常交流接触器的触头都做成桥式结构，它有两个断点，以降低触头断开时加在断点上的电压，使电弧容易熄灭。同时各相间装有绝缘隔板，可防止短路。在电流较大的接触器中，还专门设有灭弧装置。

接触器的电路符号如图4-64所示。

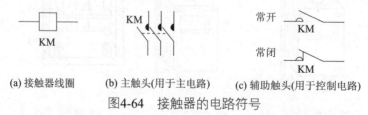

(a) 接触器线圈　　(b) 主触头(用于主电路)　　(c) 辅助触头(用于控制电路)

图4-64　接触器的电路符号

在选用接触器时，应注意它的额定电流、线圈电压及触头数量等。例如，CJl0系列接触器的主触头额定电流有5A、10A、20A、40A、75A、120A等数种。

4.4.2 三相异步电动机的直接起动

如图4-65所示为三相异步电动机直接起动控制线路。接通电源开关QS，按下起动按钮SB_1，电流路径：C相→按钮SB_1和接触器KM→KM吸引线圈→FR常闭触点→A相。

接触器KM吸引线圈得电，使所有动合触点闭合。电动机得电后，开始向一个方向运转起动。当放开SB_1按钮时，由于并联在其两端的接触器KM的一对辅助动合触点已闭合，不影响接触器KM吸引线圈得电，电动机正常运转。接触器KM的一对辅助动合触点的作用称为自锁，这对辅助动合触点亦称为自锁触点。

如欲使电动机停转，只要按下停止按钮SB_2，便可切断接触器吸引线圈的通电回路，动合触点断开，电动机失电停转。

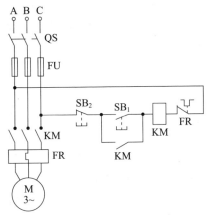

图4-65 三相异步电动机直接起动控制线路示意图

该电路具有三种保护作用。

(1) 熔断器FU可起到短路保护作用。

(2) 接触器KM吸引线圈可起到欠压保护作用。

当电源电压低于额定电压值时，吸引线圈因电源电压过低而不能克服弹簧作用吸引动铁芯，故而不能使动合触点闭合，从而避免了因电源电压过低而造成电动机转矩下降，影响电动机的正常运转。

(3) 热继电器FR可起到过载保护作用。

当电动机过载时，电流过大，会使热继电器通过发热元件而使双金属片动作，打开FR的常闭触点，切断接触器吸引线圈的供电，打开动合触点KM，电动机失电停转，从而避免了电动机的损坏。

4.4.3 三相异步电动机的点动或连续控制线路

在生产实际中，有时需要点动控制。例如，车床夹件的调整状态，要求按下按钮，电动机转动；而放开按钮，电动机便要停止。按要求，只要将上述线路中的自锁回路切断即可。

如图4-66所示为三相异步电动机的点动或连续控制线路。此电路既能点动控制，又能直接连续控制。按下点动按钮SB_1，其动断、动合触点联动(如图中虚线连接)，SB动合触点通电后，接触器KM吸引线圈得电，电动机运转，此时SB动断触点切断接触器KM的自锁回路。释放SB按钮后，接触器KM吸引线圈失电，电动机停转。若按下按钮SB_1，便可连续工作。

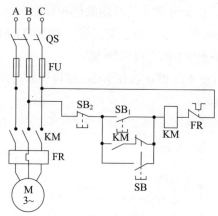

图4-66　三相异步电动机的点动或连续控制线路示意图

想一想

查阅"图4-65　三相异步电动机直接起动控制线路示意图"和"图4-66　三相异步电动机的点动或连续控制线路示意图"，每个图中都有三个"KM"，这是三个接触器吗？你怎么理解？

探究

1. 查看汽车上的控制电器，例如组合开关、熔断器、易熔线等。
2. 找到汽车上的点火开关，查看它的点火开关挡位图。

项目实施

交流接触器的认识和工作过程分析

一、实验目的

1. 了解交流接触器的结构。
2. 掌握交流接触器的工作过程。

二、实验原理

交流接触器的工作原理如图4-63、图4-64所示。

三、实验仪器

交流接触器实物若干台。

四、实验步骤

1. 按顺序(从左到右，从上到下)查看交流接触器的每一个构件，并将每一个构件的名称及作用写在实训报告上。

2. 对照图4-63、图4-64理解交流接触器的工作过程,并将图4-63、图4-64画在实训报告上。

3. 完成实训报告。

项目小结

1. 三相异步电动机的工作原理:在三相异步电动机内,旋转磁场是由定子铁芯中放置的三相绕组产生的。旋转磁场转速n_0与定子的磁极对数p有关。旋转磁场转速的计算公式为

$$n_0 = \frac{60f}{p}$$

2. 三相异步电动机的转矩和机械特性

(1) 转矩特性。转矩特性描述的是电磁转矩与转差率之间的关系。

(2) 机械特性。机械特性描述的是转速与电磁转矩之间的关系。

以下为三个主要转矩。

额定转矩:$T_N = 9550 \frac{P_N}{n_N}$。

最大转矩T_m:在机械特性曲线中,转矩的最大值,也可称为临界转矩。

起动转矩T_{st}:电动机刚起动($n=0$)时的转矩。

3. 直流电动机主要由定子和转子组成。转子旋转时拖动负载旋转,转子旋转的同时会产生感应电动势,也称反电动势。

4. 直流电动机根据磁场和电枢连接方式的不同,可分为他励、并励、串励和复励。

5. 直流电动机转矩具有自动调节功能(自动调速)。

6. 常见的汽车电动机有起动机、步进电动机、刮水器电动机、鼓风电动机等。

7. 常用的低压电器有刀开关、组合开关、按钮、断路器、接触器、熔断器、行程开关和点火开关等。

8. 电动机的控制包括直接起动、点动或连续控制和正、反转控制。

项目 5

汽车模拟电路

学习目标

1. 掌握二极管的工作特性及常见电路,比如钳位电路、限幅电路和整流电路;
2. 掌握晶体管的工作特性及基本放大电路;
3. 掌握晶体管的开关作用;
4. 了解特殊的二极管和晶体管;
5. 掌握二极管和晶体管在汽车上的应用。

项目描述

二极管和晶体管是汽车模拟电路的主要器件。本项目主要介绍了二极管的工作原理及常见电路,晶体管的工作原理及基本放大电路。二极管和晶体管具有体积小、质量轻、功耗小、寿命长、可靠性高等优点,在近年获得了迅速发展,在汽车上应用广泛。同时,二极管和晶体管也是数字电路的主要器件,所以认识二极管和晶体管非常重要。

任务5.1 认知二极管

5.1.1 半导体基本知识

1. P型与N型半导体

在物理学中,按照材料的导电能力,可以把材料分为导体与绝缘体。衡量导电能力的一个重要指标是电阻率,导体的电阻率小于$10^{-6}\Omega \cdot cm$,绝缘体的电阻率大于$10^6\Omega \cdot cm$,介于导体与绝缘体之间的物质被称为半导体。在电子技术中,常用的半导体材料有硅(Si)、锗(Ge)和化合物半导体,如砷化镓(GaAs)等,常用的半导体材料是硅。

目前,半导体工业中使用的材料是纯净、结构完整的半导体材料,这种材料称为本征半导体。当然,绝对纯净的物质实际上是不存在的。半导体材料通常要求纯度达到99.999999%,而且绝大多数半导体的原子排列十分整齐,呈晶体结构。本征硅原子最外层有四个电子,其受原子核的束缚力最小,称为价电子。晶体的结构是三维的,在晶体结构中,原子之间的距离非常近,每个硅原子的最外层价电子不仅受到自身原子核的吸引,同时也受到相邻原子核的吸引,使得其为两个原子核所共有,形成共有电子对,称为共价键结构,如图5-1所示。

在热力学温度零度(即$T=0K$,约为-273.15℃)时,所有价电子被束缚在共价键内,不能成为自由电子。此时,半导体的表现就和绝缘体一样,不能导电。

在实际应用中,可在本征半导体中掺入五价元素磷,掺入的磷原子取代了某些位置上的硅原子。由于掺入杂质比例很小,不会破坏原来的晶体结构,如图5-2所示。磷原子加入共价键结构只需要四个价电子,多余的第五个价电子很容易挣脱磷原子核的束缚,成为自由电子，于是半导体中的自由电子数目大量增加。这种由大量自由电子参与导电的杂质半导体称为电子型半导体或N型半导体。

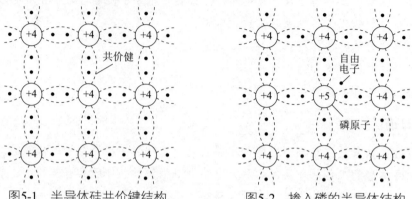

图5-1　半导体硅共价键结构　　　图5-2　掺入磷的半导体结构

此外，还可在本征半导体中掺入三价元素硼。由于每个硼原子只有三个价电子，形成了一个天然的空穴。这样，在半导体中就形成了大量的空穴，如图5-3所示。这种由大量空穴参与导电的杂质半导体称为空穴型半导体或P型半导体。

在掺杂半导体中，多数载流子是由掺入的杂质元素提供的，所以可以通过控制掺杂浓度来改变半导体的导电能力。在掺杂半导体中，尽管有一种载流子占多数，但是整个晶体仍然呈电中性。

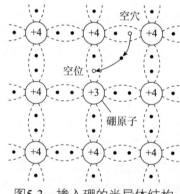

图5-3　掺入硼的半导体结构

2. PN结及其特性

在一块完整的硅片上，用不同的掺杂工艺使其一边形成N型半导体，另一边形成P型半导体，那么在两种半导体交界面附近就形成了PN结，如图5-4所示。

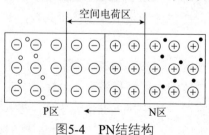

图5-4　PN结结构

P型半导体和N型半导体结合后,在它们的交界处就出现了自由电子和空穴的浓度差。N型区内的自由电子很多而空穴很少,P型区内的空穴很多而自由电子很少,这样自由电子和空穴都要从浓度高的地方向浓度低的地方扩散。因此,有些自由电子要从N型区向P型区扩散,也有一些空穴要从P型区向N型区扩散。自由电子和空穴带有相反的电荷,它们在扩散过程中要复合,结果使P区和N区中原来的电中性被破坏。P区失去空穴留下带负电的离子,N区失去自由电子留下带正电的离子,这些离子因物质结构的关系不能移动,因此称为空间电荷,它们集中在P区和N区的交界面附近,形成了一个很薄的空间电荷区,这就是所谓的PN结。

由于正、负电荷之间的相互作用,在空间电荷区中形成一个电场,其方向从带正电的N区指向带负电的P区,该电场是由载流子扩散后在半导体内部形成的,故称为内电场。显然,内电场对多数载流子的扩散运动起阻碍作用,但把P区的少数载流子(包括从N区扩散到P区的)电子拉向N区,把N区的少数载流子(包括从P区扩散到N区的)空穴拉向P区,形成所谓的漂移运动。

综上所述,PN结中存在两种载流子的运动:一种是多数载流子克服电场阻力的扩散运动;另一种是少数载流子在内电场的作用下产生的漂移运动。因此,只有当扩散运动与漂移运动达到动态平衡时,空间电荷区的宽度和内建电场才能相对稳定。由于两种运动产生的电流方向相反,在无外电场或其他因素激励时,PN结中无宏观电流。

PN结在没有外加电压时,扩散运动与漂移运动处于动态平衡,通过PN结的电流为0。当电源正极接P区、负极接N区时,称为给PN结加正向电压或正向偏置,如图5-5所示。

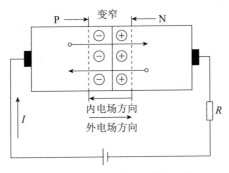

图5-5 正向电压下的PN结

由图5-5可知,外加电压在PN结上形成外电场,此时外电场与PN结内电场的方向相反。在外电场作用下,载流子的扩散运动和飘移运动的平衡被打破,外电场驱使P型区的多数载流子(空穴)和N型区的多数载流子(自由电子)都向PN结运动。

当P型区空穴进入PN结后,就要与PN结中P型区的负离子复合,使P型区的电荷量减少;同时N型区的自由电子进入PN结后,就要与PN结中N型区的正离子复合,使N型区的电荷量减少。结果PN结变窄,于是N型区的自由电子不断地扩散到P型区,形成扩散电流。然而,当外加电压较小时,并不能完全削弱内电场,此时,只有很小的电流,只有外加电压增加到某一值时,才会产生较大的扩散电流,该电压称为PN结的死区电压,一般硅材料的死区电压为0.7V,锗材料的死区电压为0.3V。

由上文可知，PN结正向偏置时，导通电流很大(当外加电压大于死区电压时)。

当电源正极接N型区、负极接P型区时，称为给PN结加反向电压或反向偏置。反向电压产生的外加电场的方向与内电场的方向相同，使PN结内电场加强，它把P区的多数载流子(空穴)和N区的多数载流子(自由电子)从PN结附近拉走，使PN结进一步加宽，PN结的电阻增大，打破了PN结原来的平衡。在电场作用下，漂移运动大于扩散运动，形成的反向电流很小，一般在微安级。所以在PN结反向偏置时，可以认为基本不导通或称截止，表现出很大的电阻性，如图5-6所示。

由上文可知，PN结正偏时导通，电阻很小，电流很大；PN结反偏时截止，电阻很大，电流很小。这就是PN结的单向导通性。

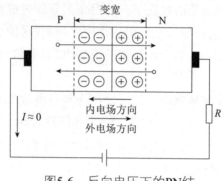

图5-6　反向电压下的PN结

5.1.2　二极管的结构与符号

晶体二极管也称为半导体二极管。二极管是由一个PN结构成的半导体器件，即将一个PN结加上两条电极引线做成管芯，并用管壳封装而成。P型区的引出线称为正极或阳极，N型区的引出线称为负极或阴极，如图5-7所示。

(a) 二极管的结构　　　　(b) 二极管的符号

图5-7　二极管的结构和符号

二极管的种类很多，按使用的半导体材料分类，有硅二极管和锗二极管；按用途分类，有普通二极管、整流二极管、稳压二极管、光敏二极管、热敏二极管、发光二极管等；按结构分类，有点接触型二极管和面接触型二极管。

其中，点接触型二极管结构如图5-8(a)所示，它是由一根根细金属丝热压在半导体薄片上制成的。点接触型二极管的金属丝和半导体金属面很小，虽难以通过较大的电流，但因其结电容较小，可以在较高的频率下工作。面接触型二极管结构如图5-8(b)所示，它是利用扩散、多用合金及外延等掺杂质的方法，使P型半导体和N型半导体直接接触而形成PN结的。面接触型二极管PN结的接触面积大，可以通过较大的电流，适用于大电流整流电路或在脉冲数字电路中当作开关管。因其结电容相对较大，只能在较低的频率下工作。硅工艺平面型二极管结构如图5-8(c)所示，这是集成电路中常见的一种形式。

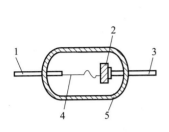 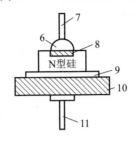 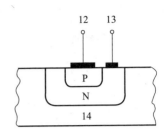

(a) 点接触型二极管结构示意图　　(b) 面接触型二极管结构示意图　　(c) 硅工艺平面型二极管结构示意图

图5-8　二极管的三种形式

1-阳极引线　2-N型硅片　3-阴极引线　4-金属铝丝　5-外壳　6-铝合金小球　7-阳极引线　8-PN结
9-金锑合金　10-底座　11-阴极引线　12-阳极引线　13-阴极引线　14-P型支持衬底

5.1.3 二极管的伏安特性

二极管是由一个PN结构成的，它的主要特性就是单向导电性，可以用它的伏安特性来表示。

二极管的伏安特性是指流过二极管的电流与加于二极管两端的电压之间的关系。用逐点测量的方法测绘出来或用晶体管图示仪显示出来的U-I曲线，称为二极管的伏安特性曲线，如图5-9所示，下面以此为例说明二极管的特性。

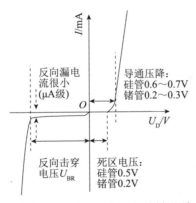

图5-9　二极管的伏安特性曲线

1. 正向特性

当正向电压较小时，二极管呈现的电阻很大，基本上处于截止状态，这个区域常称为正向特性的"死区"。一般硅二极管的死区电压约为0.5V，锗二极管的死区电压约为0.2V。

当正向电压超过死区电压后，二极管的电阻变得很小，二极管处于导通状态。二极管导通后，两端电压降基本保持不变。硅二极管导通电压为0.6~0.7V，一般取0.7V；锗二极管导通电压为0.2~0.3V，一般取0.3V。

2. 反向特性

当二极管两端外加反向电压时，PN结内电场进一步增强，使扩散更难进行。这时只有少数载流子在反向电压作用下产生漂移运动，形成微弱的反向电流，称为漏电流。漏电流基本不随反向电压的变化而变化，该区域称为反向截止区。

3. 反向击穿特性

当反向电压增大到一定数值U_{BR}时，反向电流剧增，这种现象称为二极管的击穿。此时，U_{BR}电压值称为击穿电压。U_{BR}视不同二极管而定，普通二极管的U_{BR}一般在几十伏以上，且硅管比锗管高。

击穿特性的特点是，虽然反向电流剧增，但二极管的端电压变化很小，这一特点成为制作稳压二极管的依据。

4. 温度对二极管伏安特性的影响

二极管是对温度敏感的器件，温度的变化对其伏安特性的影响主要表现为：随着温度的升高，其正向特性曲线左移，即正向压降减小；反向特性曲线下移，即反向电流增大。一般在室温附近，温度每升高1℃，其正向压降减小2~2.5mV；温度每升高10℃，反向电流大约增大1倍。

综上所述，二极管的伏安特性具有以下特点。

(1) 二极管具有单向导电性。

(2) 二极管的伏安特性具有非线性。

(3) 二极管的伏安特性与温度有关。

5.1.4 二极管的主要参数

1. 最大整流电流I_{FM}

I_{FM}是指二极管长期工作时，允许通过的最大正向平均电流。它与PN结的面积、材料及散热条件有关。实际应用时，工作电流应小于I_{FM}，否则，可能导致结温过高而烧毁PN结。

2. 最高反向工作电压U_{RM}

U_{RM}是指二极管反向运用时，所允许加的最大反向电压。实际应用时，当反向电压增加到击穿电压U_{BR}时，二极管可能被击穿损坏，因而，U_{RM}通常取$(1/2~2/3)U_{BR}$。

3. 反向电流I_R

I_R是指二极管未被反向击穿时的反向电流。考虑表面漏电等因素，实际上I_R稍大一些。I_R越小,表明二极管的单向导电性能越好。另外,I_R与温度密切相关,使用时应注意。

4. 最高工作频率f_M

f_M是指二极管正常工作时,允许通过交流信号的最高频率。实际应用时,交流信号的频率不要超过此值,否则二极管的单向导电性将显著退化。f_M的大小主要由二极管的电容效应来决定。

5.1.5 二极管的钳位作用

二极管钳位保护电路由两个二极管反向并联组成,一次只能有一个二极管导通,而另一个处于截止状态,如图5-10所示,水平线是受保护的节点。当该点电压超过U_{CC}+0.7V时,上面的二极管导通;而当该点电压小于-0.7V时,下面的二极管导通。因此,该点电压被钳制在-0.7V~U_{CC}+0.7V之间,从而起到保护电路的作用。

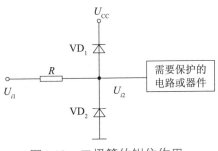

图5-10 二极管的钳位作用

例5-1 如图5-11所示电路,VD_1和VD_2为硅二极管,若输入电压U_A=3V,U_B=0V,求输出电压U_F。

解:当两个二极管的阳极连在一起时,阴极电位低的二极管先导通。图中VD_1和VD_2的阳极通过R接在+12V的电源上,输入端电压$U_A>U_B$,所以VD_2抢先导通。由于硅二极管的正向压降为0.7V,$U_F=U_B$+0.7V=0.7V。VD_2导通后,使得VD_1承受反向电压而截止。在这里VD_2起钳位作用,把输出电压钳制在0.7V。VD_1起隔断作用,隔断了VD_2对U_F的影响。

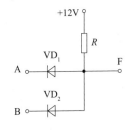

图5-11 例5-1图

5.1.6 二极管的限幅作用

限幅是指将信号中高于二极管导通电压的部分切除的现象。如图5-12所示,输入信号为正负1V的交流信号,正半周时VD_2导通,负半周时VD_1导通,将经R后输出的电压钳制在-0.7V~+0.7V之间(它的导通电压值),从而起到限制信号幅度的作用。

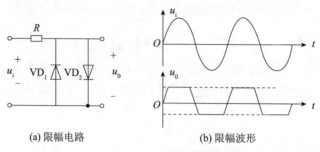

(a) 限幅电路　　(b) 限幅波形

图5-12　二极管限幅作用

例5-2　一个简单的限幅电路如图5-13(a)所示。已知电源电压$U=2$V，输入信号$u_I=5\sin\omega t$V，试画出输出电压u_o的波形。

解：当输入电压$u_I \geq U+U_D=2$V$+0.7$V$=2.7$V时，VD导通，$u_o=2.7$V，即将u_o的最大电压限制为2.7V；当$u_I<2.7$V时，VD截止，二极管支路开路，$u_o=u_I$。在图5-13(b)中画出了输入正弦波时，该电路的输出波形。可见，限幅电路将输入信号中高出2.7V的部分削平了。

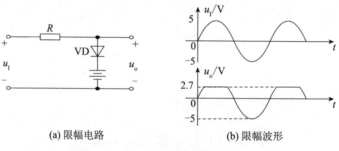

(a) 限幅电路　　(b) 限幅波形

图5-13　例5-2图

从例5-1和例5-2看出，二极管既起钳位作用又起限幅作用，这两个作用有时是同时完成的。

5.1.7　二极管的整流作用

整流就是将交流电转变为直流电的过程。二极管整流电路是利用二极管单向导电特性组成的整流电路。

1. 单相半波整流电路

单相半波整流电路如图5-14(a)所示，它由电源、变压器、整流二极管VD和负载电阻R_L组成。电路的工作过程：在u_2的正半周($\omega t=0\sim\pi$)，二极管因加正向偏压而导通，有电流i_o流过负载电阻R_L。由于将二极管看作理想器件，R_L的电压u_o与u_2的正半周电压基本相同；在u_2的负半周($\omega t=\pi\sim 2\pi$)，二极管VD因加反向电压而截止，R_L无电流流过，R_L的电压$u_o=0$V。据此，可画出单相半波整流电路的波形图，如图5-14(b)所示。

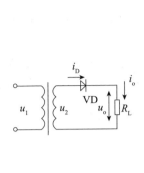
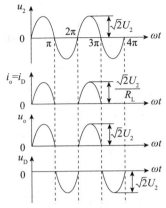

(a) 单相半波整流电路 (b) 单相半波整流电路的波形图

图5-14 单相半波整流电路

由于二极管的单向导电作用，使流过负载电阻的电流为脉动电流，电压为单相脉动电压，其电压的平均值(输出直流分量)为

$$I=\frac{E_1-E_2}{R_1+R_2+R_3}=\frac{45-12}{5+4+2}\text{A}=3\text{A}$$
$$U_o=0.45U_2 \tag{5-1}$$

流过负载的平均电流为

$$I_o=\frac{U_o}{R_L}=0.45\frac{U_2}{R_L} \tag{5-2}$$

流过二极管D的平均电流(即正向电流)为

$$I_{VD}=I_o=\frac{U_o}{R_L}=0.45\frac{U_2}{R_L} \tag{5-3}$$

加在二极管两端的最高反向电压为

$$U_{RM}\geqslant U_{VDM}=\sqrt{2}U_2 \tag{5-4}$$

选择整流二极管时，应以这两个参数为极限参数。

单相半波整流电路简单、元件少，但输出电压直流成分少(只有半个波)，脉动程度高，整流效率低，适用于输出电流小、允许脉动程度高、要求较低的场合。

2. 单相桥式整流电路

单相桥式整流电路如图5-15所示，电路由电源、变压器、负载电阻R_L和四只接成电桥形式的整流二极管$VD_1 \sim VD_4$组成，故有桥式整流电路之称。

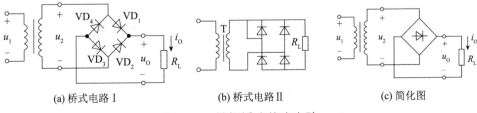

(a) 桥式电路Ⅰ (b) 桥式电路Ⅱ (c) 简化图

图5-15 单相桥式整流电路

在u_2的正半周，电流从变压器副边线圈的上端流出，只能经过二极管VD_1流向R_L，再由二极管VD_3流回变压器，所以VD_1、VD_3正向导通，VD_2、VD_4反偏截止，在负载上产生一个极性为上正下负的输出电压。

在u_2的负半周，其极性与图示相反，电流从变压器副边线圈的下端流出，只能经过二极管VD_2流向R_L，再由二极管VD_4流回变压器，所以VD_1、VD_3反偏截止，VD_2、VD_4正向导通，电流流过R_L时产生的电压极性仍是上正下负，与正半周时相同。

单相桥式整流电路的波形图如图5-16所示。

输出电压的平均值为

$$U_o = \frac{1}{\pi}\int_0^\pi \sqrt{2}U_2 \sin\omega t \, d(\omega t) = \frac{2\sqrt{2}}{\pi}U_2 \approx 0.9U_2 \tag{5-5}$$

流过负载的平均电流为

$$I_o = \frac{U_o}{R_L} = 0.9\frac{U_2}{R_L} \tag{5-6}$$

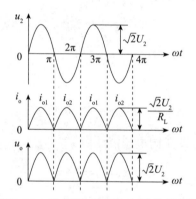

图5-16 单相桥式整流电路的波形图

流过二极管VD的平均电流(即正向电流)为

$$I_{VD} = \frac{1}{2}I_o \tag{5-7}$$

加在二极管两端的最高反向电压为

$$U_{RM} \geq U_{VDM} = \sqrt{2}U_2 \tag{5-8}$$

选择整流二极管时，应以这两个参数为极限参数。

例5-3 在如图5-14所示电路中，已知变压器二次侧电压有效值$U_2=30V$，负载电阻$R_L=100\Omega$，试回答以下问题。

(1) 负载电阻R_L的电压平均值和电流平均值各为多少？

(2) 电网电压波动范围是±10%，二极管承受的最大反向电压和流过的最大电流平均值各为多少？

解：(1) 负载电阻R_L的电压平均值为

$U_o = 0.45U_2 = 0.45 \times 30 = 13.5(V)$

流过负载电阻的电流平均值为

$I_o = \dfrac{U_o}{R_L} = \dfrac{13.5}{100} = 0.135 \text{(A)}$

(2) 二极管承受的最大反向电压为

$U_{RM} = 1.1 \times \sqrt{2} U_2 = 1.1 \times \sqrt{2} \times 30 = 46.7 \text{(V)}$

二极管流过的最大电流平均值为

$I_{VD} = 1.1$

$I_o = 1.1 \times 0.135 = 0.15 \text{(A)}$

例5-4 在如图5-15所示电路中，已知变压器二次侧电压有效值$U_2 = 30$V，负载电阻$R_L = 100\Omega$，试回答以下问题。

(1) 负载电阻R_L的电压平均值和电流平均值各为多少？

(2) 电网电压波动范围是±10%，二极管承受的最大整流电流I_{FM}与最高反向工作电压U_{RM}至少应选取多少？

解：(1) 负载电阻R_L的电压平均值为

$U_o = 0.9 U_2 = 0.9 \times 30 = 27 \text{(V)}$

流过负载电阻的电流平均值为

$I_o = \dfrac{U_o}{R_L} = \dfrac{27}{100} = 0.27 \text{(A)}$

(2) 二极管承受的最大整流电流为

$I_{FM} > \dfrac{1.1 I_o}{2} = \dfrac{1.1 \times 0.27}{2} = 0.15 \text{(A)}$

最高反向工作电压为

$U_{RM} = 1.1 \times \sqrt{2} U_2$
$\phantom{U_{RM}} = 1.1 \times \sqrt{2} \times 30 = 46.7 \text{(V)}$

从例5-3和例5-4可以看出，单相桥式整流电路流过负载的电流是单相半波整流电路流过负载电流的2倍。

3. 三相桥式整流电路

目前，国内外汽车交流发电机都采用三相桥式整流电路将交流电变为直流电。三相桥式直流电路输出电压的脉动小，而且在直流电压相等的情况下，整流管承受的最大反向电压比三相半波整流电路减少一半。

1) 三相桥式整流电路组成

三相桥式整流电路如图5-17所示，它由三相绕组、六个二极管和负载组成。其中，三相绕组是发电机的三组定子绕组。六个二极管分为两组：其中VD_1、VD_2、VD_3三个二极管负极连在一起，称为负极管；VD_4、VD_5、VD_6三个二极管正极连在一起，称为正极管。

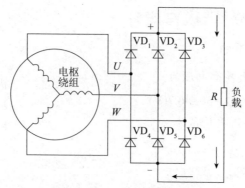

图5-17 三相桥式整流电路

2) 三相桥式整流电路工作原理

设三相绕组输出的电压为三相对称电压,波形如图5-18(图形上半部分)所示,表达式为

$$\left.\begin{array}{l}u_U=\sqrt{2}\,U_U\sin\omega t\\ u_V=\sqrt{2}\,U_V\sin(\omega t-120°)\\ u_W=\sqrt{2}\,U_W\sin(\omega t+120°)\end{array}\right\} \quad (5\text{-}9)$$

为便于分析,现将一个周期等分成六个小区间加以说明。

在 $t_1 \sim t_2$ 内,三相电压中 U 点电位最高,V 点电位最低,于是 VD_1 和 VD_5 承受正向电压而导通。负载电流的流向为 $U \to VD_1 \to R \to VD_5 \to V$,$UV$ 间电压加到负载上。

在 $t_2 \sim t_3$ 内,三相电压中 U 点电位最高,W 点电位最低,于是 VD_1 和 VD_6 承受正向电压而导通。负载电流的流向为 $U \to VD_1 \to R \to VD_6 \to W$,$UW$ 间电压加到负载上。

在 $t_3 \sim t_4$ 内,三相电压中 V 点电位最高,W 点电位最低,于是 VD_2 和 VD_6 承受正向电压而导通。负载电流的流向为 $V \to VD_2 \to R \to VD_6 \to W$,$VW$ 间电压加到负载上。

在 $t_4 \sim t_5$ 内,VD_2、VD_4 导通,VU 间电压加到负载上。

按照正极管 $VD_1—VD_2—VD_3$、负极管 $VD_5—VD_6—VD_4$ 的顺序轮流导通,在负载端便得到一个较平稳的直流电压,电压波形如图5-18(图形下半部分)所示。

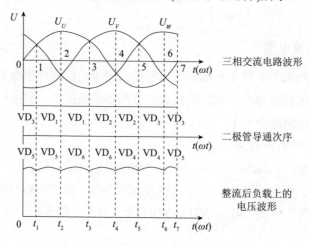

图5-18 三相桥式整流电路波形图

5.1.8 特殊用途的二极管简介

1. 稳压管

在二极管上所加的反向电压如果超过二极管的承受能力,二极管就要被击穿损毁。但是有一种二极管,它的正向特性与普通二极管相同,而反向特性却比较特殊:当反向电压加到一定程度时,虽然管子呈现击穿状态,但通过较大电流却不损毁,并且这种现象的重复性很好;反过来看,只要管子处在击穿状态,尽管流过管子的电流变化很大,但管子两端的电压变化却极小,能起到稳压作用。这种特殊的二极管叫稳压管。

稳压管(也称为齐纳二极管)是一种用特殊工艺制造的面接触型硅半导体二极管,其符号如图5-19(a)所示。这种管子的杂质浓度比较大,空间电荷区内的电荷密度高,且很窄,容易形成强电场。当反向电压加到某一定值时,反向电流急剧增加,产生反向击穿,只要反向电流不超过I_{ZM},仍能正常工作,其伏安特性曲线如图5-19(b)所示。

稳压管是利用反向击穿区的稳压特性进行工作的,因此,稳压管在电路中要反向连接。稳压管的反向击穿电压称为稳定电压,不同类型稳压管的稳定电压不一样,某一型号的稳压管的稳压值固定在一定范围。例如,2CW11的稳压值是3.2~4.5V,其中某一只管子的稳压值可能是3.2V,另一只管子可能是4.5V。

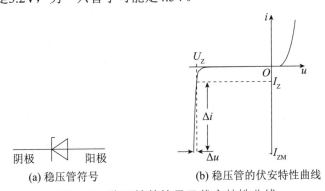

(a) 稳压管符号   (b) 稳压管的伏安特性曲线

图5-19 稳压管的符号及伏安特性曲线

如图5-20所示为汽车仪表电路的稳压电路,它是由稳压管和限流电阻串联组成的。其中稳压管与负载电路并联,以便发挥稳压作用。

稳压电路的稳压原理:当蓄电池电压上升时,稳压管的反向电压略有增大,根据反向击穿特性可知,其反向电流大大增加。这将引起限流电阻的电流和电压增加,若电阻选择合适,则其电压的增量将抵消蓄电池电压的增量,使仪表上的电压基本不变。相反,当蓄电池电压减小时,限流电阻的电压减小,保证了仪表电压基本不变。

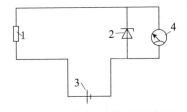

图5-20 汽车仪表电路的稳压电路

1-电阻   2-稳压管   3-蓄电池   4-汽车仪表电路

2. 发光二极管

发光二极管(light-emitting diode, LED)的实质是由P型半导体和N型半导体组成的一个PN结，发光二极管的实物与符号如图5-21所示。它的工作原理是：PN结的N侧和P侧的电荷载流子分别为电子和空穴，如果加正偏压，使电流沿图5-22(b)所示方向通过器件，复合区中的空穴就会穿过PN结进入N型区，复合区中的电子也会越过PN结进入P型区。在PN结的附近，多余的载流子会复合，在复合过程中会发光，即N+P→光子。

图5-21 发光二极管的实物与符号

不同的半导体材料，发出的光的颜色是不一样的。采用砷化镓(GaAs)作为半导体材料时，复合区发出的光是红色的；采用磷化镓(GaP)作为半导体材料时，则发出绿色的光。在使用时，发光二极管必须正向偏置，还应串接限流电阻，不能超过极限工作电流I_{FM}，工作温度一般为-20℃～75℃，不能安装在发热元件附近。

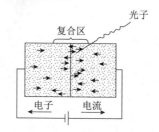

(a) 发光二极管是N型(左)和P型(右)的结器件　　(b) PN结加上正向偏置，两种载流子越过PN结，并在PN结处复合而发光

图5-22 发光二极管原理示意图

在发光二极管技术发展的早期，LED被用于汽车仪表照明和车内一些电子设备的指示灯。随着技术的迅猛发展和成本的不断下降，时至今日，采用LED信号灯或室内灯的车型已不罕见。与传统的白炽灯泡不同，LED是一种几乎不发热的光源，这就使其寿命大大延长。发光二极管的使用寿命为5万～10万小时，即5～10年，一般在车辆寿命期间无须更换。LED照明可以直接把电能转化为光能，完全能够满足环保节能的需要。反观一只白炽灯泡，只能把电能的12%～18%转化为光能，其余电能都转化为热能散发了。

普通白炽灯泡的起动时间较长，一般在100～300ms，而LED的起动时间仅为几十纳秒。因此，使用LED照明对高速行驶中至关重要的制动灯而言，这样的时间差距就意味着相差4～7m的制动距离，可大大降低事故发生率。在汽车照明产品中，目前应用LED技术最多的是高位制动灯，常见的适用车型有奥迪A4、宝马3系列E36和E46、欧宝雅特G、大众高尔夫4等。将LED光源运用于组合尾灯的成功范例也很多，如宝马5系列、欧宝雅特、奔驰S级等都采用了造型独特的LED后位灯。下面举一个LED在汽车上应用的例子。

如图5-23所示为汽车液面检测报警电路。其中,永久磁铁是浮子,舌簧管是静止的,由它们组成液位传感器。它的工作原理:在液位正常时,舌簧管触点断开,报警灯不发光。当液位低于规定值时,磁铁浮子下移到舌簧管中部,在磁场作用下触点闭合,报警灯电路接通而发光报警。

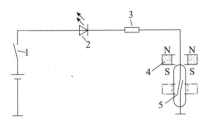

图5-23 汽车液面检测报警电路

1-点火开关 2-报警灯(发光二极管) 3-限流电阻 4-永久磁铁 5-舌簧管开关

3. 光电二极管

半导体光电二极管(又称光敏二极管)与普通的半导体二极管一样,都具有一个PN结,但与普通二极管不同的是,光电二极管的PN结面积大一些,电极面积小一些,PN结的结深很浅,一般小于1μm,另外管壳上有一个能让光照射入其光敏区的窗口,其结构与符号如图5-24(a)、图5-24(b)所示。

光电二极管是在反向电压作用下工作的,它的正极接较低的电平,负极接较高的电平,其工作原理如图5-24(c)所示。没有光照时,反向电流极其微弱,称为暗电流;有光照时,反向电流迅速增大到几十微安,称为亮电流。光的强度越大,反向电流也越大。光的变化引起光电二极管电流变化,该电流流经负载,产生输出电压U_0,由此可以把光信号转换成电信号,故将其称为光电传感器件。

使用光电二极管时,应尽量选用暗电流小的产品,管壳必须保持清洁,以保持其光电灵敏度,如果管壳脏了,应用酒精及时清洗。

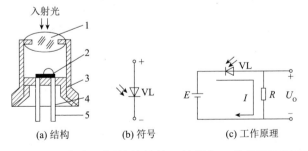

图5-24 光电二极管的结构、符号与工作原理示意图

1-玻璃透镜 2-管芯 3-管壳 4-陶瓷管座 5-引线

下面举两个例子说明光电二极管在汽车上的应用。

1) 汽车空调用日照强度传感器

汽车空调用日照强度传感器电路如图5-25所示。日照强度传感器在空调自动控制系统中是一个日照强度检测元件，它通过光电二极管检测日光照射量的变化，并把这种变化转换成电流值输出。车内空调计算机对这种变化进行检测，并根据电流的变化情况控制执行机构调节排风口的风量和温度，从而达到调节车内温度的目的。

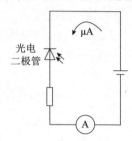

图5-25　汽车空调用日照强度传感器电路

2) 光电式曲轴位置传感器

汽车上一般采用光电二极管制成的曲轴位置传感器，称为光电式曲轴位置传感器，如图5-26所示。光电式曲轴位置传感器一般装在分电器内，由信号发生器和带光孔的信号盘组成。信号发生器安装在分电器壳体上，由两只发光二极管、两只光电二极管和电子电路组成，发光二极管正对着光电二极管。信号盘位于发光二极管和光电二极管之间，由于信号盘上有光孔，会产生透光和遮光交替变化的现象。当发光二极管的光束照到光电二极管时，光电二极管产生电压；当发光二极管光束被挡住时，光电二极管电压为零。这些电压信号经电路部分整流放大后，即向电子控制单元输送曲轴转角信号，电子控制单元根据这些信号计算发动机转速和曲轴位置。

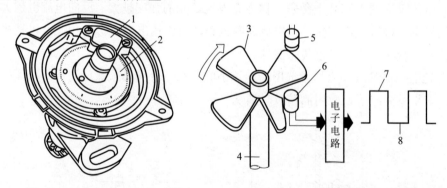

(a) 光电式曲轴位置传感器的结构　　　(b) 光电式信号发生器作用原理示意图

图5-26　光电式曲轴位置传感器的结构与原理示意图

1-曲轴转角传感器　2-信号盘　3-遮光转子　4-分电器轴　5-发光二极管
6-光电二极管　7-光源照射　8-遮蔽光源

4. 霍尔元件

霍尔效应是霍尔(E.Hall，1855—1938，如图5-27所示)24岁时在美国霍普金斯大学读研究生期间，研究关于载流导体在磁场中的受力性质时发现的一种现象。如图5-28所示，将半导体薄片垂直置于磁场中，当有电流流过薄片时，在垂直于电流和磁场方向的导体的两个端面之间产生横向电势差的物理现象称为霍尔效应。

霍尔效应的产生是运动电荷受到磁场中洛伦兹力作用的结果。霍尔电势U_H可表示为

$$U_H = \frac{R_H}{d} IB \qquad (5\text{-}10)$$

图5-27 霍尔

式中：R_H——霍尔系数；
$\quad I$——控制电流，A；
$\quad B$——磁感应强度，T；
$\quad d$——霍尔元件的厚度，m。

对于一个霍尔元件来说，R_H和d为常量。如果使通入的电流I不变，则霍尔电势U_H只取决于磁感应强度B。信号发生器就是应用这个原理制成的。

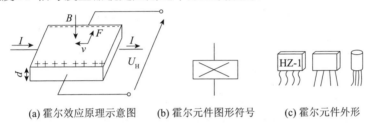

(a) 霍尔效应原理示意图　　(b) 霍尔元件图形符号　　(c) 霍尔元件外形

图5-28 霍尔效应与霍尔元件

目前，在汽车上，霍尔元件主要用于曲轴位置传感器与霍尔式电子点火装置。霍尔式电子点火装置是由内装霍尔信号发生器的分电器、放大器、点火线圈和火花塞组成的。霍尔信号发生器的结构如图5-29所示，它是由触发叶轮和信号触发开关组成的。触发叶轮与分火头制成一体并由分电器轴带动，其叶片数与气缸数相等。触发开关由霍尔集成电路和带导板的永久磁铁组成。霍尔集成电路的外层为霍尔元件，同一基板的其他部分制成放大回路，触发叶轮的叶片则在霍尔集成电路和永久磁铁之间转动。

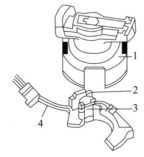

图5-29 霍尔信号发生器的结构

1-分火头及触发叶轮　2-霍尔集成电路　3-永久磁铁　4-专用插座

霍尔效应式曲轴位置传感器的工作原理如图5-30所示。在图5-30(a)所示状态，当信号

转子叶片处在霍尔触发器和永久磁铁之间时，永久磁铁的磁场因被信号转子叶片旁路(或称隔磁)而迅速减弱，磁感应强度B随之迅速下降，导致霍尔电压趋近零。发生器无信号输出，集成电路放大器输出极导通，点火线圈的一次绕组中便有电流通过。

如图5-30(b)所示状态，当触发叶轮叶片离开空气隙时，永久磁铁的磁通便通过导板至霍尔集成电路，这时产生霍尔电压。当信号转子的窗口和霍尔触发器正对时，永久磁铁的磁感应强度B最大，使霍尔电压瞬时达到最大值。当发生器有信号输出时，集成电路放大器输出极截止，点火线圈的一次电流被切断，根据电磁感应原理，点火线圈的二次绕组中感应出高压电动势，经分电器送至火花塞，实现点火。

霍尔效应式电子点火装置点火正时精度高，耐久性好，不受温度、湿度、灰尘、油污等影响，是一种常用的晶体管点火装置。

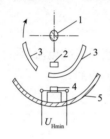
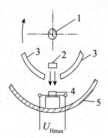

(a) 磁场被信号转子叶片旁路　　　　(b) 磁感线通过转子缺口

图5-30　霍尔效应式曲轴位置传感器的工作原理示意图

1–分电器轴　2–永久磁铁　3–信号转子叶片　4–霍尔触发器　5–分电器外壳

想一想

霍尔效应是霍尔24岁时在美国霍普金斯大学读研究生期间发现的。科学的发现和创新并不神秘，有高层次、尖端的发明和创新，也有低层次的发明和创新。作为今后的汽车行业人才，对发明和创新，你是如何认识的呢？

探究

二极管具有单向导通的特性，当二极管阳极的电位高于阴极的电位时，二极管导通；反之，当二极管阳极的电位低于阴极的电位时，二极管截止。二极管的这一特性相当于开关，因此二极管具有开关作用。如图5-31所示为二极管的开关电路，试分析图中二极管阳极电位高还是阴极电位高？二极管处于导通还是截止状态？若二极管导通，A点相对O点的电位是多少？

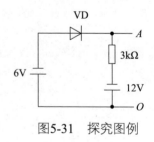

图5-31　探究图例

任务5.2 认知晶体管

1947年12月23日,美国新泽西州莫雷山的贝尔实验室里,三位科学家——巴丁博士、布莱顿博士和肖克莱利博士有条不紊地做着在导体电路中用半导体晶体管把声音信号放大的实验。三位科学家惊奇地发现,在他们发明的器件中通过的一部分微量电流,竟然可以控制另一部分大得多的电流,因而产生了放大效应。这个器件,就是在科技史上具有划时代意义的成果——晶体管。因它是在圣诞节前夕发明的,而且将对人们的生活产生巨大的影响,所以被称为"献给世界的圣诞节礼物"。这三位科学家因此共同荣获1956年诺贝尔物理学奖。

晶体管带来了"固态革命",进而推动了全球半导体电子工业的发展。作为主要部件,它首先在通信领域得到广泛应用,并创造了巨大的经济效益。由于晶体管彻底改变了电子线路的结构,集成电路以及大规模集成电路应运而生,使制造高速电子计算机等高精密装置变成现实。

随着电子技术在汽车上的应用越来越广泛,汽车上安装的电子设备越来越多,这些电子设备广泛采用晶体三极管的放大电路和开关电路,使得汽车变得越来越"聪明"。

5.2.1 晶体管的基本结构

半导体二极管内部只有一个PN结,若在半导体二极管P型半导体的旁边,再加上一块N型半导体,则这种结构的器件内部便有两个PN结,且N型半导体和P型半导体交错排列形成三个区,分别称为发射区、基区和集电区。如图5-32(a)所示,晶体管的三个区分别由NPN型半导体材料组成,所以这种结构的晶体管称为NPN型晶体管。

从晶体管三个区引出的引脚分别称为发射极、基极和集电极,用符号E、B、C来表示,如图5-32(b)所示,符号中的箭头指向正向偏置时电流的流向。

处在发射区和基区交界处的PN结称为发射结,处在基区和集电区交界处的PN结称为集电结,具有这种结构特性的器件称为三极管。三极管通常也称为双极型晶体管(bipolar junction transistor, BJT),简称晶体管或三极管。晶体管内部的两个PN结相互影响,使晶体管呈现单个PN结所没有的电流放大功能,开拓了PN结应用的新领域,促进了电子技术的发展。

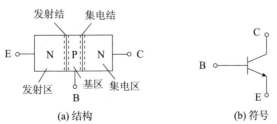

图5-32 NPN型三极管的结构与符号

根据同样的原理，也可以组成PNP型晶体管，如图5-33所示为PNP型晶体管的结构与符号。

对于晶体管，可从符号来区分，有箭头的电极是发射极，箭头朝外的是NPN型晶体管，而箭头朝内的是PNP型晶体管。实际上，箭头所指的方向是电流的方向。

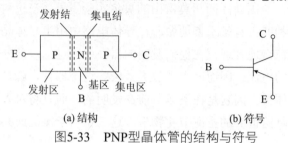

图5-33　PNP型晶体管的结构与符号

5.2.2　晶体管的分类

(1) 按材料，可将晶体管分为锗晶体管、硅晶体管。

(2) 按结构，可将晶体管分为NPN型晶体管、PNP型晶体管。

(3) 按制造工艺，可将晶体管分为低频锗合金管、高频锗合金扩散台面管、硅外延平面管。

(4) 按工作频率，可将晶体管分为高频管($f>$3MHz)、低频管($f<$3MHz)。

(5) 按功率，可将晶体管分为大功率管($P>$1W)、中功率管($P=$0.5～1W)，小功率管($P<$0.5W)。

(6) 按封装形式，可将晶体管分为玻璃壳封装管(中、小功率)、金属壳封装管(中、小功率)、陶瓷环氧封装管(小功率)、塑料封装管(大、中、小功率)、G形金属封装管(大功率带螺杆)、F形金属封装管(大功率)、方形金属封装管(大功率)。

常见晶体管的外形和管脚排列如图5-34所示。

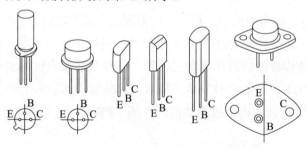

图5-34　常见晶体管的外形和管脚排列

5.2.3　晶体管的电流放大作用

具有电流放大作用的晶体管，PN结内部结构的特殊性有以下几点。

(1) 为了便于发射结发射电子，发射区半导体的掺杂浓度远高于基区半导体的掺杂浓度，且发射结的面积较小。

(2) 发射区和集电区虽为同一性质的掺杂半导体，但发射区的掺杂浓度要高于集电区的掺杂浓度，且集电结的面积要比发射结的面积大，便于收集电子。

(3) 联系发射结和集电结的基区非常薄，且掺杂浓度也很低。

上述结构特点是晶体管具有电流放大作用的内因。要使晶体管具有电流放大作用，除了晶体管的内因外，还要有外部条件。晶体管的发射结为正向偏置、集电结为反向偏置是晶体管具有电流放大作用的外部条件。晶体管内部载流子的运动可分为三个过程，下面以NPN型晶体管为例来讨论(共发射极接法)。晶体管的三种接法如图5-35所示，晶体管中电子运动情况如图5-36所示。

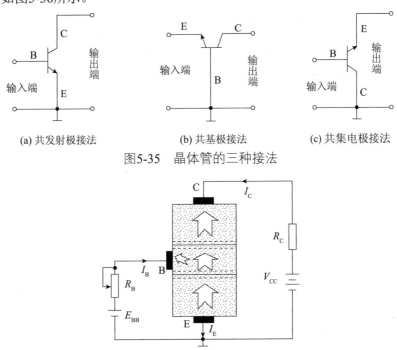

(a) 共发射极接法　　(b) 共基极接法　　(c) 共集电极接法

图5-35　晶体管的三种接法

图5-36　NPN型晶体管中电子运动示意图

1. 发射区向基区发射电子的过程

正向偏置的发射结使发射区的多数载流子(自由电子)不断地通过发射结扩散到基区，即向基区发射电子。与此同时，基区的空穴也会扩散到发射区。由于两者掺杂浓度相差悬殊，使发射极电流I_E的载流子主要是电子，电流的方向与电子流的方向相反。发射区所发射的电子由电源V_{CC}的负极来补充。

2. 电子在基区扩散与复合的过程

扩散到基区的电子，将有一小部分与基区的空穴复合，同时基极电源E_{BB}不断地向基区提供空穴，形成基极电流I_B。由于基区掺杂浓度很低，且很薄，在基区与空穴复合的电子很少，基极电流I_B也很小。扩散到基区的电子除了被基区复合掉一小部分外，大量的电子将在惯性的作用下继续向集电结扩散。

3. 集电结收集电子的过程

在反向偏置的集电结阻碍集电区向基区扩散电子的同时,空间电荷区将向基区延伸,因集电结的面积很大,延伸进基区的空间电荷区使基区的厚度进一步变薄,从而使发射极扩散的电子更容易在惯性的作用下进入空间电荷区。集电结的空间电荷区可将发射区扩散进空间电荷区的电子迅速推向集电极,相当于被集电极收集。集电极收集到的电子由集电极电源V_{CC}吸收,形成集电极电流I_C。

调节电位器R_B,使I_B、I_C均发生变化,通过测量可得表5-1所示数据。

表5-1 晶体管3DG6的实验数据

电流	测量次数				
	1	2	3	4	5
$I_B/\mu A$	10	28	40	65	110
I_C/mA	0.99	1.972	2.96	4.935	9.89
I_E/mA	1	2	3	5	10

根据上述分析和节点电流定律可知,晶体管三个电极的电流I_E、I_B、I_C之间的关系为

$$I_E = I_B + I_C$$

I_B的微小变化会引起I_C的较大变化,例如

$\Delta I_B=(0.028-0.01)mA=0.018mA$

$\Delta I_C=(1.972-0.99)mA=0.982mA$

$$\frac{\Delta I_C}{\Delta I_B}=\frac{0.982}{0.018}=54.6$$

这种由于基极电流的微小变化而引起集电极电流较大变化的控制作用,称为晶体管的电流放大作用。

5.2.4 晶体管的特性曲线

1. 输入特性曲线

输入特性曲线描述的是晶体管在管压降U_{CE}保持不变的前提下,基极电流I_B和发射结压降U_{BE}之间的函数关系,表达式为

$$I_B=f(U_{BE})$$
$$U_{CE}=常数$$

晶体管的输入特性曲线如图5-37所示,NPN型晶体管共射极输入特性曲线的特点有以下几个。

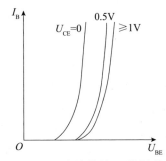

图5-37 晶体管的输入特性曲线

(1) 曲线$U_{CE}=0$，与二极管的正向特性相似。这是因为$U_{CE}=0$时，集电极与发射极短路，相当于两个二极管并联，这样I_B与U_{BE}的关系就成为两个并联二极管的伏安特性关系。

(2) U_{CE}由零开始逐渐增大时，输入特性曲线右移。当U_{CE}的数值增至一定程度时(如$U_{CE}>1V$)，各曲线几乎重合。这是因为U_{CE}由零逐渐增大时，集电结宽度逐渐增大，基区宽度相应减小，使存储于基区的注入载流子的数量减少，复合减少，因而I_B减小。如保持I_B为定值，就必须加大U_{BE}，故使曲线右移。当U_{CE}较大时(如$U_{CE}>1V$)，集电结所加反向电压足以把注入基区的绝大部分非平衡载流子拉向集电极，以致U_{CE}再增加，I_B也不再明显地减小，这样，就形成了各曲线几乎重合的现象。

(3) 和二极管一样，晶体管也有一个死区电压，通常硅管的死区电压为0.5~0.6V，锗管的死区电压为0.1~0.2V。

2. 输出特性曲线

输出特性曲线用于描述晶体管在输入电流I_B保持不变的前提下，集电极电流I_C和管压降U_{CE}之间的函数关系，表达式为

$$I_C=f(U_{CE})$$
$$U_{CE}=常数$$

晶体管的输出特性曲线如图5-38所示，当I_B改变时，I_C和U_{CE}的关系是一组平行的曲线簇，并有截止、放大、饱和三个工作区。

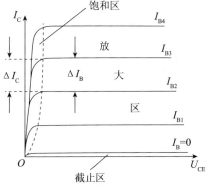

图5-38 晶体管的输出特性曲线

(1) 截止区。特性曲线$I_B=0$以下的区域称为截止区。此时晶体管的集电结处于反偏状

态，发射结电压 $U_{BE} \leq 0$，也处于反偏状态。处于截止状态的晶体管，其发射结和集电结都处于反偏状态，在电路中犹如一个断开的开关，晶体管无电流放大作用。

(2) 饱和区。对应不同 I_B 值的输出特性曲线簇几乎重合在一起。也就是说，U_{CE} 较小时，I_C 虽然增加，但增加幅度不大，即 I_B 失去了对 I_C 的控制能力。这种情况，称为晶体管的饱和。饱和时，晶体管的发射结和集电结都处于正向偏置状态。晶体管集电极与发射极间的电压称为集—射饱和压降，用 U_{CES} 表示。U_{CES} 很小，通常中、小功率硅管的 $U_{CES}<0.5V$；晶体管基极与发射极之间的电压称为基—射饱和压降，以 U_{BES} 表示，硅管的 U_{BES} 在 0.8V 左右。晶体管截止和饱和的状态与开关断、通的特性很相似，数字电路中的各种开关电路就是利用晶体管的这种特性来制作的。

(3) 放大区。晶体管输出特性曲线饱和区和截止区之间的部分就是放大区。工作在放大区的晶体管才具有电流放大作用。此时晶体管的发射结处于正偏状态，集电结处于反偏状态，放大区的特性曲线非常平坦。当 I_B 等量变化时，I_C 几乎也按一定比例等距离平行变化。由于 I_C 只受 I_B 控制，几乎与 U_{CE} 的大小无关。

5.2.5 晶体管的主要参数

1. 共射交流电流放大系数 β

电流放大系数表示晶体管的电流控制能力。

在共射极放大电路中，若交流输入信号为 0，则管子各极间的电压和电流都是直流量，此时的集电极电流 I_C 和基极电流 I_B 的比就是 $\bar{\beta}$，称为共射直流电流放大系数。当共射极放大电路有交流信号输入时，因交流信号的作用，必然会引起 i_B 的变化，相应也会引起 i_C 的变化，两电流变化量的比值称为共射交流电流放大系数 β，表达式为

$$\beta = \frac{\Delta i_C}{\Delta i_B} \tag{5-11}$$

$\bar{\beta}$ 和 β 的含义虽然不同，但工作在输出特性曲线放大区平坦部分的晶体管的差异极小，可作近似相等处理，故在今后应用时，通常不加区分，直接互相替代使用。

由于制造工艺的分散性，同一型号晶体管的 β 值差异较大。常用的小功率晶体管的 β 值为 20~100。β 过小，管子的电流放大作用小；β 过大，管子工作的稳定性差。一般情况下，β 值在 40~80 的管子较为合适。

2. 穿透电流 I_{CEO}

穿透电流是指当 $I_B=0$ 时，集电极与发射极之间的反向电流。在选用晶体管时，I_{CEO} 越小，管子的温度稳定性越好。

3. 极限参数

(1) 集电极最大允许电流 I_{CM}。晶体管的集电极电流 I_C 在相当大的范围内变化时，β 值基本保持不变。但当 I_C 的数值大到一定程度时，电流放大系数 β 值将下降。使 β 明显减小的 I_C

即为I_{CM}。为了使晶体管在放大电路中能正常工作，I_C不应超过I_{CM}。

(2) 集电极最大允许功耗P_{CM}。晶体管工作时，集电极电流在集电结上将产生热量，产生热量所消耗的功率就是集电极的功耗P_{CM}，表达式为

$$P_{CM}=I_C U_{CM} \tag{5-12}$$

功耗与晶体管的结温有关，结温又与环境温度、管子是否有散热器等条件相关。手册上给出的P_{CM}值是在常温25℃时测得的。硅管集电结的上限温度为150℃，锗管的上限温度为70℃，使用时应注意不要超过此值，否则管子将损坏。

(3) 反向击穿电压$U_{BR(CEO)}$。反向击穿电压$U_{BR(CEO)}$是指基极开路时，加在集电极与发射极之间的最大允许电压。使用中如果管子两端的电压$U_{CE}>U_{BR(CEO)}$，集电极电流I_C将急剧增大，这种现象称为击穿。管子击穿将造成晶体管永久性损坏。当电源V_{CC}的值选得过大时，晶体管电路有可能会出现击穿现象。当管子截止时，若$U_{CE}>U_{BR(CEO)}$，将导致晶体管击穿，从而使其损坏。一般情况下，晶体管电路的电源电压V_{CC}应小于$\frac{1}{2}U_{BR(CEO)}$。

5.2.6 晶体管的两个重要作用

1. 晶体管的放大作用

当晶体管被作为放大器使用时，其中两个电极用作信号(待放大的信号)的输入端子，两个电极作为信号(放大后的信号)的输出端子。如果晶体管三个电极中有一个电极既是信号的输入端子，又是信号的输出端子，则这个电极称为输入信号和输出信号的公共电极。按晶体管公共电极的不同选择，晶体管放大电路可分为共基极电路、共射极电路和共集极电路。共射极电路的电流增益和电压增益均比其他两种放大电路大，故多作为信号放大之用。

晶体管是一个电流控制组件，其集电极电流I_C可以由基极电流I_B控制，只需要轻微地改变基极电流I_B就可以引起集电极电流I_C的变化。简言之，晶体管的放大原理是把微弱的电信号(微弱的电压信号u_i)加在基极上，使基极电流按电信号变化，通过晶体管的电流控制作用，就可以在负载上得到与原信号变化一样但有所增强的电信号(较大的电压信号u_o)。

晶体管的主要性能是放大。在汽车电子电路中，主要用它来对微弱信号进行放大，如图5-39所示，就是利用晶体管的放大特性制成的汽车电气线路搭铁(短路)检测器。

汽车在行驶过程中，由于颠簸、振动等原因，电线束会与车体摩擦，从而损坏其绝缘层，发生搭铁(短路)故障。如图5-39所示，检测器能在不拆解导线的情况下，快速查出发生搭铁故障的部位。

检测原理：当导线搭铁后，在搭铁点就会产生短路电流，从而向周围发出高次谐波信号。这个信号很微弱，经过晶体管VT_1放大后，在VT_1的集电极就会得到放大的交变信号，再送到VT_2的基极进行放大，使接在VT_2集电极的发光二极管闪烁发光，接在VT_2发射

极的扬声器发出声响。传感器越接近故障点，接收到的信号越强，经过放大后，发光二极管越亮，扬声器发出的声响越强。根据发光二极管的亮度变化和扬声器声音变化，就能找到故障点。

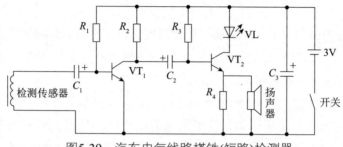

图5-39　汽车电气线路搭铁(短路)检测器

2. 晶体管的开关作用

利用晶体管饱和导通和截止之间的状态转换，可将其作为一个电子开关使用。晶体管的截止状态等效为断开的开关，如图5-40所示。

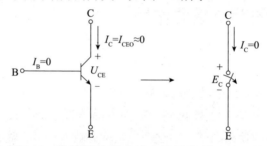

图5-40　晶体管的截止状态等效为断开的开关

晶体管的饱和状态等效为闭合的开关，如图5-41所示。

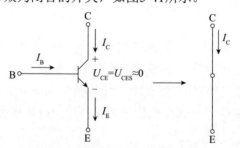

图5-41　晶体管的饱和状态等效为闭合的开关

晶体管开关电路在汽车电路中的应用相当广泛，主要用于电子调压器、电子点火器以及各种信号报警电路中。

晶体管相当于一个由基极电流控制的无触点开关。如图5-42所示为NPN晶体管的开关电路。当基极B输入一个高位信号时，晶体管饱和导通，C、E间相当于闭合的开关；当基极B输入一个低位信号(或高位信号撤离)时，晶体管截止，C、E间相当于断开的开关。

在汽车电子电路中，功率较小的控制信号经过晶体管开关电路，可以控制喷油嘴、继电器、指示灯等大功率器件的工作。

在如图5-42所示电路中，电阻R的作用是限制基极电流，防止因控制信号过大损坏晶体管。

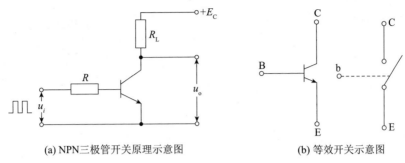

(a) NPN三极管开关原理示意图　　(b) 等效开关示意图

图5-42　NPN晶体管开关

5.2.7　特殊晶体管在汽车上的应用

1. 达林顿管

为了提高大功率晶体管的电流放大系数，将两只或多只晶体管的集电极连接在一起，将第一只晶体管的发射极直接接到第二只晶体管的基极，依次连接复合而成，引出E、B、C三个电极，这种晶体管称为达林顿管(复合三极管)。达林顿管的结构如图5-43所示。

目前，汽车前照灯延时控制电路采用达林顿管作为功率放大电路，如图5-44所示。

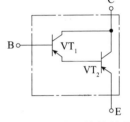

图5-43　达林顿管的结构

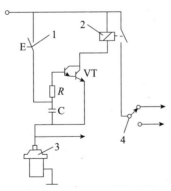

图5-44　前照灯延时控制电路

1-按钮开关　2-继电器　3-发动机机油压力开关　4-变光开关

发动机熄火后，机油压力开关触点闭合。此时按下延时按钮开关1，电源对电容C充电，晶体管VT基极电位逐渐升高，VT导通，继电器2通电，大灯亮；松开按钮后，C放电保持照明，直到C的电压下降到使VT截止。VT截止后，继电器断电触点张开，前照灯熄灭。延时时间取决于C和R的值。

2. 光电三极管

光电三极管由光窗、集电极和发射极的引出脚等组成，制作材料多为半导体硅。

光电三极管有PNP型和NPN型两种，其结构与一般晶体管相似，只是它的发射极一边做得很大，以扩大光的照射面积，且其基极不接引线。它的外形与光电二极管相似，从外观上较难区别。光电三极管的符号如图5-45所示。光电三极管的内部结构如图5-46所示。

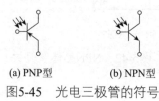

图5-45　光电三极管的符号

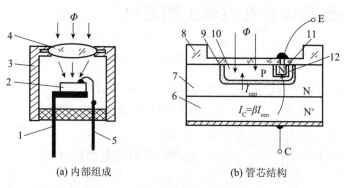

(a) 内部组成　　　　(b) 管芯结构

图5-46　光电三极管的内部结构

1-集电极引脚　2-管芯　3-外壳　4-玻璃聚光镜　5-发射极引脚　6-N^+衬底　7-N型集电区
8-SiO_2保护圈　9-集电结　10-P型基区　11-N型发射区　12-发射结

光电三极管和普通晶体管相似，也有电流放大作用，只是它的集电极电流不只受基极电路和电流控制，同时也受光辐射的控制。通常基极不引出，但一些光电三极管的基极有引出，具有温度补偿和附加控制等作用。

当具有光电特性的PN结受到光辐射时，形成光电流，由此产生的光电流由基极进入发射极，从而在集电极回路中得到一个放大β倍的信号电流。不同材料制成的光电三极管具有不同的光谱特性，与光电二极管相比，光电三极管具有很大的光电流放大作用，即很高的灵敏度。

图5-47　光电三极管的工作原理示意图

光电三极管的工作原理如图5-47所示。正常运行时，集电极为反偏置，发射极为正偏置。集电极为光电结，集电极产生的光电流向基区注入，同时在集电极产生一个被放大β倍的电流。

为了得到更高的灵敏度和更大的输出电流，可以把光电三极管和普通晶体管按达林顿连接方法接在一起，封装在一个管壳内，称为光电达林顿管，如图5-48所示。由于增加了一级电流放大，输出

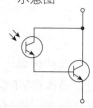

图5-48　光电达林顿管示意图

电流能力大大加强，甚至不必经过进一步放大，便可直接驱动灵敏继电器。但由于无光照时的暗电流也增大，光电达林顿管适合于开关状态或位式信号的光电变换。

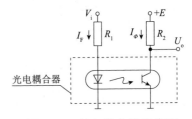

图5-49 光电耦合器示意图

光电耦合器将LED和光电三极管紧密组装在一起，密封在一个对外隔光的封装之内，这样LED的光线能够落到光电三极管的表面上，可避免其他杂散光的干扰。光电耦合器如图5-49所示。

光电耦合器的一个重要特性是其输入端连接的电路可以和其输出端的电路完全隔开，并且在这两个电路之间，可以安全地存在成百上千伏电位差，不会对光电耦合器的工作产生不利影响。

光电耦合器抗干扰性能好、隔噪声、响应快、寿命长。它可应用于低压到高压(或反过来)信号的耦合，计算机输出信号与外部电子电路或电动机等的接口，以"地"为基准的低压电路和脉冲变压器。光电耦合器用于线性传输时失真少、工作频率高；用于光电开关时无机械触点疲劳，可靠性高。

光电耦合器在汽车上的主要应用为光传感器，如图5-50所示。它可以检测物体的有无和遮挡次数等信号。光传感器被应用到许多场合，主要用于曲轴位置检测、车高位置检测、转向角度检测、车速传感器、减速传感器等。光传感器的工作原理是在其中设置遮挡物，利用遮挡物是否挡住光线来判断遮挡物的位置(遮挡物均和被检测对象连在一起)，传递位置信号或转过的遮挡物的个数信号。

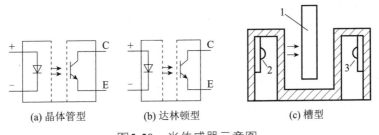

图5-50 光传感器示意图
1-遮挡物 2-发光元件 3-光电三极管

5.2.8 晶体管在汽车电子电路中的应用

1. 汽车用的无触点晶体管点火电路

如图5-51所示为光电式点火装置的电路。晶体管放大器的作用是把光接受器产生的信号电流放大，从而控制功率三极管接通和切断点火线圈的初级电流。工作过程：发动机工作时，硅光电三极管C受到光源的照射而导通，VT$_1$也因产生基极电流而导通。VT$_1$的导通给VT$_2$提供了基极电流而使VT$_2$导通，此时VT$_3$由于基极电位降低而截止。VT$_3$截止时，VT$_4$由于R_7、R_6的分压获得偏流而导通，于是接通了点火线圈一次绕组N$_1$的回路，有初级电流流过。当光电三极管无光源照射时，VT_1、VT_2截止，VT_3导通，VT_4截止，由此切断了初级电流，根据电磁感应原理，在点火线圈二次绕组中感应产生高压电动势，经分电器送往火花塞，实现点火。

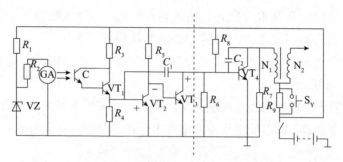

图5-51　光电式点火装置的电路

2. 晶体管调节器电路

目前，国内外生产的晶体管调节器的结构与电路设计基本相同，一般都是由2～3个晶体管、1～2个稳压管和一些电阻、电容、二极管等电子元器件组成的，其外壳用铝合金或钢板盒密封。晶体管调节器的引出线有插头式和接线板式两种，其上分别有"+"（火线）、"-"（搭铁）与"F"（磁场）的标记。

JFT121型晶体管调节器比较常见，它主要用于内搭铁式交流发电机，可与一般六管交流发电机配套使用，其内部电路如图5-52所示。

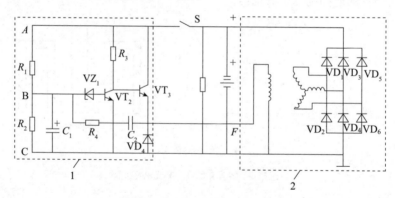

图5-52　JFT121型晶体管调节器

1-晶体管调节器　2-交流发电机

在JFT121型晶体管调节器中，VT_3是大功率管，用来接通与切断发电机的励磁回路。VT_2是小功率管，用来放大控制信号。稳压管VZ_1是感受器件，串联在VT_2的基极回路中，感受发电机电压的变化。R_1和R_2组成一个分压器，U_{BC}(称检测电压)反向加在稳压管VZ_1上，其值设置为当发电机电压达到规定的调整值时，正好等于稳压管的反向击穿电压。R_3是VT_2的集电极电阻，同时也是VT_3的偏置电阻。VD_4为VT_3截止时提供励磁绕组产生的自感电动势（搭铁端为"+"，F为"-"），可用于保护VD_3。C_2、C_1用来降低开、关频率，减少功率损耗。

JFT121型晶体管的工作过程如下所述。

(1) 起动与低速。接通点火开关S,发电机开始运转,发电机在建立电压的过程中或电压虽已经建立,但发电机的电压尚低于调节器的调压值时,分压器上B端的电压小于稳压管VZ_1的反向击穿电压。VZ_1不导通,VT_2因无基极电流而截止,而此时VT_3通过R_3加有较高的正向偏置电压,饱和导通,接通励磁电流。电流方向:蓄电池+→点火开关S→VT_3→励磁绕组→搭铁。

(2) 调压。随着发电机转速的加快,发电机端电压升高,当发电机电压稍高于调节值时,B端的检测电压便达到了稳压管的反向击穿电压值,VZ_1被击穿导通,使VT_2产生较大的基极电流,从而使VT_2饱和导通。于是,VT_3的基极接地,VT_3截止,切断了励磁回路,发电机电压下降。当B端电压低于调节值时VZ_1截止,VT_2截止,VT_3又导通。如此反复,以维持发电机的输出电压始终在规定的范围内。

想一想

晶体管既有放大作用又能作为开关使用,其理论依据是什么?请结合晶体管输出特性曲线加以思考。

探究

如图5-53所示为磁脉冲式无触点电子点火系统电路,点火信号发生器1能将曲轴转过的角度或活塞在气缸中所处的位置转换成相应的脉冲电信号,再输送给电子点火控制器2,电子点火控制器能接收传感器送来的脉冲电信号,控制点火线圈3初级电路的通断。请尝试参照图5-51(光电式点火装置的电路)说明图5-53的工作原理。

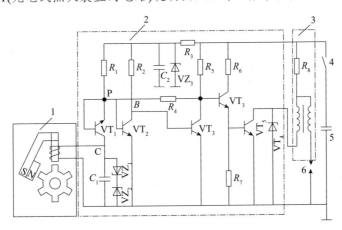

图5-53 磁脉冲式无触点电子点火系统电路

1-点火信号发生器 2-电子点火控制器 3-点火线圈 4-点火开关 5-蓄电池 6-火花塞

项目实施

半导体二极管的测试

大多数二极管的损坏是由器件老化、正向电流过大而超过器件的最高反向工作电压导致的。当二极管由于电流过大而损坏时,二极管会破裂或完全崩溃,焊接点和印制电路板也会有过电流现象。当二极管没有明显的损坏现象时,需要通过测试判断二极管是否损坏。

一、实训目的

通过测量二极管的正向电阻和反向电阻判断二极管是否损坏。

二、实训工具及设备

数字万用表一只,普通二极管多个。

三、实训步骤

方法一:

1. 选挡。测试前要选好挡位,两表笔短接后调零位。一般情况下,$R×1$挡适用于耐压较低、电流较小的二极管,$R×100$或$R×1K$挡适用于测量电流较大的二极管。

2. 测量二极管的正向电阻。用万用表黑表笔接二极管的正极(或阳极),红表笔接二极管的负极(或阴极)。

3. 测量二极管的反向电阻。用万用表黑表笔接二极管的负极(或阴极),红表笔接二极管的正极(或阳极)。

4. 判断。正向电阻较小、反向电阻较大的二极管是好的;如正向电阻=反向电阻=0,则表明短路损坏;如正向电阻=反向电阻=无穷大,则表明开路损坏;如正向电阻接近反向电阻,则表明二极管是坏的。

方法二:

转盘打在二极管/蜂鸣器( )挡,红表笔插在右一孔内,黑表笔插在右二孔内,两支表笔的前端分别接二极管的两极,如图5-54所示,然后颠倒两表笔再测一次。若二极管正常,则两次测量的结果应该是:一次显示"1"字样或没有显示,另一次显示零点几的数字。此数字是二极管的正向压降,硅材料为0.7V左右,锗材料为0.2V左右。此时,红表笔接的是二极管的正极,而黑表笔接的是二极管的负极。

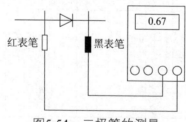

图5-54 二极管的测量

按上述方法检查时,如万用表中的蜂鸣器发出声响,则表明二极管短路。

四、实训说明

1. 不同的万用表测量同一个二极管,二极管的电阻不同。

2. 对于发光二极管,只需要观察其颜色即可判断是否损坏;如果二极管由于烧坏而发出黑色光,应该更换该器件。若用万用表测试,用两个表笔分别接触管脚,如果发光二极管发光,则表明二极管无损坏。

3. 对于稳压二极管，因其工作在反向击穿区，不能用上述方法进行测试。比较简单的方法是测量二极管在电路的端电压，如果端电压在允许的范围内，则器件无损坏。

晶体管的测试

一、实训目的

通过测量晶体管的压降，判断晶体管的导电类型和三个电极。

二、实训工具和设备

数字万用表一只，普通晶体管多个。

三、实训步骤

方法一：

1. 基极和导电类型的判别

将挡位调到二极管/蜂鸣器挡，红表笔插入电源正极(伏特/欧姆孔)，黑表笔插入电源负极(COM孔)。假设被测晶体管任意一个管脚为基极，用红表笔(黑表笔)与该管脚相连，用黑表笔(红表笔)分别去测其他两个极，若两次显示的值都在0.7V或0.2V左右，则假设正确，该晶体管为NPN型(PNP型)，否则重新假设。

2. 发射极和集电极的判别

利用数字万用表分别测两个管脚与基极的压降，其中较大者为发射极。

方法二：

1. 若数字万用表有如图5-55所示的插孔，就可直接判别晶体管的类型、管脚和放大倍数。操作方法：将数字万用表调到h_{EF}挡(晶体管β测量)，基极B插入所对应类型的孔中，把其余管脚分别插入C、E孔观察数据，将C、E孔中的管脚对调再看数据，如果数值大则说明管脚插对了(晶体管放大倍数为20～200)，同时也能明确晶体管是PNP型还是NPN型。

图5-55 数字万用表管脚插孔

2. 晶体管好坏的判别

(1) 用二极管/蜂鸣器挡位测晶体管的E、C极，若万用表持续发出声响，则说明该管已被击穿，该管损坏。

(2) 在数字表h_{EF}挡上，测量晶体管的放大倍数，若放大倍数很小或数据不在正常范围内，则说明晶体管损坏。

项目小结

本项目介绍了二极管和晶体管及其应用，具体包括如下内容。

1. 二极管

二极管实质是一个PN结。它的重要特性是单向导通性，它在电路中起到钳位、限幅和整流等作用。在二极管的应用方面，本项目详细介绍了单相半波、单相桥式、三相桥式整流电路以及二极管在汽车上的应用。

2. 晶体管

晶体管分为NPN型和PNP型两大类，其共同特征是内部有两个PN结，外面有三个电极。晶体管是电流控制器件，由较小的基极电流产生较大的集电极电流，从而实现放大作用。它实现放大作用的外部条件是发射结正向偏置，集电结反向偏置；它实现放大作用的内部条件是发射区多数载流子的浓度高、基区薄且掺杂浓度低。描述晶体管放大作用的参数是电流放大倍数$\beta=\Delta i_C/\Delta i_B$。一般来说，用输入特性曲线和输出特性曲线来描述晶体管的特性，其输出特性可以分为截止区、放大区和饱和区。

在晶体管的应用方面，本项目介绍了晶体管的基本放大电路和晶体管的开关作用，以及无触点晶体管点火电路和晶体管调节器电路。

3. 晶体管基本放大电路的分析方法

分析放大电路一般用图解法。所谓图解法是指在已知晶体管的输入特性、输出特性以及放大电路中其他各元件参数的情况下，利用作图的方法对放大电路进行分析。利用晶体管放大电路的直流负载线和晶体管的输出特性即可确定静态工作点。

4. 特殊晶体管

特殊晶体管主要介绍了达林顿管和光敏三极管。将两只或多只晶体管的集电极连接在一起，将第一只晶体管的发射极直接接到第二只晶体管的基极，依次连接复合而成，引出E、B、C三个电极，这种晶体管称为达林顿管，或称为复合三极管。

光敏三极管能将光辐射的能量变成电能量，具有电流放大作用。

项目 6

汽车数字电路

:::: 学习目标

1. 了解模拟电路和数字电路、脉冲信号以及数制与码制；
2. 掌握基本门电路的相关知识；
3. 了解555定时器的电路结构及其功能。

:::: 项目描述

数字电路在汽车电路中被广泛应用，电控单元ECU就是一个典型的数字系统。本项目主要介绍了数字电路、脉冲信号以及数制与码制，为后面的学习做好铺垫；介绍了门电路的概念和逻辑系统，重点介绍了与门电路、或门电路、非门电路以及复合门；阐述了数字电路在汽车上的应用，主要介绍了555定时器的应用。

任务6.1　数字电路概述

数字电路的发展与模拟电路一样经历了由电子管、半导体分立器件到集成电路等阶段，但其发展速度比模拟电路快。从20世纪60年代开始，数字集成电路大规模投放市场，带来了电子设备的全面更新换代，开创了电子技术的"集成电路时代"。 20世纪80年代，特大规模数字集成电路开始出现，16兆位的芯片集成度达到3200万个元件，条宽减到0.5微米。

在当今世界，很少有一种技术能像数字技术那样渗透到人类社会生活的各个领域，并且在许多方面改变着我们的生活。无论是当前信息技术的蓬勃发展及计算机技术的广泛应用，还是工农业生产过程和生产设备的自动监测和控制，都离不开数字技术。我们日常生活中使用的各种电器，如电视机、收音机、摄像机、移动电话、数码照相机、计算机、电子表等，都是利用数字技术生产出来的产品。早在20世纪70年代，许多科学工作者就已经开始潜心研究和寻找比硅片集成度更高、性能更好的新型器件。相信在不久的将来，数字电路将迎来更快的发展。

6.1.1　模拟电路和数字电路

在汽车电子电路中，电信号主要在传感器、ECU及执行器件之间进行传递。传感器输入ECU的信号大体上可以分为两大类：一类信号是连续变化的信号，如热敏电阻式水温传感器，输出的信号是随着冷却水温度变化而连续变化的信号，这类信号被称为模拟信号，如图6-1(a)所示；另一类信号是电压"高""低"间隔变化的脉冲式信号，如光电式曲轴位置传感器，输出的信号是遮光盘不断通过光电耦合器而产生的"有"或"无"(透光或遮光)规律变化的脉冲信号，这类信号被称为数字信号，如图6-1(b)所示。

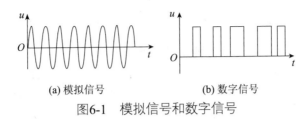

图6-1 模拟信号和数字信号

数字信号与模拟信号的特性不同,在检测时一定要区分开。表6-1列出了部分汽车传感器输出信号的类型。

表6-1 部分汽车传感器输出信号的类型

输出模拟信号的传感器	输出数字信号的传感器
叶片式空气流量传感器	卡门涡旋式空气流量传感器
热丝式空气流量传感器	曲轴位置传感器
压力传感器	霍尔式传感器
水温传感器	舌簧开关式传感器
节气门位置传感器	光电式传感器
浮子可变电阻式液位传感器	各种报警器电路传感器

模拟信号在时间和数值上是连续的,如电压、电流、温度、声音等。模拟信号的优点是能用精确的数值表示事物;缺点是很难度量、容易受噪声干扰、难以保存等。处理和传输模拟信号的电路叫模拟电路。在模拟电路中,晶体三极管在线性放大区工作。数字信号在时间上是离散(不连续)的,只在某些时刻有定义。数字信号在数值上是离散的,变量只能是有限集合的一个值,常用0、1二进制数表示。例如,开关通断、电压高低、电流有无等。处理和传输数字信号的电路叫数字电路。在数字电路中,晶体三极管在饱和区或截止区工作。汽车电控单元ECU就是一个典型的数字系统。

与模拟电路相比,数字电路有如下特点。

(1) 数字电路的基本工作信号是用1和0表示的二进制数字信号,反映在电路上就是高电平和低电平。

(2) 晶体管处于开关工作状态,抗干扰能力强、精度高。

(3) 数字电路通用性强,结构简单,容易制造,便于集成及系列化生产。

(4) 数字电路具有"逻辑思维"能力,能对输入的数字信号进行各种算术运算和逻辑运算、逻辑判断,故又称为数字逻辑电路。

6.1.2 脉冲信号

1. 脉冲信号的基本概念

在数字系统中,经常要用到脉冲信号。脉冲信号是指在短暂间隔内发生突变或跃变的电压或电流信号。脉冲信号多种多样,常见的脉冲波形如图6-2所示。

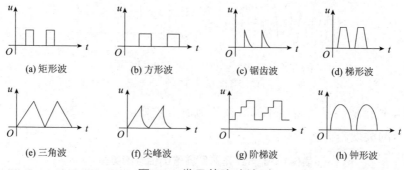

图6-2 常见的脉冲波形

在多种脉冲信号中,典型的是矩形脉冲。矩形脉冲有正脉冲和负脉冲之分。脉冲跃变后的值比初始值高称为正脉冲,如图6-3(a)所示;反之则称为负脉冲,如图6-3(b)所示。

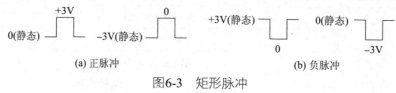

图6-3 矩形脉冲

2. 脉冲信号的主要参数

实际的矩形脉冲并无理想的跃变,顶部也不平坦,如图6-4所示,通常采用以下参数对它们进行描述。

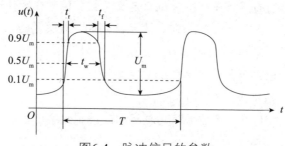

图6-4 脉冲信号的参数

(1) 脉冲幅度U_m,即脉冲的最大幅值。

(2) 前沿或上升时间t_r,通常指脉冲信号幅值由$0.1U_m$上升到$0.9U_m$所需要的时间。t_r越小,脉冲上升越快,就越接近理想的矩形脉冲。

(3) 后沿或下降时间t_f,即脉冲信号由$0.9U_m$下降到$0.1U_m$所需要的时间。

(4) 脉冲宽度t_w,即脉冲前、后沿$0.5U_m$两点的间隔。

(5) 脉冲周期T,即两个相邻的脉冲波形上相应点的时间间隔。它的倒数为脉冲频率,即$f=1/T$,f表示单位时间内脉冲信号的重复次数。

(6) 脉宽比t_w/T,即脉冲宽度与周期之比。它的倒数称为空度比或占空系数。

6.1.3 数制与码制

1. 数制

数制就是数的表示方法。常用的数制有以下几种。

(1) 十进制。十进制数是用0~9十个数码按照一定规律排列起来,表示数值的大小。计数的基数为10,计数规则是"逢十进一",所以称为十进制,例如

$$259=2\times10^2+5\times10^1+9\times10^0$$

式中:10^2、10^1、10^0称为十进制的权。

(2) 二进制。二进制数组是用0和1两个数码按照一定的规律排列起来,表示数值的大小,例如

$$1101=1\times2^3+1\times2^2+0\times2^1+1\times2^0$$

式中:2^3、2^2、2^1、2^0称为二进制的权。

(3) 二、十进制数的相互转换。二进制数转换成十进制数的方法是将各位二进制数乘以对应位的权,然后相加,其相加的和即为转换成的十进制数,例如

$$11101=1\times2^4+1\times2^3+1\times2^2+0\times2^1+1\times2^0=29$$

相较于二进制,十进制在日常生活中应用更多,是人们比较熟悉和习惯的计数体制。但是,十进制的十个数码在数字电路中难以找到十个状态与之对应。数字电路的两个状态可用两个数码表示,故采用二进制。二进制计算规则简单,但人们对它不习惯,另外其数位较多,不易读写。基于上述原因,利用二进制与十进制的对应关系,对十进制和二进制编码,用起来就很方便了。

2. 码制

数字信息可分为两类:一类是数值信息,另一类是文字、图形、符号等非数值信息。对第二类信息,在数字系统中也用一定位数的二进制数来表示,以便计算机处理。这些代表非数值信息的二进制码不再有数值的意义,称为代码。

为了便于记忆、查找、区别,在编制各种代码时,应遵循一定的规律,这一规律称为码制。建立这种代码与文字、符号等非数值信息一一对应关系的过程称为编码。

对数字系统而言,使用较为方便的是按二进制数编制代码。例如,用二进制数码表示十进制数的0~9这十个状态时常用8421码制,而8、4、2、1是十位二进制数所在位的权。用8421码制编制的代码属于BCD码的一种,意指这种编码为"以二进制编码的十进制码"。8421BCD码是以四位二进制数来表示一位十进制数,每位二进制数都有固定的权位,所以这种代码也称为有权码。十进制数字的8421BCD码如表6-2所示。

表6-2 十进制数字的8421BCD码

十进制数字	8421BCD码	十进制数字	8421BCD码
0	0000	5	0101
1	0001	6	0110

(续表)

十进制数字	8421BCD码	十进制数字	8421BCD码
2	0010	7	0111
3	0011	8	1000
4	0100	9	1001

想一想

用图形来区分模拟信号和数字信号比较形象直观。在日常生活中，哪些电器使用模拟信号？哪些电器使用脉冲信号？

探究

1. 电容的特点是通直流、隔交流，那么脉冲信号能否通过电容呢？
2. 请你查阅维修手册，了解汽车上哪些元件输入或者输出的是数字信号。

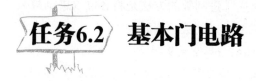

任务6.2 基本门电路

6.2.1 基本门电路概述

1. 门电路

实现基本逻辑运算和复合运算的单元电路称为门电路。门是一种开关，条件满足时，它允许信号通过；若条件不满足，则信号不能通过。门电路又称为逻辑门电路，输入信号与输出信号之间存在一定的逻辑关系。它的基本逻辑关系有与逻辑、或逻辑、非逻辑。实现这些逻辑关系的基本门电路有与门电路、或门电路、非门电路，用这些门电路还可以组成各种复合门电路。

在数字逻辑系统中，门电路不是有触点的开关，它是由二极管和晶体三极管等无触点的开关元件组成的。

2. 正负逻辑系统

在二值逻辑中，如果用高电平表示逻辑1，用低电平表示逻辑0，在这种规定下的逻辑关系称为正逻辑，如图6-5(a)所示；如果用高电平表示逻辑0，低电平表示逻辑1，在这种规定下的逻辑关系称为负逻辑，如图6-5(b)所示。同一逻辑电路采用不同的逻辑关系，其逻辑功能是完全不同的，本书采用正逻辑。

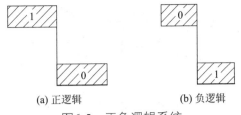

(a) 正逻辑　　　　　　(b) 负逻辑

图6-5　正负逻辑系统

3. 高低电平的实现

(1) 在数字电路中，输入、输出都采用二值逻辑，其高、低电平用1和0表示。高、低电平的获得通过开关电路来实现，如二极管或三极管电路，如图6-6所示。高、低电平的实现原理为：当开关S断开时，输出电压$u_o=V_{CC}$，为高电平1；当开关闭合时，输出电压$u_o=0$，为低电平0。若开关由三极管构成，则控制三极管工作在截止和饱和状态，就相当于开关S的断开和闭合。

(2) 半导体二极管门电路。将图6-6中的开关用二极管代替，则可得到如图6-7所示的半导体二极管开关电路。假设二极管为理想元件，即正向导通电阻为0，反向电阻无穷大，当u_i为高电平V_{CC}时，VD截止，输出高电平，$u_o=V_{CC}$；当u_i为低电平0时，VD导通，输出低电平，$u_o=0$。

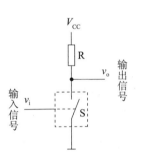

图6-6　高、低电平的实现原理示意图

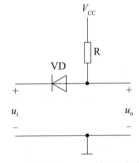

图6-7　半导体二极管开关电路

将图6-6中的开关用晶体三极管代替，则可得到晶体三极管开关电路。

6.2.2　与门电路

只有当决定一个事件结果的所有条件同时具备时，结果才能发生，这种因果关系称为与逻辑。例如，在如图6-8所示的串联开关电路中，只有在开关A和B都闭合的条件下，灯F才亮；只要有一个开关不接通，灯F就不亮。如果设开关A、B闭合为1、断开为0，设灯F亮为1、灭为0，则F与A、B的与逻辑关系如表6-3所示。所谓真值表，就是将自变量的各种可能的取值组合与其因变量的值一一列出来的表格形式。

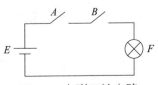

图6-8　串联开关电路

表6-3 与门电路真值表

A	B	F
1	1	1
1	0	0
0	1	0
0	0	0

与逻辑关系式为

$$F=A \cdot B 或 F=AB \tag{6-1}$$

式中：小圆点"·"表示A、B的与运算，又叫逻辑乘。在不致引起混淆的前提下，乘号"·"可以省略，写成F=AB。与逻辑关系符号如图6-9所示。它的逻辑关系：全1出1，有0出0。

二极管与门电路如图6-10所示。当输入端A与B同时为高电平1(+5V)时，二极管V_1、V_2均截止，R没有电流通过，其电压降为0V，输出端F为高电平1(+5V)；

当A、B中的任何一端为低电平0(0V)或A、B端同时为低电平0时，二极管V_1、V_2导通，输出端F为低电平0(0.7V)。

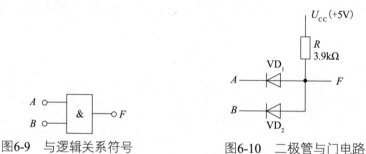

图6-9 与逻辑关系符号　　图6-10 二极管与门电路

常用的与门电路有四二输入与门74LS08和CD4081。在与门电路中，每个与门内部独立，外接电源"+"极，还有"GND"接地端，共有14个管脚排列，如图6-11所示。

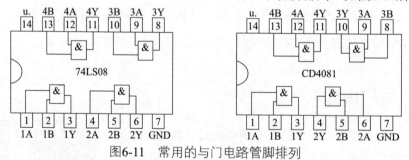

图6-11 常用的与门电路管脚排列

6.2.3 或门电路

当决定一个事件结果的一个或一个以上条件具备时，这件事情就会发生，这种因果关系称为或逻辑。例如，在如图6-12所示的并联开关电路中，开关A或B其中任何一个闭合，灯F亮；只有当两个开关都不接通时，灯F才会熄灭。如果设开关A、B闭合为1，断开为0，设灯F亮为1，灭为0，则F与A、B的与逻辑关系如表6-4所示。

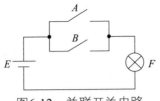

图6-12　并联开关电路

表6-4　或门电路真值表

A	B	F
1	1	1
1	0	1
0	1	1
0	0	0

或逻辑关系式为

$$F=A+B \tag{6-2}$$

或逻辑也称为或运算或逻辑加，符号"+"表示逻辑加。它的逻辑关系：有1出1，全0出0。

实现或逻辑的单元电路称为或门电路，它的逻辑关系符号如图6-13所示。二极管或门电路如图6-14所示，图中输入端A、B的电位可以取两个值：高电位+5V或低电位0V。

当输入端A或B中的任一端为高电平1(+5V)时，输出端F一定为高电平1(+5V)；当输入端A和B均为高电平时，输出端也为高电平。

当A、B端同时为低电平0(0V)时，输出端F一定为低电平"0"。

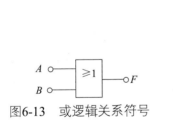
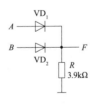

图6-13　或逻辑关系符号　　　　图6-14　二极管或门电路

常用的或门电路有四二输入或门74LS32和CD4071，这两种或门电路均有14个管脚排列，如图6-15所示。

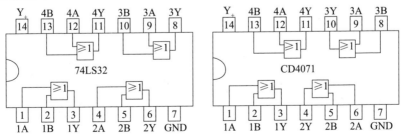

图6-15　常用的或门电路管脚排列

6.2.4 非门电路

非逻辑是逻辑的否定,即当条件具备时,结果不会发生;而当条件不具备时,结果一定会发生。例如,在如图6-16所示的开关电路中,只有当开关A断开时,灯F才亮;当开关A闭合时,灯F反而熄灭。灯F的状态总是与开关A的状态相反。这种结果总是同条件相反的逻辑关系称为非逻辑,非逻辑的真值如表6-5所示。

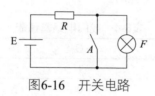

图6-16 开关电路

表6-5 非门电路真值

A	F
1	0
0	1

非逻辑关系式为

$$F=\overline{A} \tag{6-3}$$

非逻辑的逻辑关系:有0出1,有1出0。

实现非逻辑的单元电路称为非门电路,其逻辑符号如图6-17所示。

晶体管非门电路如图6-18所示。当输入端A为高电平1(+5V)时,晶体管导通,F端输出0.2~0.3V的电压,属于低电平范围;当输入端A为低电平0(0V)时,晶体管截止,输出端F的电压近似等于电源电压。

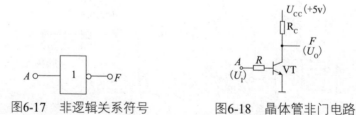

图6-17 非逻辑关系符号　　图6-18 晶体管非门电路

常用的非门电路有六反相器74LS04和CD4069,它们均有6个非门、14个管脚排列,如图6-19所示。

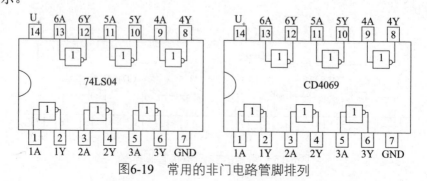

图6-19 常用的非门电路管脚排列

6.2.5 复合门

将与门、或门和非门组合起来，可构成与非门、或非门、与或非门、异或门，它们称为复合门。

1. 与非门

与非门相当于在与门的基础上加一个非门，其逻辑关系式为

$$F=\overline{B}$$ (6-4)

与非门的逻辑关系：全1出0，有0出1。

与非门符号如图6-20所示。

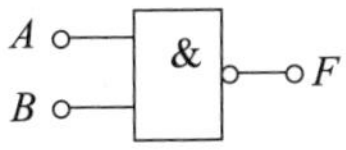

图6-20 与非门符号

表6-6完整地描述了与非门可能的逻辑状态，称为与非门电路真值表。

表6-6 与非门电路真值表

A	B	F
0	0	1
0	1	1
1	0	1
1	1	0

常用的与非门集成电路有四二输入与非门74LS00和CD4011，其管脚排列如图6-21所示。

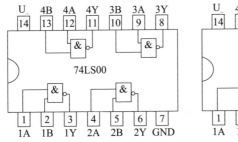
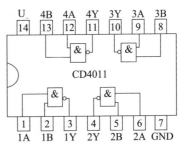

图6-21 常用的与非门集成电路管脚排列

2. 或非门

或非门相当于在或门的基础上加一个非门，其逻辑关系式为

$$F=\overline{A+B}$$ (6-5)

或非门的逻辑关系：全0出1，有1出0。

或非门符号如图6-22所示。

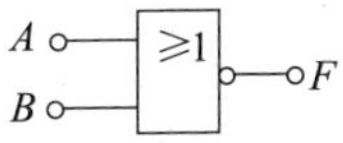

图6-22 或非门符号

表6-7完整地描述了或非门可能的逻辑状态，称为或非门电路真值表。

表6-7 或非门电路真值表

A	B	F
1	1	0
1	0	0
0	1	0
0	0	1

常用的或非门集成电路有四二输入或非门74LS02和CD4001，其管脚排列如图6-23所示。

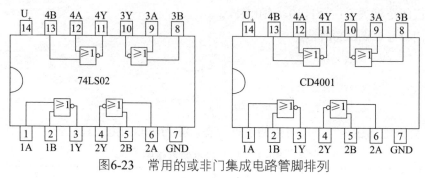

图6-23 常用的或非门集成电路管脚排列

3. 与或非门

与或非门(先与后或再非)是三种基本逻辑的组合，也可看成与逻辑和或非逻辑的组合，其逻辑关系式为

$$F=\overline{AB+CD} \tag{6-6}$$

与或非门的逻辑关系：仅当每一个与项均为0时，才能使F为1，否则F为0。

与或非门符号如图6-24所示。

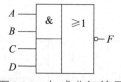

图6-24 与或非门符号

表6-8完整地描述了与或非门可能的逻辑状态，称为与或非门电路真值表。

表6-8 与或非门电路真值表

A	B	C	D	F	A	B	C	D	F
0	0	0	0	1	1	0	0	0	1
0	0	0	1	1	1	0	0	1	1
0	0	1	0	1	1	0	1	0	1
0	0	1	1	0	1	0	1	1	0
0	1	0	0	1	1	1	0	0	0
0	1	0	1	1	1	1	0	1	0
0	1	1	0	1	1	1	1	0	0
0	1	1	1	0	1	1	1	1	0

常用的与或非门电路为两输入/三输出与或非门74HC51,其管脚排列如图6-25所示。

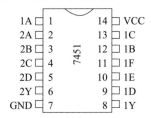

图6-25 74HC51Y与或非门管脚排列

4. 异或门

异或门可以看成由非门、与门和或门组合而成,其逻辑关系式为

$$F=A\bar{B}+\bar{A}B=A\oplus B \tag{6-7}$$

异或门的逻辑关系:相同出0,不同出1。

异或门的组成图和符号如图6-26所示。

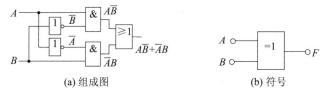

图6-26 异或门

表6-9完整地描述了异或门可能的逻辑状态,称为异或门电路真值表。

表6-9 异或门电路真值表

A	B	$A\bar{B}$	$\bar{A}B$	F
0	0	0	0	0
0	1	0	1	1
1	0	1	0	1
1	1	0	0	0

常用的异或门电路为74LS86,其管脚排列如图6-27所示。

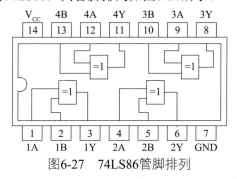

图6-27 74LS86管脚排列

🔒 想一想

门电路的开关作用是利用二极管、晶体管的导通和截止状态来实现的。在生活中,常见的门电路开关有控制电灯的有触点开关,以及二极管、晶体管、门电路等无触点开

关。在汽车上，这两种形式的开关被大量使用。那么，这两种形式的开关是如何发挥作用的呢？

上网查询四二输入与门74LS08电路有哪些功能。

任务6.3 数字电路在汽车上的应用

6.3.1 555定时器概述

555定时器(时基电路)是一种用途广泛的模拟数字混合集成电路。1972年，它由西格尼蒂克斯公司(Signetics)研制。它的内部有三个5kΩ的电阻分压器，故称555。它可产生精确的时间延迟和振荡，可以构成施密特触发器、单稳态触发器、多谐振荡器和压控振荡器等多种应用电路。555定时器设计新颖、构思奇巧，备受电子专业设计人员和电子爱好者青睐。555定时器在工业自动控制、定时、延时、报警、仿声、电子乐器等方面有广泛应用。

1. 555定时器的电路结构

555定时器的内部结构如图6-28(a)所示，它包括以下几个部分：一个由三个阻值相等的电阻(5kΩ)组成的分电器，两个电压比较器C_1和C_2，一个基本RS触发器，一个放电晶体管，一个缓冲器。整个组件共有八个引线端，其引脚排列如图6-28(b)所示。

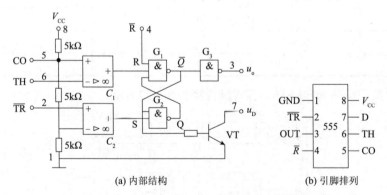

(a) 内部结构　　　　　　　　(b) 引脚排列

图6-28　555定时器的电路结构和引脚排列

C_1的同相输入端和C_2的反相输入端分别接到分电器中间电阻的两端，使它们的电压被分别固定在$2/3V_{CC}$和$1/3V_{CC}$。这两个固定电压作为电压比较器的参考电压。C_1和C_2的输出端作为基本RS触发器的输入端，从而确定该触发器的输出状态。

(1) 电阻分压器。电阻分压器由三个5kΩ的电阻组成，为电压比较器C_1和C_2提供基准电压。C_1的同相输入端$V_+=2/3V_{CC}$，C_2的反相输入端$V_-=1/3V_{CC}$。如果在电压控制端5另加控制电压，可以改变比较器C_1、C_2的参考电压值。若工作中不使用控制端5，则控制端5通过一个0.01μF的电容接地，以旁路高频干扰。

(2) 电压比较器。C_1和C_2是两个比较器，分别由两个集成运算放大器构成。C_1的同相输入端"+"接到参考电压V_+端，即电压控制端5，用CO表示。反相控制端"-"用TH表示，称为高触发端6。C_2的反相输入端接到参考电压端V_-，同相输入"+"用$\overline{TR}$表示，称为低触发端2。

(3) 基本RS触发器。基本RS触发器由两个与非门构成，其置0端和置1端为低电平有效触发。$\overline{R}$是低电平有效的复位输入端。正常工作时，必须使$\overline{R}$处于高电平。

(4) 放电晶体管VT。VT是集电极开路的晶体管，相当于一个受控电子开关。$\overline{Q}$输出为1时，T导通；$\overline{Q}$输出为0时，T截止。

(5) 缓冲器。缓冲器由G_3构成，用于提高电路的负载能力和抗干扰能力。

2. 555定时器的管脚功能

(1) CO为控制电压输入端。有此端可以外加一个电压比较器的参考值。不用时应经过0.01μF的电容接地，以防止干扰的侵入。

(2) TH称为高触发端。当6端的输入电压小于$2/3V_{CC}$时，C_1输出为高电平1；大于$2/3V_{CC}$时，C_1输出为低电平0，使触发器置0，即$Q=0$。

(3) $\overline{TR}$称为低触发端。当2端的输入电压大于$1/3V_{CC}$时，C_2输出为高电平1；小于$1/3V_{CC}$时，C_2输出为低电平0，使触发器置1，即$Q=1$。

(4) $\overline{R}$是复位端。$\overline{R}$是专门设置的，以便基本RS触发器从外部直接置0。需要置0时，从4端输入负脉冲，即$\overline{R}=0$时，$Q=1$。

(5) 7脚是放电端。它从晶体管的集电极引出。晶体管构成开关，其状态受$\overline{Q}$控制。当$\overline{Q}=1$时，晶体管导通，为外接电容元件提供放电通路；当$\overline{Q}=0$时，晶体管截止。

(6) V_{CC}是电源端。电压可在4.5～18V范围内工作。

(7) 3脚是定时器的输出端。输出电流达200mA，可直接驱动继电器、发光二极管、扬声器、指示灯等。

(8) 1脚是接地端。

3. 555定时器的功能

综上所述，555定时器的功能如表6-10所示。

表6-10　555定时器的功能

V_6	V_2	R	S	Q	$\overline{Q}$	晶体管
$>\frac{2}{3}V_{CC}$	$>\frac{1}{3}V_{CC}$	0	1	0	1	导通
$<\frac{2}{3}V_{CC}$	$<\frac{1}{3}V_{CC}$	1	0	1	0	截止
$<\frac{2}{3}V_{CC}$	$>\frac{1}{3}V_{CC}$	1	1	保持	保持

从555定时器的功能表可以看出，555定时器提供两个阈值电平，分别是$1/3V_{CC}$和$2/3V_{CC}$。它还提供可通过$\bar{R}$端直接从外部置0的基本RS触发器，以及一个受该触发器控制的晶体管开关，因此使用起来较为方便，应用范围非常广泛。使用时，只需要通过外部适当的连线和接入合适的电阻、电容，便能以多种方式工作。

6.3.2 555定时器在汽车上的应用

1. 施密特触发器的应用

如图6-29所示为汽车前照灯555自动变光器电路。这种采用555电路的变光器能使汽车在夜间会车时于相距100～150m处把远光灯自动转换成近光灯，会车后又自动恢复到远光灯照明，从而避免或减少夜间会车时造成的交通事故，提高汽车行驶的安全性。

变光器主要由光电检测电路、施密特触发电路及开关电路等组成。它的工作原理：电路通过光敏元件CDSMG43将环境亮度信号通过施密特触发器转换成电信号。环境亮度分为强光、一般光、弱光、微光、无光、暗态六个区域，对不同的区域进行模数转换，输入不同的基准电压，施密特触发器就能输出不同的触发信号和延迟时间，通过继电器J、J_1、J_2触点的断开和接通来控制远光灯(强光)和近光灯(弱光)。

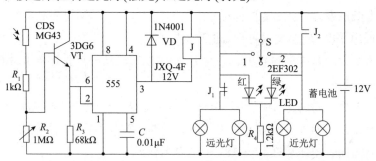

图6-29 汽车前照灯555自动变光器电路

2. 单稳态触发器的应用

如前文所述，单稳态触发器有一个稳定状态和一个暂稳状态。在外来触发脉冲作用下，它能够从稳定状态翻转到暂稳状态，维持一段时间后将自动返回稳定状态。暂稳状态时间的长短与触发脉冲无关，它仅决定于电路本身的参数。

如图6-30所示为发动机555转速表电路。该汽车发动机转速表电路由9V稳压电路、单稳态触发器电路和电流指示电路组成。9V稳压电路由电阻器R_6、稳压二极管VZ_1和滤波电容器C_3组成。单稳态触发器由时基集成电路555、电阻器$R_1 \sim R_4$、电容器C_2、C_4和稳压二极管VZ_1组成。电流指示电路由二极管VD、电阻器R_5、电位器R_P和电流表(最大读数为50μA)组成。L_{IG}为汽车点火线圈的一次绕组。P为分电器的断电器触头。

断电器触头P每断开一次即会产生一个触发脉冲，该脉冲信号经R_1和VZ_1钳位限幅后，通过C_1加至555的2脚，使单稳态触发器受触发而翻转。当555的3脚输出高电平时，

VD截止，9V电压经R_5和电流表产生电流回路；当555的3脚输出低电平时，VD导通，将R_5提供的电流旁路，R_P和电流表无电流流过。因此，电流表通过的电流平均值与断电器触头P所产生的脉冲频率成正比，即可反映汽车发动机的实际转速。

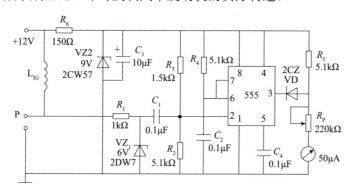

图6-30　发动机555转速表电路

3. 多谐振荡器的应用

如图6-31所示为由555定时器构成的汽车转向闪光器电路。利用555定时器的输出端3接继电器J的线圈，使继电器按多谐振荡频率工作。继电器的触点接到转向灯的电源回路中，控制电源的通断，使转向灯按一定频率闪烁。

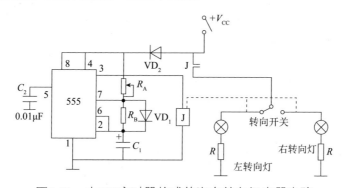

图6-31　由555定时器构成的汽车转向闪光器电路

汽车转向闪光器的工作原理：如果驾驶员拨下左转向指示灯开关电路，此时左转向指示灯与蓄电池以及搭铁便构成一条回路。但由于继电器的常开触点与之串联，只有当555定时器的引脚3显示高电位时继电器才得电吸合，这样左转向灯就被点亮。

当C_1充电结束时引脚3显示低电平，继电器断电使触点断开，这样左转向灯由于不能形成一条闭合回路而熄灭。如此重复进行，就能够使人感觉灯在闪烁。

图6-31中与转向灯串联的电阻的作用是降低转向灯两端的电压，防止因电流过高而烧坏转向灯。闪光器的灯亮时间由C_1的充电时间决定，闪光器的灯灭时间由C_1的放电时间决定。闪光器的灯亮灯灭周期即多谐振荡器的振荡周期T。信号灯的闪烁频率为$f=1/T×60$(次/分钟)。通过调节R_A的阻值，就可以改变闪烁频率。

同理，可分析右转向灯闪烁。

6.3.3 汽车水箱水位过低报警器电路

由非门(反相器)构成的多谐振荡器电路在电子电路中应用很广泛，在汽车电路中经常被用来产生振荡信号。如图6-32所示为多谐振荡器的电路和波形。电路由非门(反相器)和电阻、电容构成。

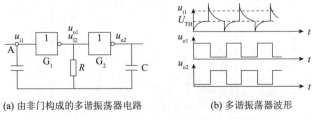

(a) 由非门构成的多谐振荡器电路　　(b) 多谐振荡器波形

图6-32　由非门构成的多谐振荡器

由非门构成的多谐振荡器的典型应用是汽车水箱水位报警器电路。

汽车水箱中水量的减少，不仅直接影响发动机的冷却，也影响汽车的正常行驶。报警器能在水箱水位低于最低水位时发出声光报警，提醒驾驶员加水。汽车水箱水位报警器电路如图6-33所示。电路中IC(芯片)为六反相器，HTD为压电陶瓷蜂鸣器，型号为HTD-27-1。水箱中放置一根铜线作为传感器，一般选用φ2mm的漆包线。铜线的下端置于最低水位处，但不与水箱体接触，水箱体搭铁。由G_5、G_6、R_3和电容C构成多谐振荡器。

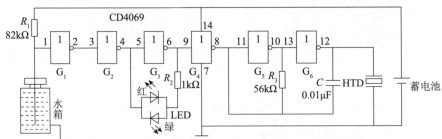

图6-33　汽车水箱水位报警器电路

当水箱水位符合要求时，铜线浸在水中。由于水箱体搭铁和水的导电作用，使得CD4069的1脚为低电平，2脚为高电平，4、5脚为低电平，6、9脚为高电平。绿光LED发光，指示水位正常。8脚为低电平，由于二极管的钳位作用，11脚被固定在低电平，由G_5、G_6构成的多谐振荡器不工作，蜂鸣器HTD不鸣叫。

当水箱体水位低于最低水位时，铜线离开冷却水悬空，使得CD4069的1脚为高电平，2脚为低电平，4、5脚为高电平，6、9脚为低电平。红色LED发光，指示水位低于最低限水位。8脚为高电平，由于二极管的单向导电性，11脚被悬空，所以多谐振荡器开始振荡，蜂鸣器HTD发出鸣叫音，提醒驾驶员加水。

🔧 **想一想**

施密特触发器、单稳态触发器和多稳态触发器各自的特点是什么？

探究

查阅相关资料了解555定时器有哪些应用，根据电路图，就你熟悉的应用来理解其工作过程，或根据某一个简单的电路图动手操作。

项目实施

555电路汽车转向灯闪光电路

一、实训内容

1. 了解555定时器的结构和工作原理；
2. 了解555定时器的外部接线引脚的功能；
3. 掌握转向灯控制电路的工作原理。

二、实训目的及要求

1. 使学生了解555定时器的结构和工作原理；
2. 使学生具备看图接线的能力；
3. 使学生掌握分析电路的能力；
4. 使学生具有调节阻值、改变电路工作效果的能力。

三、实训工具及设备

万用表、继电器、导线、555定时器、电阻、电容、二极管、闪烁灯、转向开关、蓄电池和THDL-1型数字逻辑实验箱。

四、实训原理

参见图6-31由555定时器构成的汽车转向闪光器电路。

五、实训步骤

1. 在THDL-1型数字逻辑实验箱中插入555芯片。
2. 根据图6-31接线。
3. 把数字万用表拨到直流电压挡20V。
4. 把稳压器的输出电压调节到12V，使其代替蓄电池。
5. 接通开关，把转向开关拨到左边，观察红色的灯是否闪烁，并用数字万用表测量引脚2、3、4、6和7的电压数值。
6. 接通开关，把转向开关拨到右边，观察绿色的灯是否闪烁，并用数字万用表测量引脚2、3、4、6和7的电压数值。
7. 调节R_A的阻值，观察转向灯闪烁的时间有什么变化。

六、思考讨论题

1. 简要说明555定时器的工作原理和各引脚的作用。
2. 简要说明如何实现右转向灯闪烁。
3. 简要说明如何改变转向灯的闪烁时间。

项目小结

1. 电子电路按其功能、性质的不同,可分为模拟电路和数字电路两大类。

2. 数字电路是用来存储、传递和处理数字信号的电子电路。所谓数字信号,是指随时间不连续变化的脉冲信号。汽车电控单元ECU就是一个典型的数字系统。

脉冲信号是多种多样的,常见的有方形波、三角波、矩形波、尖峰波等。脉冲有正负脉冲之分。

3. 门电路。在数字电路中,门电路是基本的逻辑单元。它是一个开关电路,当它的输入信号满足某种条件,门就打开,有信号输出;否则,门就关闭,没有信号输出。在门电路的输入和输出信号之间存在一定的逻辑关系,故称为逻辑门电路。基本的逻辑门电路有三种,即与门、或门和非门。用这些基本门电路可以组成各种复合门电路。

4. 555定时器是一种用途广泛的模拟数字混合集成电路,只需要通过外部适当的连线和接入合适的电阻、电容便能以多种方式工作。施密特触发器是双稳态电路,单稳态触发器有一个稳定状态和一个暂稳状态,多谐振荡器是无稳态电路。

项目 7

安全用电

学习目标

1. 了解电流对人体的危害;
2. 熟悉人体触电的几种方式;
3. 了解接地保护和接零保护;
4. 学会安全用电常识;
5. 了解新能源电动汽车安全用电常识。

项目描述

缺乏安全用电常识是造成触电事故的主要原因,未做好必要的防护措施也是造成触电事故的重要原因。为减少和避免触电事故的发生,必须认真学习和掌握安全用电相关知识与技能。本项目首先介绍了电流对人体的危害;其次介绍了普通电工安全用电常识;最后介绍了新能源电动汽车安全用电常识。

任务7.1 电流对人体的危害

7.1.1 安全电流和安全电压

1. 安全电流

当人体的某一部位接触带电导体或触及绝缘损坏的用电设备时,人体便成为一个通电导体。电流通过人体会造成伤害,而决定人体受伤害程度的主要因素是通过人体电流的大小。当通过人体的电流为0.6m~1.5mA时,会使触电者感到微麻和刺痛;当通过人体的电流超过50mA时,会引起心脏衰竭、血液循环终止、大脑缺氧,从而导致死亡。通常情况下,10mA以下的电流被认为是安全电流,即人体能主动摆脱的安全电流。

2. 安全电压

安全电压是指人体不用任何防护设备时,触及带电体不受电击或电伤的电压。在我国,根据不同的环境条件,对安全电压有以下规定:在干燥、无导电粉末等危险程度较低的建筑物中,安全电压为50V;一般情况下安全电压是36V;在特别潮湿的环境或金属构架上工作时,安全电压为24V或12V。工厂的机床局部照明灯及行灯的额定电压一般都在36V以下。在国外,安全电压值的规定各不相同。例如,美国的安全电压为40V;法国的安全电压为24V(交流)或50V(直流);荷兰和瑞典的安全电压为24V。

7.1.2 触电危害

1. 电伤

电伤是指由于电流的热效应、化学效应、机械效应等对人体的外部造成的局部伤害,如电弧烧伤、电烧伤等。在触电伤亡事故中,纯电伤性质及带有电伤性质的约占75%(电烧伤约占40%)。尽管大约85%的触电死亡事故是电击造成的,但其中大约70%含有电伤成分。对专业电工而言,预防电伤具有更加重要的意义。

2. 电击

电流通过人体内部会产生电击危害,它会破坏人体内部组织,影响呼吸系统、心脏及神经系统的正常功能,甚至危及生命。当电流流过人体时,对人体造成的伤害程度与很多因素都有关。比如,的体质、心情状况、电流的大小和持续时间等。当人体通过大约0.6mA的电流时,就会有麻刺的感觉;通过50mA的电流时,就会有生命危险。在触电事故中,电击和电伤常会同时发生。

3. 影响触电危害程度的因素

(1) 电流的大小。人体触电后能够自主摆脱电源的最大电流值:男性约10mA,女性约6mA。50mA是人体可以忍受的极限电流值,即"安全电流"值。流过人体的电流与人体的反应如表7-1所示。

表7-1 流过人体的电流与人体反应

流过人体的电流/mA	人体的反应
0.6~1.5	手指开始发麻
2~3	手指强烈发麻
5~7	手指肌肉痉挛,手指有灼热和刺痛感
8~10	手指关节与手掌处有疼痛感,手已难以脱离电源
20~25	手指剧痛,迅速麻痹,不能摆脱电源,呼吸困难
50~80	呼吸麻痹,心房开始震颤,灼痛感强烈,呼吸困难
90~100	呼吸麻痹,持续3s或更长时间后,心脏停搏或心房停止跳动

(2) 电流的作用时间。人体触电,当通过电流的时间越长,越易造成心室颤动,生命危险就越大。据统计,触电1~5min内急救,90%会取得良好的效果;10分钟内急救,救生率为60%;超过15分钟急救,效果甚微。

(3) 电流的路径。电流通过头部可使人昏迷;通过脊髓可能导致瘫痪;通过心脏会造成心跳停止,血液循环中断;通过呼吸系统会造成窒息。因此,从左手到胸部是最危险的电流路径;从手到手、从手到脚也是很危险的电流路径;从脚到脚是危险性较小的电流路径。

电流由一手进入,由另一手或一足通出,电流通过心脏,会立即引起室颤;通过左手触电比通过右手触电严重,因为这时心脏、肺部、脊髓等重要器官都处于电路内。在实际中，应根据插接器的规格及导线或插接头的颜色，将其分别接于电器上并插接到位。

(4) 人体电阻。人体电阻是不确定的电阻，皮肤干燥时，人体电阻一般为几千欧姆，而一旦皮肤潮湿，人体电阻可降到1kΩ(冬季及皮肤干燥时，人体电阻为1.5kΩ～7kΩ；皮肤裂开或破损时，人体电阻为300Ω～500Ω)。人体不同，对电流的敏感程度也不一样。一般来说，儿童较成年人敏感，女性较男性敏感。患有心脏病者，触电后的死亡可能性更大；身体越强健，受电流伤害的程度越轻。因此，触电时，女性比男性受伤害更重；儿童比成人更危险；患病的人比健康的人更容易遭受电击。

(5) 摆脱电流。人在触电后能够自行摆脱带电体的最大电流称为摆脱电流。成年男性的平均摆脱电流为16mA；成年女性的平均摆脱电流为10.5mA；儿童的摆脱电流比成人小。摆脱电流是人体可以忍受且一般不会造成危险的电流。若通过人体的电流超过摆脱电流且时间过长，会造成昏迷、窒息，甚至死亡。

7.1.3 人体触电的方式

人体触电有直接触电(单线触电、两线触电)和间接触电(跨步电压触电、其他触电形式)两种方式。直接触电是指人体直接接触或过分靠近电气设备及线路的带电导体而发生的触电现象。间接触电是指人体触及在正常运行时不带电而在意外情况下带电的金属部分而发生的触电现象。

1. 单线触电

单线(相)触电是指人体某一部分触及一相电源或接触漏电的电气设备，电流通过人体流入大地造成触电。单线触电分为电源中性点接地的单相触电(占多数)和电源中性点不接地的单相触电。如图7-1所示为单线触电方式。

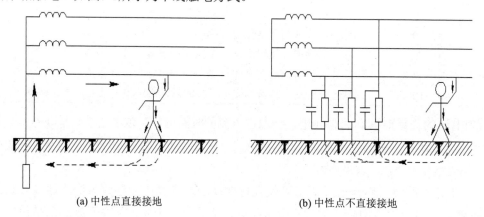

(a) 中性点直接接地　　　　(b) 中性点不直接接地

图7-1　单线触电的方式

在人体与大地之间互不绝缘的情况下，人体的某一部位触及三相电源线中的任意一根导线，电流将从带电导线经过人体流入大地而造成触电伤害。

图7-1中有三个电阻，人体电阻、人体与地的接触电阻及接地极电阻(4Ω)，流过人体

的电流为0.2A左右。此电流远大于人体的承受能力,但是若能增大人体与地的接触电阻,危险性就会大大降低,这也是实际操作中采用防护用品的原因。

2. 两线触电

两线触电,也叫相间触电,这是指在人体与大地绝缘的情况下,同时接触两根不同的相线,或者人体同时触及电气设备的两个不同相的带电部位时,电流由一根相线经过人体到另一根相线,形成闭合回路造成触电。这时加在人体上的电压是线电压,在380/220V电网中,线电压是380V。人体承受的线电压比单线触电时高,危险性更大。如图7-2所示为两线触电方式。

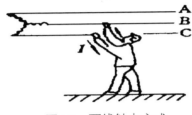

图7-2 两线触电方式

3. 跨步电压触电

当线路的一根带电相线断落地面时,电流通过导线接地点流入大地,散发到四周的土壤中,以导线触地点为中心,构成电位分布区域。当人进入这个区域,由于两脚之间有电位差,形成跨步电压,在跨步电压作用下,电流从高电位的脚流进,从低电位的脚流出,从而形成跨步电压触电,如图7-3所示。如果误入搭铁点附近,人应双脚并拢或单脚跳出危险区。从安全防护的角度而言,在查找搭铁故障点时,应穿绝缘靴,以防跨步电压电击。

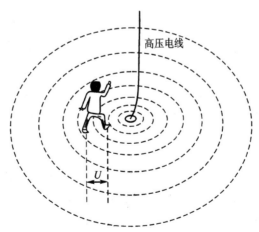

图7-3 跨步电压触电

4. 其他触电形式

其他触电形式如感应电压触电、剩余电荷触电、静电触电、雷电电击等。

🔒 **想一想**

人体接触220V裸线会触电,而小鸟两只脚站在高压裸线上却能安然无恙,这是什么原因?

📝 **探究**

为什么离接地点越近、两脚距离越大,跨步电压值就越大?

任务7.2 普通电工安全用电常识

7.2.1 触电原因及预防措施

1. 触电原因

触电原因主要有以下几种。
(1) 线路架设不合规格。
(2) 电气操作制度不严格。
(3) 用电设备不符合要求。
(4) 用电不规范。

2. 预防措施

1) 直接触电的预防

(1) 绝缘措施。绝缘是指用绝缘物把带电体隔离或包裹起来,以对触电起保护作用的一种安全措施。瓷、玻璃、云母、橡胶、木材、胶木、塑料、布、纸和矿物油等都是常用的绝缘材料。应当注意,很多绝缘材料受潮后会丧失绝缘性能,或在强电场作用下会遭到破坏,丧失绝缘性能。良好的绝缘是保证电气设备和线路正常运行的必要条件。例如,新装或大修后的低压设备和线路,绝缘电阻不应低于0.5MΩ;高压线路和设备的绝缘电阻不低于1000MΩ/V。

(2) 屏护措施。屏护是指采用遮拦、护照、护盖箱闸等把带电体同外界隔绝开来的一种安全措施。电器开关的可动部分一般不能采用绝缘措施,而需要屏护。高压设备不论是否采取绝缘措施,均应采取屏护。屏护装置分为永久性屏护装置,如配电装置遮拦、开关罩盖等;临时性屏护装置,如检修工作中使用的临时屏护装置和临时设备的屏护装置;固定屏护装置,如母线的护网;移动性屏护装置,如跟随起重机移动的行车滑触线的屏护装置。凡是金属材料制作的屏护装置,均应妥善接地或接零。

(3) 间距措施。这里的间距是指保证安全的必要距离。间距除了可防止触及或过分接近带电体外,还能起到防止火灾、防止混线、方便操作的作用。在低压工作中,最小检修距离不应小于0.1m。间距的大小取决于电压、设备类型和安装方式等因素。在带电体与地面间、带电体与其他设备间应保持一定的安全间距。

2) 间接触电的预防

(1) 加强绝缘。对电气设备或线路采取双重绝缘,使设备或线路绝缘牢固。

(2) 电气隔离。采用隔离变压器或具有同等隔离作用的发电机。

7.2.2 防止人身触电的技术措施

当电气设备的外壳因绝缘损坏而带电时,并无带电象征,人们不会对触电危险有预感,这时往往容易发生触电事故。但是只要掌握了电的规律并采取相应措施,很多触电事故还是可以避免的。

1. 工作接地

接地是指将电气设备的某一部分与大地良好连接。用来实现接地的装置称为接地装置,它包括接地体和接地线两部分。与大地紧密接触的金属体或金属体组称为接地体,连接接地体与电气设备的金属导线称为接地线。

将电气设备在正常情况下不带电的金属部分(如外壳)与中性线(或称零线)紧密相连接,称为接零,或称为保护接零。

在供配电系统中,为了保证电气设备的正常运行和安全用电,电气设备必须接地或接零。按其作用的不同,接地可分为工作接地、保护接地、保护接零和重复接地等,如图7-4所示。

工作接地为了保证电气设备在正常或发生事故的情况下能可靠地运行,将电路中的某一点接地,称为工作接地。例如,三相变压器三相绕组星形连接时中性点接地,能维持相电压恒定,可降低人体的接触电压,提高电气设备及线路的绝缘水平;又如,避雷设备(避雷针、避雷器)的接地,能将雷击时的雷电流泄入大地,以确保电气设备的安全。

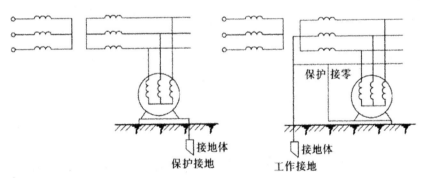

图7-4 工作接地、保护接地和保护接零

2. 保护接地

在中性点不接地的三相供电系统中,为了防止因绝缘损坏而遭受触电的危险,将电气设备中与带电部分相绝缘的金属外壳或金属构架与大地可靠连接(接地电阻不得超过4Ω)，称为保护接地，如图7-5所示。保护接地适用于中性点不接地的低电网。采用保护接地，仅能减轻触电的危险程度，但不能完全保证人身安全。

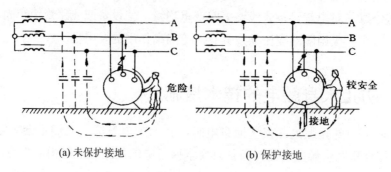

图7-5 保护接地

3. 保护接零

在中性点接地的三相电源系统中，例如在380/220V三相四线制供电系统中，将电气设备的金属外壳与电源的零线(中性线)直接连接，称为保护接零，如图7-6所示。保护接零适用于中性点直接接地的三相四线制和三相五线制低压系统。

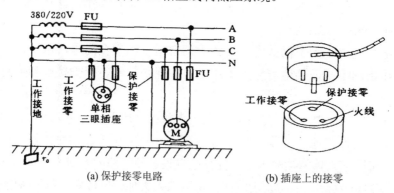

图7-6 保护接零

国家有关部门规定，凡是新建、扩建、企事业、商业、居民住宅、智能建筑、基建施工现场及临时线路，一律实行三相五线制供电方式，做到保护零线和工作零线单独敷设。

以下为采用保护接零系统的要求。

(1) 零线上不能装熔断器和断路器，以防止零线回路断开时，零线出现相电压而引起触电事故。

(2) 在同一低压电网中，不允许对一部分电气设备采用保护接地，而对另一部分电气设备采用保护接零。

(3) 在接三孔插座时，不允许将插座上接电源零线的孔同接地线的孔串接。正确的接法是接电源零线的孔同接地的孔分别用导线接到零线上。

(4) 除中性点必须良好接地外，还必须将零线重复接地，在三相五线制供电系统中要将PE线重复接地。

(5) 工作接零线和保护接零线绝不允许用一根接零线来取代，一旦零线断开，设备外壳就会带电，很危险，如图7-7(a)所示为错误接零方式，正确做法如图7-7(b)所示。

(6) 如果电源零线和相线互相接错，就会把电气设备的外壳连接到相线上，会出现更大的危险，造成触电事故。

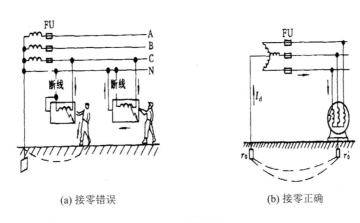

(a) 接零错误　　(b) 接零正确

图7-7　零线接线

4. 重复接地

在三相四线制供电系统中，为了确保保护接零可靠，除了在电源中性点进行工作接地外，还必须在零线的其他地方，按一定的间距进行多次接地，这称为重复接地，如图7-8所示。

重复接地相当于在380/220V三相四线制供电系统中采用保护接地的情况。只有当电气设备容量较小，熔断器的熔断电流小于27.5A时，才能起到保护作用。对于大容量的电气设备，其熔断器不能断，设备外壳将持续带电，这仍然是很危险的。实际上，尽管有重复接地，仍应防止零线断开的情况发生，故规定零线上不得装设熔断器或开关设备，应保证零线的安装质量，定期进行检查。

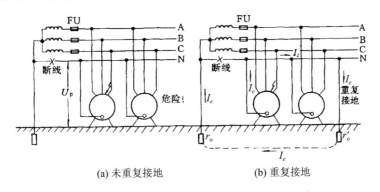

(a) 未重复接地　　(b) 重复接地

图7-8　重复接地

7.2.3 安全用电须知

1. 安全用具

常用的安全用具有绝缘手套、绝缘靴和绝缘棒。

1) 绝缘手套

绝缘手套由绝缘性能良好的特种橡胶制成，有高压、低压两种。操作高压隔离开关和断路器等设备，在带电运行的高压或低压电气设备上工作时，使用绝缘手套，可预防接触电压。绝缘手套如图7-9所示。

操作要领：使用前，认真检查绝缘手套是否破损、漏气，并做人工充气试验；使用后应单独存放，妥善保管；绝缘手套的长度至少应超过手腕10cm，并戴到外衣衣袖的外面。

2) 绝缘靴

绝缘靴由绝缘性能良好的特种橡胶制成。带电操作高压或低压电气设备时，绝缘靴可防止跨步电压对人体的伤害。绝缘靴如图7-10所示。

图7-9　绝缘手套　　　　　图7-10　绝缘靴

操作要领：使用前应检查有无破损，不要与石油类油脂接触，不能用普通防雨胶靴代替绝缘靴。

3) 绝缘棒

绝缘棒又称为绝缘杆、操作杆或拉闸杆，用电木、胶木、塑料、环氧玻璃布棒等材料制成。

操作要领：使用时要注意绝缘棒的型号、规格必须符合规定，不可任意取用；表面应保持干燥、清洁，在下雨或潮湿天气，绝缘棒应装有防雨的伞形罩，使绝缘棒的伞下部分保持干燥，没有伞形罩的绝缘棒，不宜在上述天气使用；在使用绝缘棒时，要注意防止碰撞，以免损坏表面的绝缘层。

2. 安全用电注意事项

(1) 正确选用导线、电缆、电气设备及其保护电器，按规定采取必要的接地、接零措施。

(2) 对于人们经常接触的电气设备，如机床局部照明灯、行灯等，根据其工作环境的特点，选定的安全电压一般为36V。在潮湿、有导电灰尘和腐蚀性气体的场所，则选用24V、12V甚至更低的供电电压。

(3) 定期对电气设备进行安全检查，如发现有异常现象，应及时找出异常原因，排除故障。

(4) 严格执行安全操作规程。在安装或检修电气设备时，应用验电笔检测设备或导线是否带电，不可用手来触摸鉴定。

(5) 照明线路的开关应与火线串接，安装螺旋口灯头时，螺旋套应接零线，以免换灯泡时触电。

(6) 不得随意加大熔丝规格。更换熔丝时，应先切断电源，切勿带电操作。

(7) 不乱拉电线，不在电线上晒衣物。晒衣物的铁丝不能和电线交叉搭线或绕在一起，以防电线绝缘层被磨损而发生触电事故。

(8) 检修线路或设备时，应先断开电源开关，取下熔断器的熔件，并在断开的开关上悬挂"有人工作，禁止合闸"的警告牌。有时还应将线路或设备临时接地，工作完毕再拆除接地线。

(9) 电气设备着火时应首先切断电源，然后使用二氧化碳灭火器、四氯化碳灭火器或干燥黄沙灭火。

想一想

保护接零和保护接地的应用场合有何不同？

探究

请同学们查阅资料并思考，在汽车维修现场有哪些安全用电的注意事项？

任务7.3 新能源电动汽车安全用电常识

7.3.1 新能源电动汽车高压安全防护

新能源电动汽车的电气安全工作是一项综合性的工作。一方面要研究各种电气事故，另一方面要研究使用电气设备的方法，解决各种安全问题。电动汽车为了较好地利用能量，将动力电压由以往的几十伏提高到目前的几百伏，甚至更高，已经远远超出安全电压，一旦发生触电事故，其后果十分严重。因此，电动汽车动力系统的安全性问题不容忽视。而且由于动力蓄电池的充放特性，容易造成燃烧、爆炸等问题，学习电动汽车安全用电知识非常必要。

1. 车辆充电

交流电路和电源插座(16A插座)不允许使用外界转换接头、插线板等，且应确保16A电源插座接地良好。专用交流电路是为了避免线路破坏以及动力电池充电时的大功率导致线路跳闸。如果没有使用专用线路，可能影响线路上其他设备的正常工作。

2. 维修维护

(1) 对新能源电动汽车高压部件实施维修维护前，首先要准备好基本的绝缘安全器具，如验电和放电工装、绝缘罩及绝缘隔板等。其次要准备好辅助安全器具，如绝缘手套、绝缘靴、绝缘胶垫、安全围栏(网)和高压电警示牌等。常见的绝缘安全器具如图7-11、图7-12、图7-13和图7-14所示。

(2) 电工在维修高压系统时，必须使用电工专用绝缘工具。

(3) 使用安全工具时，要注意操作要求及平时保养。应注意，验电器必须按其额定电压使用，不得将低压验电器在高压上使用，也不得将高压验电器在低压上使用。

图7-11 安全帽、绝缘服、护目镜

图7-12 绝缘工具

图7-13 安全围栏

图7-14 高压警示牌

7.3.2 新能源电动汽车高压断电

1. 高压断电步骤

(1) 在新能源电动汽车全部停电或部分停电的电气设备上工作，必须完成以下措施：停电，挂锁，验电，放电，悬挂标识牌，装设遮拦，确保有监护人。

(2) 在高压设备上开展检修工作需要停电时，将检修设备停电，必须把所有电源完全断开，禁止在只给开关断开电源的设备上工作，工作地点各个方向必须有明显断开点。

(3) 对电气设备验电前，应先在有电设备上试验，确证验电器良好。必须用电压等级合适而且合格的验电器在检修设备进出线两侧各相分别放电后，用测量用具确认放电完成，无电压。

(4) 对于大事故车辆或异常车辆(如有焦糊味、冒烟、浸水等)，要在专用的场地(或工位)上观测48h，并采取防爆防火设施。

(5) 维修动力电池组或更换电芯时，电工应做好相应的屏护和警示工作，并出示施工内容及工作进程。电工离开施工现场时,应将绝缘隔板或绝缘罩放置在动力电池组的外露部分,并写明离开的原因加以公示。维修或更换其他高压部件时,安全工作参照动力电池的使用安全措施。

2. 注意事项

(1) 非持证电工禁止装接电动汽车高压电气设备。

(2) 禁止任何人玩弄电气设备和开关。

(3) 破损的电气设备应及时调换,禁止使用绝缘损坏的电气设备。

(4) 禁止利用车身电源对电动汽车以外的用电设备供电。

(5) 设备检修切断电源时,任何人不准起动挂有警告牌的电气设备,或合上/拔去熔断器。

(6) 禁止用水冲洗揩擦电气设备。

(7) 熔断丝熔断时,不允许调换容量不符的熔丝。

(8) 不经技术部门或主管部门审批,禁止私自改动或加装电气设备。

(9) 发现有人触电,应立即切断电源进行抢救,在未脱离电源前不准直接接触触电者。

(10) 雷雨天气时,禁止在室外对车辆充电和实施维修维护。

7.3.3 新能源电动汽车电池起火爆炸问题及其防护

从多起安全事故的原因分析,电动汽车最大的安全隐患来自锂电池。电动汽车锂电池是电能和化学能转换的能量高度聚集体,一旦发生燃烧、爆炸等事故,很容易导致人员重伤、死亡或设备财产损失等严重后果。过度充电、过热、内部短路、外部短路等原因都有可能引发锂电池事故。

1. 锂电池日常使用和维护注意要点

(1) 任何从事锂电池运输、存储、安装、测试、维护等工作的人员,必须通过专业培训,具备锂电池的风险识别能力和起火、爆炸后的应急处理能力。

(2) 禁止利用非专业和未校验过的测试设备对锂电池及电池包进行充放电测试或安全测试。

(3) 在电池及电池包的安装、测试过程中要做好绝缘处理,避免短路发生,同时避免电池受到机械性破坏。

(4) 在电池或电池包测试及检修过程中,如有任何漏液、自放热现象出现,应立即停止测试并采取应急处理方法。

(5) 电池或电池包的测试需要在防爆柜中进行,测试及安装区域需要配备完整的消防系统,如自动灭火装置、烟雾警报器等。

(6) 所有电池或电池包必须在半电(指的是充入50%~70%的电量)以下存放,严禁把电池或载有电池包的车辆停放在靠近热源、火源或温度高于80℃的地方。

(7) 存放电池和电池包时需要做好绝缘处理，避免发生短路。电池存放柜、隔板及电池托盘需采用阻燃材料并进行绝缘处理。

(8) 存放环境内的电缆或电气设备要定期检修，避免年久失修而出现腐蚀，引发短路，继而导致火灾。

2. 电动汽车电池起火、爆炸的应急措施

(1) 电池漏液。切断电源，佩戴防护面罩、手套，拆除漏液电芯的电气连接，明确漏液点，清理表面，置于防爆箱内，串联大电阻放电至0V，之后放入废电池临时存储库。

(2) 单体电池测试起火。切断电源，穿戴防护面罩、防护服及防护手套后，以大量水灭火。

(3) 单体电池存放起火。刚刚起火时，在穿戴好防护面罩、防护服和防护手套后，以高压水枪远距离喷淋。

(4) 引发多颗电芯连续起火。迅速远离现场，通知邻近区域同事断电撤离，报警。

(5) 电池组或多颗电芯起火。切断该区域电源，通知邻近区域同事切断邻近工作区域电源，撤离现场，报警。

(6) 电池包起火、爆炸。切断该区域电源，通知邻近区域同事切断邻近工作区域电源，撤离现场，报警。

7.3.4 触电急救常识

触电急救的基本原则是在现场采取积极措施保护伤员生命，减轻伤情，减少伤员痛苦，并根据伤情需要，迅速联系医疗部门救治。

在实施救治时，要认真观察伤员全身情况，防止伤情恶化。如发现伤员呼吸、心跳停止，应立即在现场就地抢救，用心肺复苏法支持呼吸和血液循环，对脑、心等重要脏器供氧。急救的成功条件是动作快、操作正确，任何拖延和操作错误都会导致伤员伤情加重或死亡。

1. 脱离电源

触电急救，首先要使触电者迅速脱离电源，越快越好。因为电流作用的时间越长，伤害越重。脱离电源就是要把触电者接触的那一部分带电设备的开关、刀开关或其他断路设备断开，或设法将触电者与带电设备脱离。在脱离电源时，救护人员既要救人，也要注意保护自己。在触电者脱离电源前，救护人员不准直接用手触碰伤员，因为有触电的危险；若触电者处于高处，脱离电源后会自高处坠落，因此，要采取预防措施。针对不同的触电场合，应采取不同的措施脱离电源。

1) 低压设备触电

触电者触及低压带电设备，救护人员可采取以下方法迅速切断电源：拉开电源开关或刀开关、拔除电源插头等；使用绝缘工具，如干燥的木棒、木板及绳索等不导电的物品解脱触电者；抓住触电者干燥而不贴身的衣服，将其拖开，切记要避免碰到金属物体和触电者的裸露身躯；戴绝缘手套或将手用干燥衣物等包裹绝缘后解脱触电者；站在绝缘垫上或木板上，绝缘自己实施救护，将触电者拉离电源。

为使触电者与导电体解脱，最好用一只手进行。如果电流通过触电者入地，并且触电者紧握电线，可设法用干木板塞到其脚下，使其与地隔离，也可用干木把的斧子或有绝缘柄的钳子等将电线剪断。剪断电线要分相，一根一根剪断，并尽可能站在绝缘物体上进行。

2) 高压设备触电

触电者触及高压带电设备，救护人员应迅速切断电源，或用适合该电压等级的绝缘工具(戴绝缘手套、穿绝缘靴并用绝缘棒)解脱触电者。救护人员在抢救过程中，应注意保持自身与周围带电设备必要的安全距离。

3) 架空线路上触电

如触电事故发生在架空线杆塔上，如系低压带电线路，能立即切断线路电源的，应迅速切断电源，或者由救护人员迅速登杆，束好自己的安全带后，用带绝缘胶柄的钢丝钳、干燥的不导电物体或绝缘物体将触电者拉离电源；如系高压带电线路，又不可能迅速切断开关，可采用抛挂截面足够且长度适当的金属短路线的方法，使电源开关断开。抛挂前，将短路线一端固定在铁塔或接地引线上，另一端系重物，但抛掷短路线时，应注意防止电弧伤人或断线，以免危及人身安全。

不论是何种电压线路上触电，救护人员在使触电者脱离电源时，都要注意触电者发生高处坠落的可能和再次触及其他带电线路的可能。

4) 断落在地的高压导线触电

如果触电者触及断落在地上的带电高压导线，如尚未确证线路无电，救护人员在做好安全措施(如穿绝缘靴或临时双脚并紧跳跃式接近触电者)前，不能接近断线点的10m范围内，以防止跨步电压伤人。触电者脱离带电导线后，应迅速将其带至10m以外，并立即开始触电急救。只有在确定线路已经无电时，才可在触电者离开触电导线后，立即就地实施急救。

2. 伤员脱离电源后的处理

如触电伤员神志清醒，应使其就地躺平，严密观察，暂时不要站立或走动。

如触电伤员神志不清醒，应就地仰面躺平，确保其气道通畅，并用5s时间呼叫伤员或轻拍其肩部，以判定伤员是否丧失意识。禁止摇动伤员头部呼叫伤员。

需要抢救的伤员，应立即就地坚持正确抢救，并设法联系医疗部门接替救治。

3. 呼吸、心跳情况的判断

如触电伤员丧失意识，应在10s内实施看、听、试的方法，判断伤员的呼吸、心跳情况。

看：看伤员的胸部、腹部有无起伏动作。

听：用耳贴近伤员的口鼻处，听其有无呼气声音。

试:试测口鼻有无呼气的气流,再用两手指轻压喉结旁(右或左)凹陷处,感受颈动脉有无搏动。

若看、听、试的结果为既无呼吸又无颈动脉搏动,则可判定伤员呼吸、心跳停止。

4. 心肺复苏

如果触电者呼吸、脉搏、心跳均已停止,则应立即进行人工呼吸及心脏按压,即心肺复苏,促使触电者心脏恢复跳动。心肺复苏的方法主要有以下两种。

1) 口对口人工呼吸法

(1) 使触电者仰卧,松开衣、裤,以免影响呼吸时胸部及腹部的自由扩张;再将触电者颈部伸直,使其头部尽量后仰,掰开其口腔,清除口中脏物,拉出舌头,使进出人体的气流畅通无阻,如图7-15(a)所示。如果触电者牙关紧闭,可用木片、金属片从嘴角处伸入牙缝,慢慢撬开。

(2) 救护者位于触电者头部一侧,用靠近头部的一只手捏住触电者的鼻子(防止吹气时气流从鼻孔漏出),同时压住额部,另一只手托起颈部,将颈上抬,如图7-15(b)所示。这样可使头部自然后仰,解除舌头后缩造成的呼吸阻塞。

(3) 救护者深呼吸后,用嘴紧贴触电者的嘴(中间也可垫一层纱布或薄布)大口吹气,如图7-15(c)所示,同时观察触电者胸部的隆起程度,一般应以胸部略有起伏为宜。胸腹起伏过大,则说明吹气太多,容易吹破肺泡;胸腹无起伏或起伏太小,则说明吹气不足,应适当加大吹气量。

(4) 吹气至触电者可换气时,应迅速离开触电者的嘴,同时放开捏紧的鼻孔,让其自动向外呼气,如图7-15(d)所示。这时应注意观察触电者胸部的复原情况,倾听口鼻处有无呼气声,从而检查呼吸道是否阻塞。

按照上述步骤反复进行,对成年人每分钟吹气14~16次,大约每5s一个循环。吹气时间稍短,约2s;呼气时间要长,约3s。对儿童吹气,每分钟18~24次。这时不必捏紧鼻孔,让一部分空气漏掉。对儿童吹气时,一定要掌握好吹气量的多少,不可让其胸腹过分膨胀,防止吹破肺泡。

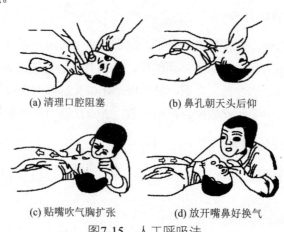

(a) 清理口腔阻塞　　(b) 鼻孔朝天头后仰

(c) 贴嘴吹气胸扩张　　(d) 放开嘴鼻好换气

图7-15　人工呼吸法

2) 胸外心脏按压法

在触电者心脏停止跳动时，可以有节奏地在胸部施力以代替心脏的收缩与扩张，达到维持血液循环的目的，具体操作过程如图7-16所示，下面介绍其操作步骤与要领。

(1) 使触电者仰卧在硬板上或平整的硬地面上，解松衣裤，救护者跪跨在触电者腰部两侧。

(2) 救护者将一只手的掌根按于触电者胸骨以下横向二分之一处，中指指尖对准颈根凹膛下边缘，另一只手压在那只手的手背上呈两手交叠状，肘关节伸直，靠体重和臂与肩部的用力，向触电者脊柱方向慢慢压迫胸骨下段，使胸廓下陷3~4cm，由此对心脏进行按压，使心室的血液被压出，流至触电者全身各部。

(3) 双掌突然放松，依靠胸廓自身的弹性，使胸腔复位，让心脏舒张，让血液流回心室。放松时，交叠的两掌不要离开胸部，只是不加力而已。重复(2)、(3)步骤，每分钟60次左右。

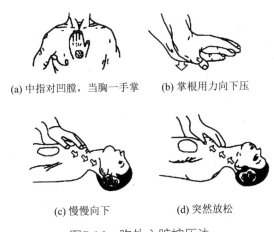

(a) 中指对凹膛，当胸一手掌　　(b) 掌根用力向下压

(c) 慢慢向下　　(d) 突然放松

图7-16 胸外心脏按压法

在做胸外心脏按压时，应注意以下几点。

首先，按压位置和手掌姿势必须正确，用力时要对脊柱方向施压，要有节奏，有一定冲击性，但不能用太大爆发力，否则将造成胸部骨骼损伤。

其次，按压时间和放松时间大体一致。

再次，对心跳和呼吸都已停止的触电者，如果救护者有两人，则可以同时进行口对口人工呼吸和胸外心脏按压，效果更好，但两人必须配合默契。如果救护者只有一人，也可两种方法交替进行，其做法如下：先进行胸外按压三十次，再吹气两次，如此反复进行，直到将人救活或医生确诊已无法抢救为止。

最后，对小孩，只用一只手的根部加压，并酌情掌握压力的大小，以每分钟100次左右为宜。

无论是施行口对口人工呼吸法还是胸外心脏按压法，都要不断观察触电者的面部动作，如果发现其眼皮、嘴唇会动，喉部有吞咽动作时，则说明他自己有一定的呼吸能力，应暂时停止几秒钟，观察其自主呼吸的情况。如果呼吸不能正常进行或者很微弱，则应继续进行人工呼吸和胸外心脏按压，直到触电者能正常呼吸为止。在触电者呼吸恢复正常以前,无论什么情况,包括送医院途中、雷雨天气(可移至室内)、救治持续时间较长而效果不甚明显等,都不能中止抢救。

想一想

如何完成新能源电动汽车的高压断电?紧急维修开关的操作要求有哪些?

探究

查找资料,了解如何检查新能源电动汽车安全防护器具。

项目实施

新能源汽车高压安全和个人防护

一、实训目的

(1) 按新能源汽车维修作业安全规定,做好个人安全防护。

(2) 按新能源汽车维修手册要求,完成拆除电动车维修开关的操作。

二、实训工具和设备

新能源汽车、绝缘工具、车间安全防护用具、带锁储物箱、个人防护用具、万用表、绝缘检测仪。

三、实训步骤

1. 检查场地及安装警戒标志

(1) 检查场地,确认符合作业环境。

(2) 拉安全围栏,如图7-13所示。

(3) 放置高压警示牌,如图7-14所示。

(4) 检查自身,确认身上没有金属饰品、钥匙、硬币等。

(5) 将身上的金属饰品、钥匙、硬币等放入储物箱。

(6) 锁好储物箱。

(7) 找一名监护人。

2. 切断低压电源

(1) 安装车辆防护三件套。

(2) 拔下钥匙。

(3) 将钥匙放到储物箱里。

(4) 将储物箱锁好。

(5) 打开机舱盖。

(6) 安装翼子板布、格栅布。

(7) 断开低压蓄电池负极端子。

(8) 等待2~5min。

3. 穿戴绝缘防护用具

(1) 检查绝缘鞋并穿好绝缘鞋。

(2) 检查护目镜并戴上护目镜。

(3) 检查绝缘头盔并戴上绝缘头盔。

(4) 检查绝缘手套绝缘等级,其等级应为1000V/300A以上。

(5) 检查绝缘手套是否破损漏气,并佩戴绝缘手套。

4. 拆卸维修开关

(1) 拆除维修开关盖板。

(2) 解除维修开关锁。

(3) 拔下维修开关。

(4) 盖上维修开关盖板。

(5) 将维修开关放到储物箱里,并将储物箱锁好。

(6) 等待10min或更长时间,以确保高压线路的余电已释放。

5. 完成实训报告

项目小结

1. 安全电压是指人体不配备任何防护设备时,触及带电体不受电击或电伤的电压。

2. 电击和电伤是触电事故的两个主要类别。触电电流的大小、作用时间、流通途径,触电者的身体状况等都直接影响伤害的程度。

3. 人体触电有直接触电(单线触电、两线触电)和间接触电(跨步电压触电、其他触电形式)两种方式。

4. 防止触电的措施主要有绝缘措施、屏护措施、间距措施、加强绝缘和电气隔离。

5. 在供配电系统中,为了保证电气设备的正常运行和安全用电,电气设备必须接地或接零。按其作用的不同,接地和接零可分为工作接地、保护接地、保护接零和重复接地等。

6. 在新能源电动汽车全部停电或部分停电的电气设备上工作,必须遵循下列流程:停电、挂锁、验电、放电、悬挂标识牌、装设遮拦、有监护人。

7. 如果触电者呼吸、脉搏、心跳均已停止,则应立即进行人工呼吸及心脏按压,即心肺复苏,促使触电者心脏恢复跳动。

项目 8

汽车电路图识读

学习目标

(1) 了解图形符号的意义;
(2) 了解电线束;
(3) 掌握汽车电路图的形式;
(4) 理解汽车电路图的识图方法。

项目描述

随着汽车电气化的飞速发展,汽车电路图的识读在汽车维修中起着越来越重要的作用,并且已经成为诊断和排除汽车故障的重要前提。本项目首先介绍汽车电路图的基本知识;其次介绍汽车电路识图方法,并用实例说明如何识图。

任务8.1 汽车电路识图概述

8.1.1 图形符号

图形符号是用于电路图或其他文件中表示项目或概念的一种图形、标记或字符,是汽车电气技术领域中基本的工程语言。为了看懂汽车电路图,我们要掌握并能够熟练地运用图形符号。表8-1列出了奔驰汽车电路图符号。不同品牌的汽车电路图符号表示的含义有的相同,有的不同。

表8-1 奔驰汽车电路图符号

符号	含义	符号	含义
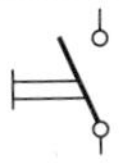	手动开关		磁极
	手动按键开关	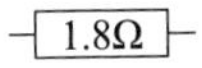 1.8Ω	电阻
	常开触点		电位计
	常闭触点	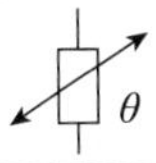	可变电阻
	压簧自动开关		二极管
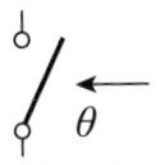	温度开关		电子元件
	压力开关	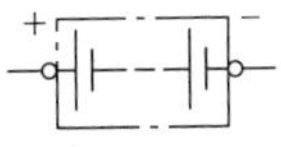	蓄电池

(续表)

符号	含义	符号	含义
	自动开关	Ⓜ	直流电动机
	电磁阀		螺钉连接
8	熔丝		焊接连接
	指标仪表		平插头
	电磁线圈		圆插头
			接线板

8.1.2 汽车电路配电器件

1. 导线

汽车电气系统的导线有低压线和高压线两种。低压线有普通线、起动电缆和控制电缆之分,高压线有铜芯线和阻尼线之分。

普通低压导线为铜质多丝导线,导线的截面主要根据用电设备的电流进行选择。导线截面太小,机械强度差,易折断。一般汽车电气导线截面不小于$0.5mm^2$。随着汽车电气设备的增多,导线数量也不断增加,为了便于区分,低压导线常采用多种颜色。导线颜色大多以英文字母表示,但也有部分国产汽车导线直接用中文表示。

例如,捷达轿车常用的配线颜色及字母代号:Ws——白色;Sw——黑色;Ro——红色;Br——棕色;Gn——绿色;Bl——蓝色;Gr——灰色;Li——紫色;Ge——黄色。

日本汽车常用的配线颜色及字母代号:B——黑色;L——蓝色;R——红色;Br——棕色;Lg——浅绿;V——紫色;G——绿色;O——橙色;W——白色;Gr——灰色;P——粉色;Y——黄色。

如果导线是双色的,则以两种颜色的字母共同标记。导线颜色的表示方法:第一组字母表示基本颜色,即主色;第二组字母表示条纹颜色。导线的截面积以数字形式标识在导线颜色的上方,例如,$4.0mm^2$、$6.0mm^2$等。常见的国产汽车电路系统的导线主色如表8-2所示。主要汽车制造公司导线颜色的英文缩写如表8-3所示。

表8-2 常见的国产汽车电路系统的导线主色

序号	系统名称	导线主色	代号
1	电源线	红	R
2	点火与起动系统	白	W
3	前照灯、雾灯及外部灯光照明系统	蓝	U

(续表)

序号	系统名称	导线主色	代号
4	灯光信号系统(包括转向指示灯)	绿	G
5	内部照明	黄	Y
6	仪表及警报指示系统、喇叭系统	棕	N
7	收音机、时钟、点烟器等辅助装置	紫	P
8	辅助电动机及电气操作系统	灰	S
9	搭铁线	黑	B

表8-3 主要汽车制造公司导线颜色的英文缩写

导线颜色	导线颜色英文全称	车型及导线颜色英文缩写									
		丰田	本田	通用	福特	克莱斯勒	宝马	奔驰	三菱	米切尔	米切尔选用
黑色	black	B	BLK	BLK	BK	BK	BK	SW	B	BLK	BK
棕色	brown	BR	BRN	BRN	BR	BR	BR	BR	BR	BRN	BN
红色	red	R	RED	RED	R	RD	RD	RT	R	RED	RD
黄色	yellow	Y	YEL	YEL	Y	YL	YL	GE	Y	YEL	YL
绿色	green	G	GRN	GRN	GN		GN	GN	G	GRN	GN
蓝色	blue	L	BLU	BLU	BL		BU	BL	L	BLU	BU
紫罗兰色	violet	V			VT	VI		VI	V	VIO	VI
灰色	grey	GR	GRY	GRY	GY	GY	GY	GR	GR	GRY	GY
白色	white	W	WHT	WHT	W	WT	WT	WS	W	WHT	WT
粉红色	pink	P	PNK	PNK	PNK	PK	PK		P	PNK	PNK
橙色	orange	O	ORN	ORN	O	OR	OR		O	ORN	OG
褐色	tan		TAN	TAN	T	TN	TN			TAN	TN
本色	natural				N						
紫色	purple			PPL	P					PPL	PL
深蓝色	dark blue			DKBLU		DB				DKBLU	DKBU
深绿色	dark green			DKGRN		DG				DKGLN	
浅蓝色	light blue			LTBLU		LB			SB	LTBLU	LTGN
浅绿色	light green			LTGRN		LG			LG	LTGRN	LTGN
透明色	clear			CLR						CLR	CR
象牙色	ivory							EI			
玫瑰色	rose							RS			

注:"奔驰"一栏中的代码为奔驰、大众等德国车系导线颜色的代码。

起动电缆用来连接蓄电池正极与起动30端子。截面有$25mm^2$、$35mm^2$、$50mm^2$、$70mm^2$等多种规格,允许通过电流大小为500~1000A。为保证起动机正常工作并能发出足够功率,要求在起动线路上每100A的电流电压降不得超过0.15V。

高压导线用来传送高电压,但电流强度小,因此,高压导线的绝缘包层很厚,耐压性好,但线芯截面积很小。高压导线常用于点火系,有铜芯线和阻尼线两种。因铜芯线不能衰减火花塞产生的电磁干扰,现代汽车已较少采用;碳膜阻尼线具有较高的抗电磁干扰性能,电阻值较大,一般为6kΩ～25kΩ。高压线如图8-1所示。

(a) 常见高压线

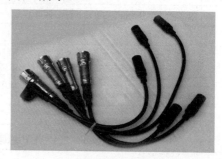
(b) 点火高压线

图8-1　高压线

2. 线束

对于汽车上的全车线路(除高压导线外),为了整齐、安装方便和保护导线,一般将不同规格的导线用棉纱或用薄聚氯乙烯带缠绕包扎成束。根据安装需要,汽车电气系统制成不同数量的线束,如图8-2所示。

(a) 常见线束

(b) 发动机电喷系统线束

图8-2　线束

随着汽车电子设备的增多,线束总成的结构与电路也越来越复杂,因此,对线束的结构、功能、适用性、可靠性都提出了更高的要求。现代汽车的线束总成由导线、端子、插接器、护套等组成。

线束安装与检修的注意事项如下所述。

(1) 线束应用卡簧或绊钉固定,以免松动磨坏。

(2) 线束不可拉得过紧,尤其在拐弯处。在绕过锐角或穿过金属孔时,应用橡皮或套管保护,否则容易磨坏线束而发生短路、搭铁,以至烧毁全车线束。

(3) 连接电器时,应根据插接器的规格及导线或插接头的颜色,分别将线束接于电器上并插接到位。

3. 插接器

插接器是一种连接分线束、线束与用电设备、线束与开关的电器装置,又称为连接器。插接器连接可靠、检修方便。

插接器由导线端子与塑料壳体或橡胶壳体组成。根据线束连接的需要，插接器有单路、双路或多路几种。现代汽车线束中设有很多插接器。为了避免装配中出现差错，插接器还制成不同型号规格、不同形状和颜色等，以便于区分，如图8-3所示。

图8-3 不同形状的插接器

插接器不能松动、被腐蚀。插接器上有锁紧装置，可保证其可靠连接。一般用途的插接器的实物和符号如图8-4所示。

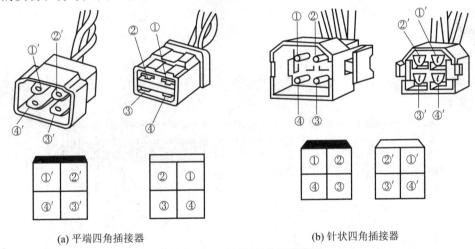

(a) 平端四角插接器　　　　　　　　　(b) 针状四角插接器

图8-4 一般用途的插接器

插接器端子上设有倒刺片，装入护套内以防脱出。拨开插接器时，不能直接拉拔导线，应当先将插接器的锁止扣解除，再向两边用力拉动壳体，将插头与插座分开。有些插接器采用钢丝扣进行锁止，压下钢丝扣后才能将插接器的插头与插座分开。为了保证插接器可靠连接，有的插接器上设有双重锁定机构，其作用是：锁定插接器插头与插座，防止插接器脱开。双重锁定机构在插接器插头上设有主锁和两个凸台，在插座上设有锁柄能够转动的副锁。当主锁未锁定时，插头上的两个凸台就会阻止副锁锁定；当主锁弯曲锁定时，副锁锁柄方能转动并锁定；当主锁与副锁双重锁定后，插头与插座实现可靠连接，从而防止插接器脱开。拆、装插接器时绝对禁止用力猛拉导线，以防止拉坏闭锁装置或导线。当插接器出现端子接触不良或导线断路故障时，先将插接器插头与插座分开，然后用小螺钉旋具或专用工具从壳体中取出导线与端子，进行修理或更换后再装复使用。插接器的拆卸过程如图8-5所示。

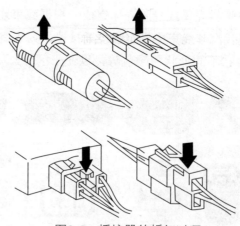

图8-5 插接器的拆卸过程

4. 中央配电盒

中央配电盒内集中安装了熔断器、短路保护器和继电器等。中央配电盒负责整车的电源分配、电路保护及电路控制,保证车上各个用电设备的安全及正常使用,它能直接影响汽车的性能、安全。中央配电盒正面装有继电器和熔断丝插座,背面是插座,用来与线束的插头相连。

如图8-6所示为桑塔纳2000 GSI A/T 中央配电盒背面板结构,其插头和线束的详细情况如表8-4所示。

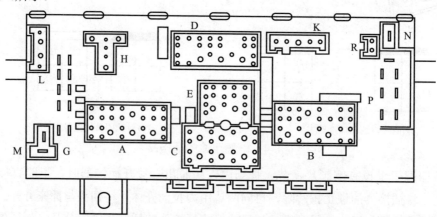

图8-6 桑塔纳 2000 GSI A/T 中央配电盒背面板结构

表8-4 桑塔纳 2000 GSI A/T 中央配电盒背面板插头和线束

组合插头代号	用于接线的线束名称	插头颜色
A	仪表板的线束	蓝色
B	仪表板的线束	红色
C	前大灯线束	黄色
D	发动机线束	白色
E	尾部线束	黑色
G	连接单个插头	不定

(续表)

组合插头代号	用于接线的线束名称	插头颜色
H	空调操纵线束	棕色
K	空位	
L	连接喇叭及电器(在仪表板线束内)	灰色
M	空位	

如图8-7所示为桑塔纳2000 GSI A/T 中央配电盒继电器，其位置和名称如表8-5所示。

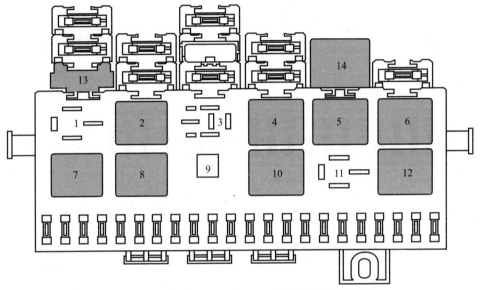

图8-7　桑塔纳2000 GSI A/T 中央配电盒继电器

表8-5　桑塔纳2000 GSI A/T中央配电盒继电器的位置和名称

继电器位置	名称	产品序号
1		空
2	燃油泵继电器	167
3		空
4	冷却液液位控制器	42a
5	空调继电器	13
6	喇叭继电器	53
7	雾灯继电器	15
8	X—接触继电器	18
9		空
10	刮水继电器	19
11		空
12	转向灯继电器	21
13	诊断线插座TV1	
14	起动发动机闭锁和倒车灯继电器	175

如图8-8所示为桑塔纳2000 GSI A/T 中央配电盒保险，其名称和容量如表8-6所示。

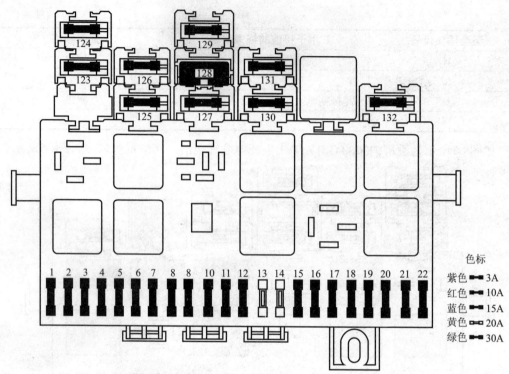

图8-8 桑塔纳2000 GSI A/T 中央配电盒保险

表8-6 桑塔纳2000 GSI A/T 中央配电盒保险的名称和容量

保险位置	名称	容量
S1	散热风扇(不开空调时)	30A
S2	制动灯	10A
S3	点烟器、集控门锁、数字钟、内顶灯、后阅读灯、后备厢灯、遮阳板灯	15A
S4	报警灯	15A
S5	燃油泵	10A
S6	前雾灯	15A
S7	左尾灯、左前停车灯	10A
S8	右尾灯、右前停车灯、发动机舱照明灯	10A
S9	右前大灯(远光)	10A
S10	左前大灯(近光)	10A
S11	前风窗刮水器、清洗泵	15A
S12	电动摇窗、ABS控制单元	15A
S13	后窗除霜器	20A
S14	空调继电器	20A
S15	倒车灯、车速传感器	10A
S16	喇叭	15A
S17	发动机控制单元	10A
S18	喇叭继电器、灯光开关、ABS警告灯	10A

(续表)

保险位置	名称	容量
S19	收放机、转向灯、防盗器控制单元	10A
S20	牌照灯、杂物箱照明灯	10A
S21	左前大灯(近光)	10A
S22	右前大灯(近光)	10A
S123	喷嘴、空气质量计、碳罐电磁阀、氧传感器加热	10A
S124	后雾灯	10A

8.1.3 汽车电路图的形式

1. 汽车电路框图

汽车电路框图是通过带注释的框或符号表示汽车电路系统的基本组成、相互关系及其主要特征的简图。框图把一个完整电路划分成若干部分，各个部分用方框表示，每一个方框再用文字或符号说明功能，各方框之间用线条连接起来，用以表明各部分的相互关系，但不必画出元器件和它们之间的具体连接情况。如图8-9所示为点火系统电路框图。汽车电路框图主要用于汽车电路学习和维修过程中，它是为了方便使用人员掌握电路系统而绘制的。

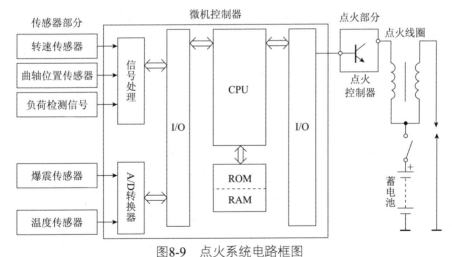

图8-9 点火系统电路框图

2. 汽车线路图

汽车线路图是按汽车电器在汽车上的实际位置，用线从电源至搭铁一一连接起来所构成的线路图。它的作用是便于制作线束。如图8-10所示为东风EQ1090型汽车的线路图。

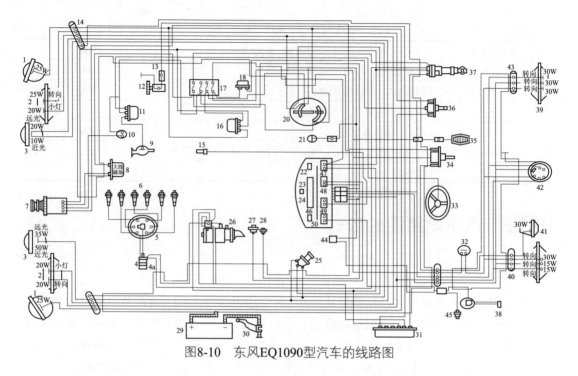

图8-10　东风EQ1090型汽车的线路图

3. 汽车电路原理图

汽车电路原理图是将电器图形符号按工作顺序或功能排列，详细表示汽车电路的全部、部分组成和连接关系，而不考虑其实际位置的简图。它能够清晰、明了地反映各电器的连接关系和电路原理，便于使用人员分析和查找电路故障。

1) 整车电路原理图

为了满足生产与教学的需要，使用人员常常需要尽快找到某条电路的始末，以便确定故障分析的路线。在分析故障原因时，不能孤立地局限于某一部分，而要将这一部分电路在整车电路中的位置及其与相关电路的联系都表达出来，这就需要绘制整车电路图。整车电路图有如下几个优点。

(1) 整车电路图对全车电路有完整的表现，它既是一幅完整的全车电路图，又是一幅各部分互相联系的局部电路图，重点难点突出、繁简适当。

(2) 使用人员可在整车电路图上建立电位高、低的概念：负极"-"接地(俗称搭铁)，电位最低，可用图中最下面一条线表示；正极"+"电位最高，用最上面的那条线表示。电流的方向基本都是由上而下，路径：电源正极"+"→开关→用电器→搭铁→电源负极"-"。

(3) 各局部电路(或称子系统)并联且关系清楚，发电机与蓄电池间、各个子系统之间的连接点保持原位，熔断器、开关及仪表等的接法基本与原图吻合。

如图8-11所示为东风EQ1090型汽车电路原理图。

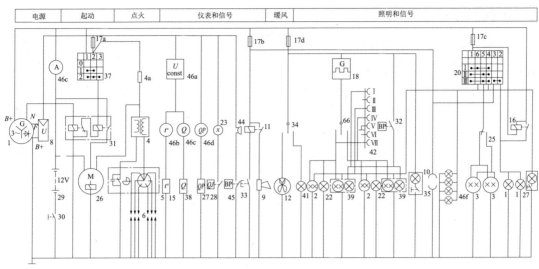

图8-11 东风EQ1090型汽车电路原理图

2) 局部电路原理图

为了明确汽车电器的内部结构,以及各个部件之间相互连接的关系,掌握某个局部电路的工作原理,通常情况下,可以从整车电路图中抽出某段需要研究的局部电路,参照其他翔实的资料加以分析,必要时根据实地测绘、检查和试验记录,将重点部位进行放大、绘制并加以说明。

局部电路原理图的优点是电器少、幅面小,看起来简单明了,易读易绘;缺点是只能了解电路的局部。如图8-12所示为普桑发动机的局部电路原理图。

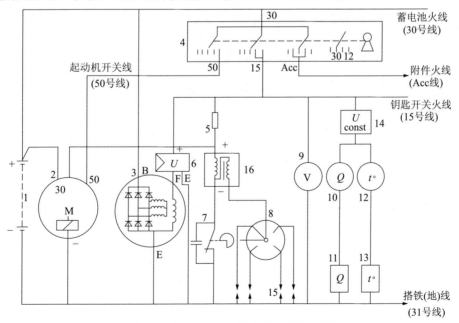

图8-12 普桑发动机的局部电路原理图

1—蓄电池 2—起动机 3—发电机 4—点火开关 5—点火线圈附加电阻 6—电压调节器 7—分电路中的断路器 8—分电路中的配电器 9—电压表 10—燃油表 11—燃油传感器 12—水温表 13—水温传感器 15—火花塞 16—点火线圈

4. 汽车线束图

汽车线束图是用于制作、安装线束的生产用图,它是将有关电器的导线汇合在一起,并包扎起来形成的图示。整车电路线束图常用于汽车厂总装线和修理厂的连接、检修与配线。

线束图主要表明电线束和用电器的连接部位、接线柱的标记、线头、插接器(连接器)的形状及位置等,它是人们在汽车上能够实际接触到的汽车电路图。这种图一般不去详细描绘线束内部的电线走向,只对露在线束外面的线头与插接器详细编号或用字母标记。它是一种突出装配记号的电路表现形式,非常便于汽车的安装、配线、检测与维修。如果再将此图各线端用序号、颜色准确无误地标注出来,并与电路原理图和布线图结合起来使用,则会收到更好的效果。

如图8-13所示为某汽车线束图。

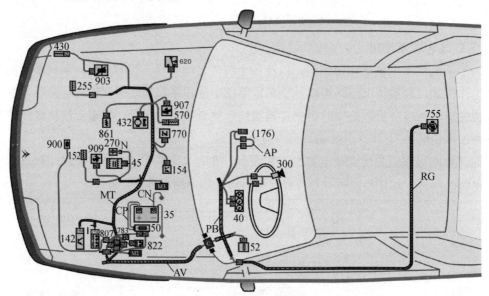

图8-13　某汽车线束图

5. 电路定位图

电路定位图用于指示各电器及导线的具体位置。它一般采用绘制立体图或实物照片的形式。电路定位图立体感强,能直观、清晰地反映各电器在汽车上的实际位置,具有很高的实用价值。如图8-14所示为汽车电路定位图。

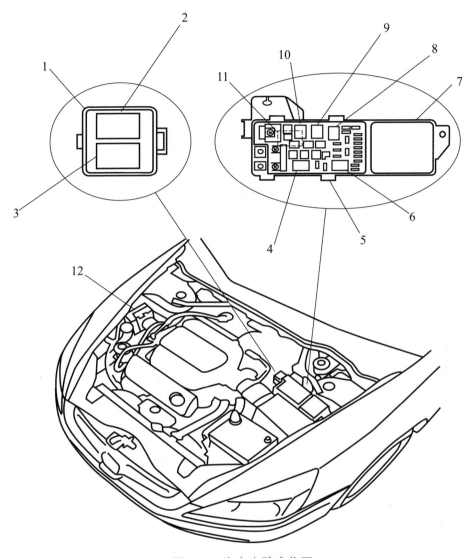

图8-14 汽车电路定位图

1-多继电器盒　2-风扇控制继电器(导线颜色：WHT/RED,BLK,GRN,BLU/BLK and BLU/YEL)　3-前雾灯继电器(KH，KQ，KZ and KU)[导线颜色：BLU,YEL,YEL and BLU/BLK]　4-冷凝器风扇继电器　5-发动机盖下熔断丝/继电器盒　6-散热器风扇继电器　7-继电器控制模块(固定在发动机盖下熔断丝/继电器盒中)　8-后车窗除雾器继电器　9-A/C压缩机离合器继电器　10-鼓风机电机继电器　11-ELD装置　12-TCS控制装置调制器

想一想

同学们可以在网上搜索一些汽车电路元件图形符号，并对比同一元件的图形符号在不同品牌汽车中是否相同。

探究

在汽车上找一找插接器和中央配电盒的位置，并观察它们的结构及连接方式。

任务8.2 汽车电路识图方法与示例

8.2.1 大众汽车电路图的读法

德国大众系列汽车在我国的轿车工业中占据一定地位，生活中常见的车型有奥迪、捷达、帕萨特、桑塔纳等。这些产品的电路图与其他系列汽车电路图相比，具有许多不同之处。它既不同于其他车辆的接线图，也不同于其原理图。但实际上，可以将其看作电路原理图，只不过这些产品的电路图在形式上更接近接线图。

在对汽车故障进行分析、检测与维修时，迅速、熟练地浏览汽车电路图是必须掌握的技能。下面以大众汽车部分电路为例，介绍大众系列汽车电路图的读法。

1. 大众汽车电路图的特点

(1) 接点标记具有固定的含义。在阅读大众汽车电路图中，经常遇到接点带有数字及字母的标记，它们都具有固定的含义。例如，数字30代表来自蓄电池正极的供电线；数字31代表蓄电池负极接地线；数字15代表来自点火开关的点火供电线；数字50代表点火开关在起动挡时的起动供电线；X代表受点火开关控制的大容量用电设备供电线(来自卸荷继电器的供电线)；等等。无论这些标记出现在电路的什么地方，相同的标记都代表相同的接点。

(2) 所有电路都是纵向排列，不互相交叉。大众汽车电路图采用断线地址代码法来处理线路复杂交错的问题。例如，假设某一条线路的上半段在电路续号为116的位置上，下半段电路在电路接续号为147的位置上。这时，在上半段电路的终止处画一个标有147的小方格，在下半段电路的起始处也画一个小方格，内标116，通过116和147就可以将上、下半段电路连在一起。

(3) 整个电路以中央配电盒为中心。大众汽车电路图在表示线路走向的同时，还表明了线路的结构情况。中央配电盒的正向插有各种继电器和熔断器。电路图上的继电器标有4/86、3/87a等数字，表示继电器插脚与插孔的配合关系。其中分子数4、3是指中央配电盒插孔代号，分母86、87a是指继电器的插脚代号。

2. 电路图的整体标识

大众车系电路图(部分)如图8-15所示。

(1) 外线部分。外线部分在图上以粗实线画出，集中在图的中间部分。每条线上都标注了导线的颜色、导线的截面积(原厂图)。线端都有接线柱号或插口号表示其连接关系。颜色标记以字母表示，对应关系：ws=白色；sw=黑色；ro=红色；br=棕色；gn=绿色；bl=蓝色；gr=灰色；li=紫色；ge=黄色。如果导线是双色的，则以两种颜色的字母共同标记。例如，ro/sw、sw/ge等。导线的截面积是以数字标示在导线颜色上方，单位是mm^2。例如，$4.0mm^2$、$6.0mm^2$等。

(2) 内部连接部分。内部连接部分在图上以细线画出。这部分连接是存在的，但线路是不存在的。标示线路是为了说明连接关系，同时使电路图更加容易理解。

(3) 电器元件部分。电器元件在电路图中用框图辅以相应的标号表示。每一个元件都有一个代号。例如，A表示蓄电池；C1表示发电机电压调节器；等等。电器元件的接线点都用标号标出，标号在元件上可以找到。例如，图8-15左上方燃油泵继电器J_{17}的四个接点的标号为1、2、3、5；起动机B有两个接点，一个标号30，一个标号50。

(4) 继电器、熔丝及其连接件部分。这一部分在图的上部表示，反映的内容有继电器标号、继电器盘上插接件和连接件符号、熔丝座标号及熔丝容量等。熔丝容量用不同的颜色加以区别。车上的大部分继电器和熔丝都安装在熔丝/继电器盒内，几乎全部主线束均从继电器盘背面插接后通往各个用电器。

(5) 电路连接序号。图中最下方的数字是电路连接序号，该标号只是制图和识图的标记号，数字的大小没有实际的物理意义。它的作用：一是可顺序表达整部车的全部电路内容；二是便于反映在一部分电路图中难以表达的接线部分。

(6) 所有负载、开关、触点表示状态均带有连接导线的负载回路，在图中所有开关和触点均处于机械静止位置。

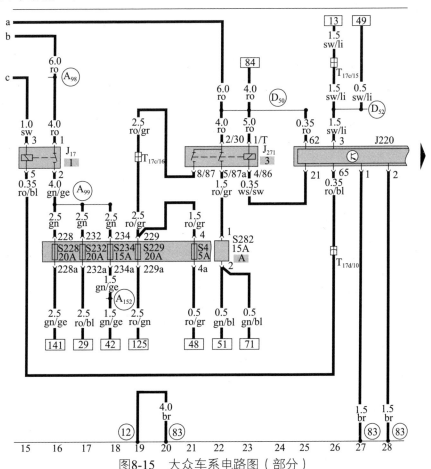

图8-15 大众车系电路图（部分）

3. 电路图线段、接点的含义

如图8-16所示为电路图的线段和接点，其含义如下所述。

30——直接接蓄电池正极，蓄电池12V/24V转换继电器。

15——蓄电池的下游受开关控制的正极(来自点火/行驶开关)。

X——点火开关控制卸载荷继电器的蓄电池正极端子。

31——连接蓄电池负极端子的回线或接地。

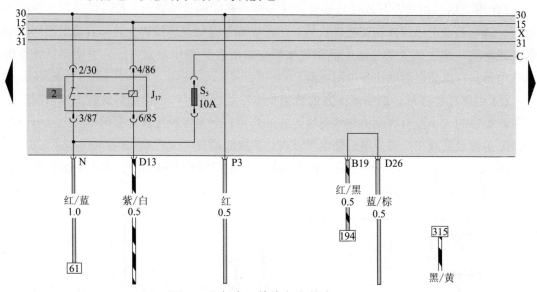

图8-16　电路图的线段和接点（一）

如图8-17所示为电路图的线段和接点，其含义如下所述。

A——蓄电池。

B——起动机。

C——交流发电机。

C_1——调节器。

D——点火开关。

50——起动机的起动控制端子(直接连线)。

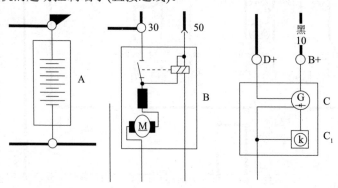

图8-17　电路图的线段和接点（二）

如图8-18所示为电路图的线段和接点,其含义如下所述。

1——点火线圈、分电器(低压电路)。

4——点火线圈、分电器(高压电路)。

P——火花塞插头。

Q——火花塞。

85——线圈输出(绕组负端或接地)。

86——线圈起始端。

87——输入端子(负载端)。

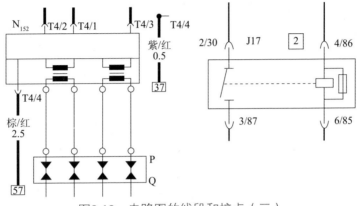

图8-18　电路图的线段和接点(三)

4. 电路图结构

如图8-19所示为电路图结构,其含义如下所述。

(1) 最上端的四条横线为供电电源、中央配电器、继电器和保险座。

(2) 中间区域为连接导线、负载回路、电器元件。

(3) 下端为车辆接地导线,圆圈内的数字为接地点位置。

(4) 最下端是电路接地点编号,用于查找电路接点位置。

(5) T_2——发动机线束与发电机线束插头连接,2针,在发动机舱支架上。

(6) T_{3a}——发动机线束与前大灯线束插头连接,3针,在中央配电盒后面。

(7) ②——接地点,在蓄电池支架上。

(8) ⑨——自身接地。

(9) B1——接地连接线,在前大灯线束内。

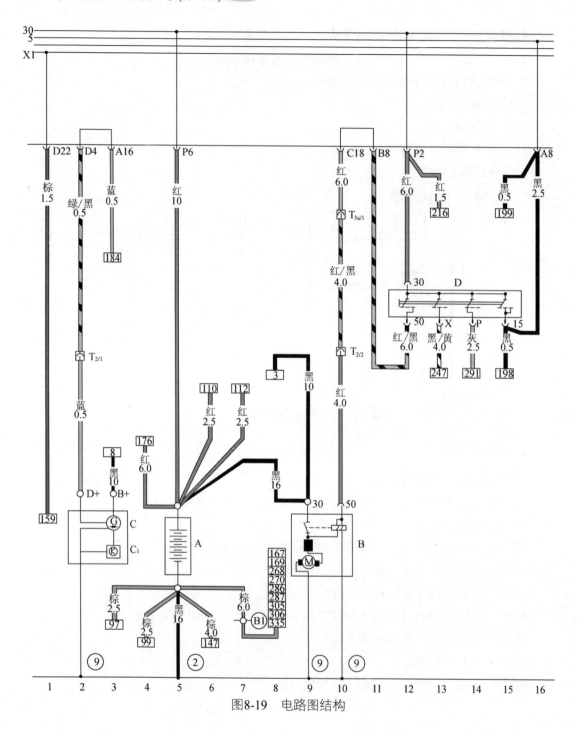

图8-19 电路图结构

5. 电路图中常用符号的表示方法

如图8-20所示为电路图各个部位标号，其含义如下所述。

1——继电器位置号，表明继电器在继电器盒上的位置。

2——继电器盒上的继电器符号或控制器符号，在电路图说明中可以找到它的名称。

3——熔丝符号。例如，S_{19}表示熔断器上的19号熔断器(10A)。

4——继电器盘上的插接件符号。例如，3/49a，其中3表示继电器盒上12继电器的3号插孔，49a表示继电器/控制器上的49a插头。

5——继电器盘上的连接件符号，用于指出一个带线束的多孔或单孔插头的位置。例如，A13为多孔插头A的13触点。

6——导线截面积，单位：mm^2。

7——导线颜色。此处缩写是线色代码，线路旁注有说明。

8——白色线上印刷的标记号，用于区分同一根线束中的不同白色线。

9——接线柱符号，可在零件图上找到标记。

10——故障诊断程序用的检测点。

11——线路标记。此处为报警灯开关。

12——零件符号，可在说明中找到零件名称。

13——导线连接端。方框内的数字表明电路图中的接续导线。

14——内部连线(细线)。此连接仅是内部电路连接，没有导线，可以依次追踪电路构件和线束内部的电流流向。

15——内部连接线符号。字母表示下一线路图的连接线。

16——接地点标记符号。可在说明中查到接地点在车身上的位置。

17——电源线号。

18——导线。

19——110、111、112……表示电器元件在电路图中的位置，便于用户根据此号迅速查找电器元件的位置。

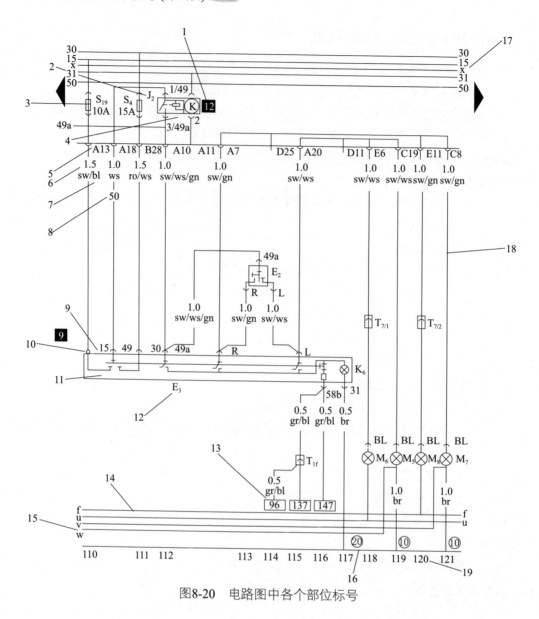

图8-20 电路图中各个部位标号

8.2.2 电路图例解

如图8-21所示为大众车系电路图示例。在该电路图中,其他代号和编号含义如下所述。

1——三角箭头表示接下一页电路图。

2——熔丝代号。它表示熔断器的作用、位置及额定电流。图中S_5表示该熔丝位于熔丝座第5号位,10A则表示该额定电流为10A。

3——中央接线板的插接器代号。它表示多端子或单端子插头连接和导线的位置。D13表示该导线由D插接器的13号端子连接。多针插头连接,D位置触点13。

4——接线端子代号。它表示电器元件插接器端子数、连接的端子号。"T80/3"表示该元件连接线束的插接器有80个端子,该导线连接的是3号端子。

5——元件代号。在电路图下方可以查到元件的名称。图中N_{33}表示N_{33}为第四缸喷油嘴。

6——元件的符号。可参见电路图的符号说明。

7——内部接线(细实线)。该接线不是作为导线设置的,而是表示元件或导线束内部的电路。

8——指示导线的去向。字母d表示内部接线在下一页有相同字母的内部接线相连。

9——搭铁点代号。它表示该点接地,可以从电路图下方查到接地点在车身的具体位置。图中"①"表示搭铁点在发动机ECU旁的车身处。

10——线束内铰接点代号。它表示线路在此处有一个铰接点。铰接点所在的线束可从图注中查得。A2为正极接线,在发动机线束内。

11——线束插接器代号。它表示连接的两线束、插接器的端子数和连接的端子号,可以从图注中查得。在"$T_{8a/6}$"中,T_{8a}为发动机线束与发动机右线束插接器,该连接线为8端子插接器的6号端子。

12——附加熔断器代号。图中"S_{123}10A"表示在中央线路板上的第123号10A熔断器。

13——导线颜色和横截面积标记。"棕/红"表示导线颜色主色为棕色,条纹为红色,"2.5"表示导线的截面积为$2.5mm^2$。

14——续前页图。

15——线路连接端子号。电路图从该处中断,方框中的数字表示该断开点接续的导线,断开点与续点有对应关系,接续的导线可能在本页图中,也可能在另一页图中。

16——继电器的位置编号。用方框与黑底白字表示该继电器在继电器盒中的位置。图中16指向的"2"表示该继电器在继电器盒中的2号位置。该继电器的名称和作用可通过元件代号了解。

17——继电器插接器端子代号。它表示继电器连接端子的端子号及接线柱标记。"2/30""3/87""4/36""6/85"分别表示继电器插接器的2、3、4、6号端子,连接的接线柱标记为30、87、36、85。德国大众汽车各电器元件的接线柱标记都列入德国工业标准。

接地点、线束内连接线代号含义如下所述。

①——接地点,在发动机控制单元旁的车身上。

②——接地点,在蓄电池支架上。

③——接地点,在自动天线附近车身上。

④——接地点,在离合器壳上的支架上。

⑤——接地点,在中央电器左侧星形接地爪上。

⑥——接地点,在左后阅读灯前方车顶上。

⑦——接地点,在右后阅读灯前方车顶上。

⑧——接地点,在左组合后灯左侧车身上。

⑨——自身接地。

⑩——接地点,在中央电器后面车身前围板上。

A1——接地连接线，在发动机线束内。
A2——正极连接线，在发动机线束内。
B1——接地连接线，在前大灯线束内。
C1——连接线，在发动机右线束内。
C2——正极连接线，在发动机右线束内。
C4——接地连接线，在发动机右线束内。
D1——接地连接线，在仪表板线束内。

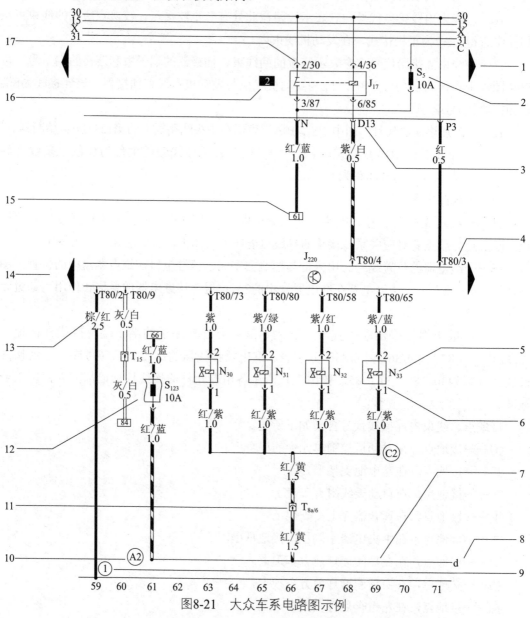

图8-21 大众车系电路图示例

A2-正极接线，在发动机线束内 T_{8a}-发动机线束与发动机右线束插接器
C2-在发动机右线束内 S_{123}-熔丝 N_{30}-第一缸喷油嘴 N_{31}-第二缸喷油嘴 N_{32}-第三缸喷油嘴 N_{33}-第四缸喷油嘴
J_{17}-燃油泵继电器 J_{220}-Motronic发动机ECU S_5-燃油泵熔断器

🔒 想一想

本书中有很多电路图，同学们根据图示可以知道很多内容，比如元件的名称、元件的代号、线路的连接，还可以通过图示了解电路的工作过程、工作原理等。汽车故障诊断离不开识图，所以识图很重要，同学们要有意识地培养识图能力，为今后提升工作能力打下坚实的基础。

📝 探究

仔细看图8-20，明确每个元件符号的含义。

⁞⁞ 项目实施

汽车电路图识图

如图8-22所示为大众车系编号X的一路电路图，根据下面的叙述找出元件的位置并明确作用，再将此图识读一两遍。

图中，点火开关处于1挡时，中间继电器J59的线圈接通，由编号30的这一路电源经J59接通的触点向大功率用电设备输电。在电路原理图上，将该线编号为X。

J2为电子复合控制继电器，⑫表示该继电器位于中央配线盒12号位。S19、S4为熔断器，分别位于中央配电器的第19位和第4位。A13为中央配线盒接点说明，该黑/蓝色导线连接于中央配线盒A线束第13位插头上。黑/蓝色导线上标有1.5，表示此导线截面积为1.5mm^2。T29/8表示连接插头，29孔位于仪表板后面。黑/蓝色导线尾部标有"15"字样，表示为E3开关的"15"接线柱。E3为危险警告灯开关。K6表示危险警告、闪光装置指示灯。69方框中的数字69，表示此导线与电路图最下端的第69编号上方的导线连接。同时，在第69编号上方的导线尾部也有一个方框69。L21表示一般的指示灯。⑩中标出的数字表示接地点的位置，⑩的接地点位于仪表板的后面。电路图最下端按数字顺序编号，用户可根据编号方便地找出各电器元件在线路图上的位置。

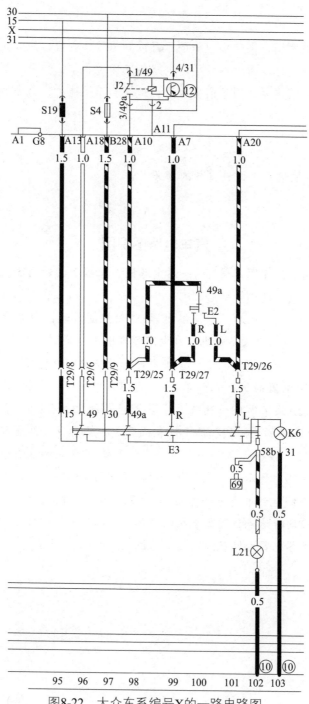

图8-22 大众车系编号X的一路电路图

项目小结

1. 图形符号是用于电路图或其他文件中表示项目或概念的一种图形、标记或字符，是汽车电气技术领域中基本的工程语言。不同品牌的汽车电路图符号表示的含义有的相同，有的不同。

2. 汽车电气系统的导线有低压线和高压线两种。低压线有普通线、起动电缆和控制电缆之分，高压线有铜芯线和阻尼线之分。

3. 对于汽车上的全车线路(除高压导线外)，为了整齐、安装方便和能够保护导线，一般将不同规格的导线用棉纱或薄聚氯乙烯带缠绕包扎成束。根据安装需要，将汽车电气系统制成不同数量的线束。

4. 插接器是一种连接分线束之间、线束与用电设备之间、线束与开关之间的电器装置，又称为连接器。

5. 中央配电盒内集中安装了熔断器、短路保护器和继电器等。中央配电盒负责整车的电源分配、电路保护及电路控制，保证车上各个用电设备的安全及正常使用，它能直接影响汽车的性能、安全。

6. 汽车电路图的形式有汽车电路框图、汽车线路图、汽车电路原理图、汽车线束图、电路定位图等。

参考文献

[1] 张军.汽车电工电子技术[M].北京：中国铁道出版社，2012.
[2] 贾宝会.汽车电工电子技术[M].北京：机械工业出版社，2011.
[3] 臧雪岩.汽车电工电子技术[M].北京：机械工业出版社，2013.
[4] 高丽洁，陈红，李子云.汽车电工电子技术[M].武汉：华中科技大学出版社，2013.
[5] 韩学政.电工电子技术基础[M].北京：清华大学出版社，2009.

习题集

项目1　汽车直流电路

一、问答题

1. 什么是汽车电路？汽车电路包括哪些部分？各部分的作用是什么？
2. 电路中电位相等的各点，如果用导线接通，对电路其他部分有没有影响？

二、填空题

1. 电阻元件上的伏安关系瞬时值表达式为_____，所以称其为耗能元件。电容元件上的伏安关系瞬时值表达式为_____，它将电能转化成_____，它是_____元件。电感元件上的伏安关系瞬时值表达式为_____，它将电能转化成_____，它是_____元件。

2. 额定值为1W/100Ω的碳膜电阻，在使用时电流不得超过_____，电压不得超过_____。

三、判断题

1. U_{ab}就是表示a端的电位高于b端电位。　　　　　　　　　　　（　　）
2. 根据日常观察，电灯在深夜要比黄昏时亮一些。　　　　　　　　（　　）
3. 通常电灯开得越多，总负载的电阻越大。　　　　　　　　　　　（　　）

四、计算题

1. 有一个闭合回路，如题图1-1所示，各支路的元件是任意的。已知：U_{ab}=5V，U_{bc}=-4V，U_{da}=-3V。求：(1)U_{cd}；(2)U_{ca}。

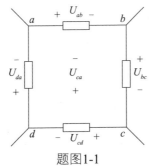

题图1-1

2. 如题图1-2所示，已知U_{S1}=2V，U_{S2}=1V，R_1=1Ω，R_2=4Ω，R_3=2Ω。求：(1)I_1、I_2和I_3；(2)以b点为参考点，a点电位是多少？以a点为参考点，b点电位是多少？在此两种情况下，a、b两点电压各是多少？

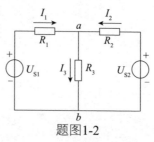

题图1-2

项目2　汽车交流电路

一、判断题

1. i_1=15sin(100π+45°)A，i_2=15sin(200π-30°)A，两者的相位差为75°。　　　　　(　)
2. 如果两个同频率的正弦电流在某一瞬间都是5A，则两者一定同相，其幅值一定相等。

　　　　　　　　　　　　　　　　　　　　　　　　　　　　　　　　　　　(　)
3. 当三相负载越接近对称时，中线电流就越小。　　　　　　　　　　　　(　)

二、计算题

1. 分别写出题图2-1中电流i_1、i_2的相位差，并说明i_1与i_2的相位关系。

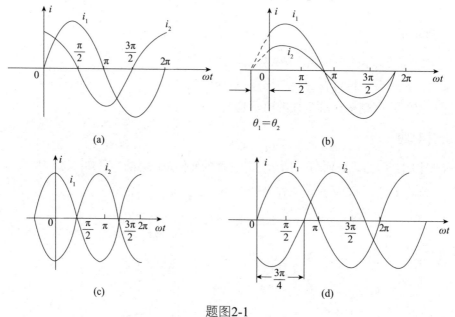

题图2-1

2. 在某电路中，$i=100\sin(6280t-\dfrac{\pi}{4})$mA。

(1) 试说明它的频率、周期、角频率、幅值、有效值及初相位各为多少。

(2) 试画出波形图。

(3) 写出相量式，画出相量图。

3. 写出下列各正弦量的相量形式的表达式，并在一个相量图中画出(1)式和(2)式的相量图。

(1) $u=220\sqrt{2}\sin(100t-30°)$ V

(2) $u=110\sqrt{2}\sin(100t+45°)$ V

(3) $i=2\sin5000t$ A

(4) $i=10\sqrt{2}\sin(250t-\frac{\pi}{6}30°)$ A

4. 某楼共三层，采用三相四线制供电照明。有一次发生电路故障，二楼和三楼的所有电灯都暗淡下来，而一楼的电灯亮度未变，这是什么原因？该楼的电灯是如何连接的？同时又发现三楼的灯比二楼的灯还暗淡，这又是什么原因？

项目3　汽车磁路及电磁元件

一、填空题

1. 磁感强度表示磁场中某点_____的物理量，计算其大小的关系式是_____，单位是_____。

2. 磁饱和的根本原因是_____。

3. 在直流电流励磁的磁路中，_____(能还是不能)产生涡流。为了避免产生涡流损耗，交流电动机的铁芯_____。

4. 电磁阀是电磁线圈控制_____来切断或接通气源以达到改变流体流动方向的目的。

二、选择题

1. 热继电器是一种利用(　　)进行工作的保护电器。
   A. 电流的热效应原理　　　　B. 监测导体发热的原理
   C. 监测线圈温度　　　　　　D. 测量红外线

2. 中间继电器的作用是(　　)。
   A. 在中间能够承前启后　　　B. 能够增加触点的数目
   C. 不能增加容量　　　　　　D. 以上都不对

3. 属于汽车电路控制继电器的是(　　)。
   A. 闪光继电器　　　　　　　B. 刮水器间歇继电器
   C. 喇叭继电器　　　　　　　D. 以上都属于功能继电器

三、简答题

1. 什么是铁磁材料的磁滞现象？
2. 简述先导式电磁阀的工作原理。
3. 什么是继电器？继电器触点的作用是什么？
4. 说明热继电器的工作原理。

项目4 汽车电动机

1. 有一台三相异步电动机，有四个磁极，电源频率为50Hz，带负载运行时的转差率为0.03，求旋转磁场的转速和实际转速。
2. 某台电动机，P_N=8.5kW，额定转速n_N=1440r/min，则额定转矩为多少？
3. 三相异步电动机要求其能调速，可以采用哪些方法？你认为哪种方法最好？
4. 直流电动机为什么具有自动调节转矩的功能？
5. 步进电动机三相单三拍、三相六拍、三相双三拍的含义是什么？
6. 在电动机控制电路中有"自锁"的概念，什么叫自锁？

项目5 汽车模拟电路

一、填空题

1. N型半导体主要靠_____导电，P型半导体主要靠_____导电。
2. 点接触型晶体二极管因其结电容_____，可用于_____和_____的场合；面接触型晶体二极管因其接触面积大，可用于_____的场合。
3. PN结的正向接法是P型区接电源的___极，N型区接电源的___极。二极管的正向电阻_____，反向电阻_____。
4. 锗二极管的导通电压是_____，死区电压是_____。硅二极管的导通电压是_____，死区电压是_____。
5. 按晶体管在电路中的连接方式，可组成_____、_____和_____三种基本放大电路。
6. 晶体管工作在饱和区，发射结___向偏置，集电结___向偏置。
7. 晶体管处于放大状态的条件是：发射结___偏，集电结___偏。
8. 晶体三极管工作在截止区，发射结___向偏置，集电结___向偏置。
9. 设置晶体管静态工作点的目的是_____。

二、选择题

1. 把一个二极管直接同一个电动势为1.5V、内阻为0的电池正向连接，该管(   )。
   A. 击穿   B. 电流为0

C. 电流正常   D. 电流过大使管子烧坏

2. 稳压管(   )。
   A. 是二极管   B. 不是二极管
   C. 是特殊的二极管   D. 与二极管无关，本身就是一个半导体器件

3. 稳压二极管的正常工作状态是(   )。
   A. 导通状态   B. 截止状态
   C. 反向击穿状态   D. 任意状态

4. 正弦电流经二极管半波整流后的波形为(   )。
   A. 矩形方波   B. 等腰三角形波
   C. 正弦半波   D. 正弦波

5. 晶体管具有电流放大能力，必须满足的外部条件是(   )。
   A. 发射结正偏、集电结正偏   B. 发射结反偏、集电结反偏
   C. 发射结正偏、集电结反偏   D. 发射结反偏、集电结正偏

6. 工作在放大区的某晶体管，当 I_B 从20μA增大到40μA时，I_C 从1mA变为2mA，则它的放大倍数的值约为(   )。
   A. 10   B. 50   C. 100   D. 150

三、计算题

1. 在项目5图5-14所示电路中，已知变压器二次侧电压有效值 u_2=20V，负载电阻 R_L=100Ω，请回答以下问题。
   (1) 负载电阻 R_L 上的电压平均值和电流平均值各为多少？
   (2) 电网电压波动范围是±10%，二极管承受的最大反向电压和流过的最大电流平均值各为多少？

2. 在项目5图5-15所示电路中，已知变压器二次侧电压有效值 u_2=20V，负载电阻 R_L=100Ω，请回答以下问题。
   (1) 负载电阻 R_L 上的电压平均值和电流平均值各为多少？
   (2) 电网电压波动范围是±10%，二极管承受的最大整流电流 I_F 与最高反向工作电压 U_{RM} 至少应选取多少？

项目6　汽车数字电路

一、填空题

1. 在计算机内部，只处理二进制数，二进制数的数码为_____、_____两个。将十进制27换算成二进制为_____，将二进制数100011换算成十进制为_____。

2．逻辑变量只有_____、_____两种取值，在正逻辑规定中分别用_____、_____表示。

3. 基本的逻辑运算包括_____、_____、_____三种。

4. 功能为有0出0、全1出1的门电路称为_____门；_____功能的门电路称为或非门。

5. 触发器具有_____个稳定状态，在输入信号消失后，它能保持_____不变。

6. 主从触发器是一种能防止_____现象的实用触发器。

二、判断题

1. 数字电路中，"1"一定表示高电平，"0"一定表示低电平。（　　）

2. 触发器与门电路一样，输出状态仅取决于触发器的及时输入情况。（　　）

3. 或非门的逻辑功能：输入端全是低电平时，输出端是高电平；只有输入端一个是高电平，输出端即为低电平。（　　）

三、计算题

T型电阻DAC，8位二进制，$V_R=-10V$，$R_F=R$，要求输出电压$u_0=6.25V$，试问输入的二进制数应是多少？

四、问答题

简述555定时器的组成与作用。

项目7　安全用电

一、选择题

1. 当通过人体的电流超过(　　)时，便会引起心脏衰竭、血液循环终止、大脑缺氧而死亡。

　　A．30mA　　　　　　B．40mA　　　　　　C．50mA

2. 在中性点不接地的三相电源系统中，为了防止因绝缘损坏而遭受触电的危险，将电气设备中与带电部分相绝缘的金属外壳或金属构架与大地可靠连接，一般称为(　　)。

　　A．保护接地　　　　B．保护接零　　　　C．工作接地

3. 如果触电者伤势严重，呼吸停止或心脏停止跳动，应竭力施行(　　)和胸外心脏按压。

　　A．按摩　　　　　　B．点穴　　　　　　C．人工呼吸

二、判断题

1. 电流通过人体的持续时间不影响触电伤害程度。（　　）

2. 电伤指由于电流的热效应、化学效应、机械效应等对人体的外部造成的局部伤害。（　　）

3. 为了防止触电，可采用绝缘、防护、隔离等技术措施以保障安全。（　　）

4. 将电气设备的金属外壳与电源的零线(中性线)直接连接，称为保护接地。（　　）

三、简答题

1. 影响触电危害大小的因素有哪些？
2. 人体的触电方式分为哪几种？什么是跨步电压触电？
3. 新能源电动汽车高压断电步骤有哪些？
4. 人体触电时的急救方法有哪些？应如何操作？

项目8　汽车电路图识读

一、选择题

1. 一般蓄电池与起动机之间的连接导线上每100A的电流所产生的电压降不超过（　　）。

　　A. 0.1～0.15V　　　　B. 0.2～0.3V　　　　C. 0.3～0.45V

2. 高压导线在点火系中承担高压电输送任务，其工作电压一般在15kV左右，而工作电流很小，其截面积一般为（　　）。

　　A. 1.5mm^2　　　　B. 2.5mm^2　　　　C. 4.0mm^2

3. 汽车线路中保险装置的作用是防止在电路中发生（　　）。

　　A. 断路　　　　　　B. 短路　　　　　　C. 过电压

二、填空题

1. 汽车电路图是检修汽车电气系统时＿＿＿＿＿＿，正确识读汽车电路图，正确分析并找出其特点和规律，使其成为＿＿＿＿＿＿的依据，已成为对汽车维修人员的基本要求。识读和分析汽车电路图的速度能够反映一个维修人员对汽车专业基础知识和专业知识的掌握程度，对汽车故障的诊断与排除以及全面检修都具有非常重要的意义。

2. 高压导线用来传送高电压，但电流强度小，因此，高压导线的线芯截面积＿＿＿＿＿。高压导线常用于＿＿＿＿＿＿＿＿。

3. 中央配电盒内集中安装了＿＿＿＿＿＿。中央配电盒负责整车的＿＿＿＿＿＿，保证车上各个用电设备的安全及正常使用，它的好坏直接影响汽车的性能、安全。

4. 汽车线束图是用于＿＿＿＿＿＿＿＿，是将有关电器的导线汇合在一起，并包扎起来形成的。电路定位图用于指示＿＿＿＿＿＿＿＿＿＿。

三、简答题

1. 熔断丝为什么能起到"保险"作用？熔断丝烧坏了，能否用铜丝代替？
2. 什么是电路原理图？它有什么特点？
3. 桑塔纳轿车电气线路图上的一些统一符号，如"30""15""X""31"，分别表示什么意思？

习题答案

项目1 汽车直流电路

一、问答题

1. 在汽车上由电源(蓄电池或发电机)、开关、元器件、导线等组成的电流回路叫汽车电路。全车电路由电源电路、起动电路、点火电路、照明与信号电路、仪表与报警电路、电子控制装置电路、辅助装置电路等组成。

2. 没有影响。

二、填空题

1. $u=Ri$；$i=\dfrac{\mathrm{d}q}{\mathrm{d}t}=C\dfrac{\mathrm{d}u}{\mathrm{d}t}$；电势能；储能；$u=-e_L=-(-L\dfrac{\mathrm{d}i}{\mathrm{d}t})=L\dfrac{\mathrm{d}i}{\mathrm{d}t}$；磁能；储能

2. 10mA；10V

三、判断题

1. ×   2. √   3. ×

四、计算题

1. 解：(1) 由基尔霍夫电压定律可得

$U_{ab}+U_{bc}+U_{cd}+U_{da}=0$

即 $5+(-4)+U_{cd}+(-3)=0$

得 $U_{cd}=2(\mathrm{V})$

(2) $abca$不是闭合回路，也可应用基尔霍夫电压定律列出

$U_{ab}+U_{bc}+U_{ca}=0$

即 $5+(-4)+U_{ca}=0$

得 $U_{ca}=-1(\mathrm{V})$

2. 解：(1) 设两个回路电路[网孔1(左边)和网孔2(右边)]电流都是顺时针方向。

由基尔霍夫电流定律可得

$I_1+I_2-I_3=0$

由基尔霍夫电压定律可得

$-U_{S1}+I_1R_1+I_3R_3=0$

$U_{S2}-I_3R_3-I_2R_2=0$

代值求得：$I_1=0.72(A)$；$I_2=-0.08(A)$；$I_3=0.64(A)$

(2) 以b点为参考点，则

$V_a=U_{ab}=I_3R_3=0.64×2=1.28(V)$

以a点为参考点

$V_b=U_{ba}=-I_3R_3=-0.64×2=-1.28(V)$

$U_{ab}=-U_{ba}=1.28(V)$

项目2　汽车交流电路

一、判断题

1. ×　2. ×　3. ×

二、计算题

1. (a)$\Delta\Phi=\dfrac{\pi}{2}$，$i_1$超前$i_2\dfrac{\pi}{2}$。(b)$\Delta\Phi=0$，$i_1$与$i_2$同相。(c)$\Delta\Phi=\pi$，$i_1$与$i_2$反相。(d)$\Delta\Phi=\dfrac{3\pi}{4}$，$i_1$超前$i_2\dfrac{3\pi}{4}$。

2. (1)、(2)略，(3) $\dot{I}_m=100\angle 45°A$

3. 略

4. 解：电路图如答题图2-1所示。

当中性线在图中"×"处断线时，接在L_1相的一楼不受影响，电灯亮度不变。二楼与三楼接在L_2相和L_3相上，当中性线断开时，L_2、L_3之间的电灯串联，电灯电压均不足220V，故二楼和三楼的电灯都暗下来。三楼开的电灯多些(电灯是并联的)，总电阻$R_3<R_2$，故三楼电压$U_3<U_2$，所以三楼显得更暗些。

答题图2-1

项目3　汽车磁路及电磁元件

一、填空题

1. 磁场强弱和方向的物理量；$B=\dfrac{F}{Il}$；特斯拉

2. 当外磁场增大到一定程度时，磁性物质的全部磁畴的磁场方向都转向与外部磁场方向一致

3. 不能；由硅钢片绝缘叠成

4. 阀芯位置

二、选择题

1. A 2. B 3. C

三、简答题

略

项目4　汽车电动机

1. $n_0 = \dfrac{60f}{p}$

2. $T_N = 9550 \dfrac{P_N}{n_N}$

3. 改变定子绕组的电流频率f、改变定子绕组的磁极对数p、改变转差率S调速。改变定子绕组的电流频率f最好。

4. 略

5. 三相单三拍：有A、B、C三相绕组，每次只有一相通电，按A—B—C—A方式通电。

6. 在项目4图4-65三相异步电动机直接起动控制线路图中，接触器KM吸引线圈得电，使所有动合触点闭合，电动机得电而开始向一个方向旋转起动。当放开SB_1按钮时，由于并联在其两端的接触器KM这一对辅助动合触点已闭合，不影响接触器KM吸引线圈得电，电动机正常运转。接触器KM这一对辅助动合触点的作用称为自锁，而这对辅助动合触点亦称为自锁触点。

项目5　汽车模拟电路

一、填空题

1. 自由电子；空穴

2. 较小；高频电路；小信号的整流；大电流整流电路

3. 正极；负极；很小；很大

4. 0.2～0.3V；0.2V；0.6～0.7V；0.5V

5. 共基极电路；共射极电路；共集极电路

6. 正；正

7. 正；反

8. 反；反

9. 避免放大后的波形与输入信号波形不一致而引起失真

二、选择题

1. D　2. C　3. C　4. C　5. C　6. C

三、计算题

1. 解：(1) 负载电阻 R_L 上的电压平均值为

$u_o = 0.45 u_2 = 0.45 \times 20 = 9 \text{(V)}$

流过负载电阻的电流平均值为

$I_o = \dfrac{u_o}{R_L} = \dfrac{9}{100} = 0.9 \text{(A)}$

(2) 二极管承受的最大反向电压为

$u_{RM} = 1.1\sqrt{2}\, u_2 = 1.1 \times \sqrt{2} \times 20 = 31.11 \text{(V)}$

二极管流过的最大平均电流为

$I_{VD} = 1.1 I_o = 1.1 \times 0.9 = 0.99 \text{(A)}$

2. 解：(1) 负载电阻 R_L 上的电压平均值为

$u_o = 0.9 u_2 = 0.9 \times 20 = 18 \text{(V)}$

流过负载电阻的电流平均值为

$I_o = \dfrac{u_o}{R_L} = \dfrac{18}{100} = 0.18 \text{(A)}$

(2) 二极管承受的最大整流电流为

$I_{FM} > \dfrac{1.1 I_o}{2} = \dfrac{1.1 \times 0.18}{2} = 0.099 \text{(A)}$

最高反向工作电压为

$U_{RM} = 1.1\sqrt{2}\, u_2$
$\phantom{U_{RM}} = 1.1 \times \sqrt{2} \times 20 = 31.11 \text{(V)}$

项目6　汽车数字电路

一、填空题

1. 0；1；11011；35

2. 0；1；1为高电平；0为低电平

3. 与；或；非

4. 与；有0出1，有1出0

5. 两；原来的状态

6. 空翻

二、判断题

1. ×　2. ×　3. √

三、计算题

根据 $u_0 = -\dfrac{V_R}{2^n} \dfrac{R_F}{R}(D_{n-1}2^{n-1}+D_{n-2}2^{n-2}+\cdots+D_1 2^1+D_0 2^0)$ 得

$6.25 = -\dfrac{-10}{2^8} \dfrac{R_F}{R}(D_{n-1}2^{n-1}+D_{n-2}2^{n-2}+\cdots+D_1 2^1+D_0 2^0)$

$D_{n-1}2^{n-1}+D_{n-2}2^{n-2}+\cdots+D_1 2^1+D_0 2^0 = 160$

写成二进制为10100000

四、问答题

略

项目7　安全用电

一、选择题

1. C　2. A　3. C

二、判断题

1. ×　2. √　3. √　4. ×

三、简答题

略

项目8　汽车电路图识读

一、选择题

1. A　2. A　3. B

二、填空题

1. 必须参考的基本资料；汽车电路故障诊断与排除

2. 很小；点火系统

3. 熔断器，短路保护器和继电器等；电源分配、电路保护及电路控制

4. 制作、安装线束的生产用图；各电器及导线的具体位置

三、问答题

1. 当电路发生短路或严重过载故障时，通过熔断丝熔体的电流势必超过一定的额定值，使熔体发热，当熔体达到熔点温度时，熔体某处自行熔断，从而分断故障电路。熔断丝烧坏了，不能用铜丝代替。

2. 电路原理图是将电器图形符号按工作顺序或功能排列，详细表示汽车电路的全部、部分组成和连接关系，而不考虑其实际位置的简图。它的特点是能够清晰、明了地反映各电器的连接关系和电路原理，便于分析和查找电路故障。

3. 30——直接接蓄电池正极，蓄电池12V/24V转换继电器。

15——蓄电池的下游受开关控制的正极(来自点火/行驶开关)。

X——点火开关控制卸载荷继电器的蓄电池正极端子。

31——连接蓄电池负极端子的回线或接地。

任务工单清单

1. 《FLUKE88万用表的认知》任务工单··1
2. 《汽车电工电子实训盒的使用》任务工单···4
3. 《FLUKE1508绝缘测试仪的使用》任务工单··6
4. 《熔丝的检测》任务工单···9
5. 《车灯开关的检测》任务工单···11
6. 《雨刮开关的检测》任务工单···13
7. 《机油压力开关的检测》任务工单···15
8. 《四环色环电阻识读与测量》任务工单··17
9. 《五环色环电阻识读与测量》任务工单··20
10. 《物体的导电性》任务工单···23
11. 《12V和220V交流电压测量》任务工单··25
12. 《电源内阻的测量方法》任务工单···27
13. 《电阻串联》任务工单···29
14. 《电阻并联》任务工单···31
15. 《电阻串并联》任务工单··33
16. 《蓄电池串并联》任务工单···35
17. 《灯泡的检查》任务工单··37
18. 《汽车基本照明电路连接与检测》任务工单··39
19. 《汽车照明串联电路连接与检测》任务工单··41
20. 《汽车照明并联电路连接与检测》任务工单··43
21. 《汽车照明混联电路连接与检测》任务工单··45
22. 《电容的测量》任务工单··47
23. 《$V_1 \sim V_4$电路故障诊断方法》任务工单·····································49
24. 《故障诊断一：灯泡损坏》任务工单···51
25. 《故障诊断二：负极线路断路》任务工单··54
26. 《故障诊断三：电路短路》任务工单···57
27. 《点火开关的检测》任务工单···60
28. 《验证电容通交流阻直流特性》任务工单···62

29. 《验证电感通直流阻交流特性》任务工单……64
30. 《线性电阻的伏安特性》任务工单……66
31. 《基尔霍夫电流定律的验证》任务工单……68
32. 《基尔霍夫电压定律的验证》任务工单……70
33. 《碳罐电磁阀的检测》任务工单……72
34. 《常闭继电器的检测》任务工单……74
35. 《常开继电器的检测》任务工单……76
36. 《常开继电器控制汽车照明电路连接与检测》任务工单……78
37. 《常闭继电器控制汽车照明电路连接与检测》任务工单……80
38. 《喷油嘴的检测》任务工单……82
39. 《燃油油位传感器的检测》任务工单……84
40. 《水温传感器的检测》任务工单……86
41. 《非线性电阻(二极管反向)的伏安特性》任务工单……88
42. 《非线性电阻(二极管正向)的伏安特性》任务工单……90
43. 《带二极管控制汽车照明电路连接与检测》任务工单……92
44. 《二极管和LED的测量》任务工单……94
45. 《三极管的测量》任务工单……96
46. 《NPN型三极管控制汽车照明电路连接与检测》任务工单……98
47. 《NPN型三极管控制汽车照明明暗电路连接与检测》任务工单……100
48. 《PNP型三极管控制汽车照明电路连接与检测》任务工单……102
49. 《开关电路验证与运算逻辑》任务工单……104
50. 《开关电路验证或运算逻辑》任务工单……106
51. 《开关电路验证非运算逻辑》任务工单……108
52. 《开关电路验证与非运算逻辑》任务工单……110
53. 《开关电路验证或非运算逻辑》任务工单……112
54. 《二极管与运算电路》任务工单……114
55. 《二极管或运算电路》任务工单……116
56. 《三极管非运算电路》任务工单……119
57. 《二极管、三极管与非运算电路》任务工单……122
58. 《二极管、三极管或非运算电路》任务工单……125
59. 《两线闪光器控制汽车转向电路连接与检测》任务工单……128
60. 《三线闪光器控制汽车照明电路连接与检测》任务工单……130
61. 《三线闪光器控制汽车转向电路连接与检测》任务工单……132

1.《FLUKE88万用表的认知》任务工单

任务名称	FLUKE88万用表的认知	课时	2	班级	
小组成员		小组长/组号		任务成绩	
实训设备	1. 汽车电子实验装置 2. FLUKE88万用表	实训场地	新能源汽车电工电子实训室	日期	
任务描述	本任务以FLUKE88万用表的认知内容为载体，向学生介绍FLUKE88万用表的功能、使用注意事项以及检测步骤，培养学生熟练使用万用表的能力				
学习目标	总目标：教师指导各小组学生，制订FLUKE88万用表认知实训计划，引导学生先自主学习，了解FLUKE88万用表的功能，对各小组完成情况进行评价。 专业能力：了解FLUKE88万用表的特点；掌握FLUKE88万用表的功能、检测方法；熟练使用FLUKE88万用表，正确测量相关信号。 方法能力：在组长的带领下，实训小组成员共同制订实训计划，小组成员合理分工，正确完成FLUKE88万用表的认知实训任务，并对汽车电子实验装置上的直流电压等进行测量。 社会能力：遵守6S操作规程，同学之间团结协作、互帮互助，共同完成实训任务				
说明	万用表是共用一个表头，集电压表、电流表和欧姆表于一体的仪表。万用表不仅可以测量电阻、交直流电压，还可以测量直流电压，有的万用表甚至可以测量晶体管的主要参数以及电容器的电容量等。熟练掌握万用表的使用方法是学生应具备的基本技能之一。常见的万用表有指针式万用表和数字式万用表。指针式万用表是以表头为核心部件的多功能测量仪表，测量值由表头指针指示读取。数字式万用表的测量值由液晶显示屏直接以数字的形式显示，读取方便，有些还带有语音提示功能				
决策与计划	请根据学习目标，确定实训需要的检测仪器、工具，并对小组成员进行合理分工，制订实施计划。 1. 实训需要的检测仪器、工具 2. 小组成员分工 3. 实施计划				
实施	1. 参照FLUKE88万用表实物，讲解万用表上的各个功能键。				

(续表)

实施	观察实物,填写万用表输入端子含义。

观察实物,填写万用表输入端子含义。

端子	含义
A	
mA μA	
COM	
V Ω ⇥	

观察实物,填写万用表旋转开关功能。

旋转开关位置	功能
$\tilde{V}$	
$\overline{\overline{V}}$	
$\overline{\overline{mV}}$	
⁾⁾⁾Ω⇥	
⇥	
mA / A	
μA	

观察实物,填写万用表按键功能。

按键开关	功能	按键功能
(蓝色按键)	⁾⁾⁾Ω⇥ mA/A, μA 开机通电	
MIN MAX	任何开关位置开机通电	
RANGE	任何开关位置开机通电	
HOLD	任何开关位置MIN MAX记录 频率计数器	
87型: 黄色按键	任何开关位置	
⁾⁾⁾	连续性⁾⁾⁾Ω⇥ MIN MAX记录 开机通电	
REL Δ	任何开关位置开机通电	
Hz	任何开关位置开机通电	

(续表)

实施	2. 使用万用表测量电子实验装置的直流电压。  测量的电压值为：_____				
检查与评估		评价指标	组内自评	组间互评	教师评价
	方法能力 社会能力 (40%)	工作态度(8分)			
		工作纪律(8分)			
		安全操作(8分)			
		环境保护(8分)			
		团队协作(8分)			
	专业能力 (60%)	任务方案(10分)			
		实施步骤(30分)			
		完成结果(10分)			
		任务工单完成(10分)			
		本次得分			
	最终得分 (组内自评30%+组间互评30%+教师评价40%)				

备注：6S即整理(seiri)、整顿(seiton)、清扫(seiso)、清洁(seiketsu)、素养(shitsuke)、安全(security)。

2.《汽车电工电子实训盒的使用》任务工单

任务名称	汽车电工电子实训盒的使用	课时	1	班级	
小组成员		小组长/组号		任务成绩	
实训设备	1.汽车电工电子实训盒 2.汽车电工电子实训盒说明书 3.万用表	实训场地	新能源汽车电工电子实训室	日期	
任务描述	认知汽车电工电子实训盒各模块的功能,并连接一个简单的电路来初步使用				
学习目标	总目标:教师指导各小组学生,根据汽车电工电子实训盒说明书认知汽车电工电子实训盒各模块的功能,并连接一个简单的电路来初步使用。 专业能力:能正确连接一个简单的电路来初步使用汽车电工电子实训盒。 方法能力:在组长的带领下,实训小组成员共同制订实训计划,小组成员合理分工,掌握汽车电工电子实训盒的使用方法。 社会能力:遵守6S操作规程,同学之间团结协作、互帮互助,共同完成实训任务				
说明	汽车电工电子实训盒的种类很多,使用方法也不一样,学生需要根据各种汽车电工电子实训盒使用说明书,初步掌握使用方法				
决策与计划	请根据学习目标,确定实训需要的检测仪器、工具,并对小组成员进行合理分工,制订实施计划。 1.实训需要的检测仪器、工具 _____ 2.小组成员分工 _____ 3.实施计划 _____				
实施	1.阅读说明书,写出汽车电工电子实训盒的各个组成部分。 2.取出实训盒中的连接线束和电源线束。 3.将实训盒的电源线连接到220V交流电。 4.打开实训盒控制面板上的供电电源开关,观察指示灯状态,将电压输出口的标称电压记录在表中,用万用表测量电压输出口电压,记录在表中。 | 供电	指示灯状态	面板标称电压	实测电压 | |---|---|---|---| | 12V供电 | | | | | 5V供电 | | | | | 脉冲供电 | | | | 5.数数一共有多少个元器件模块,记录下来_____				

(续表)

实施	6. 数数一共有多少根连接线,分别是什么颜色?通常用在电路何处?用万用表测量每根连接线的导通性,判断是否有损坏,记录在表中。 	连接线颜色	连接线数量	用在何处	是否有损坏(数量)
---	---	---	---
				  7. 按照电路图连接简单电路,点亮电灯泡。分别通12V、5V和脉冲电压,观察灯泡状态,填写在表中。 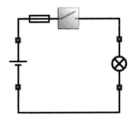 	供电	灯泡状态
12V供电	
5V供电	
脉冲供电		
检查与评估		评价指标		组内自评	组间互评	教师评价
---	---	---	---	---	---
方法能力 社会能力 (40%)	工作态度(8分)				
	工作纪律(8分)				
	安全操作(8分)				
	环境保护(8分)				
	团队协作(8分)				
专业能力 (60%)	任务方案(10分)				
	实施步骤(30分)				
	完成结果(10分)				
	任务工单完成(10分)				
本次得分					
最终得分 (组内自评30%+组间互评30%+教师评价40%)						

3.《FLUKE1508绝缘测试仪的使用》任务工单

任务名称	FLUKE1508绝缘测试仪的使用	课时	2	班级	
小组成员		小组长/组号		任务成绩	
实训设备	1.汽车电子实验装置 2.FLUKE1508绝缘测试仪	实训场地	新能源汽车电工电子实训室	日期	
任务描述	本任务以FLUKE1508绝缘测试仪的使用方法为载体,向学生介绍FLUKE1508绝缘测试仪的功能、使用注意事项以及检测步骤,培养学生熟练使用绝缘测试仪的能力					
学习目标	总目标:教师指导各小组学生,制订FLUKE1508绝缘测试仪功能认知实训计划,引导学生先自主学习,了解FLUKE1508绝缘测试仪的功能,对各小组完成情况进行评价。 专业能力:了解FLUKE1508绝缘测试仪的特点;掌握FLUKE1508绝缘测试仪的功能组成、检测方法;熟练使用FLUKE88万用表,正确测量相关信号。 方法能力:在组长的带领下,实训小组成员共同制订实训计划,小组成员合理分工,正确完成FLUKE1508绝缘测试仪功能认知实训任务,并对汽车电子实验装置上的直流电压等进行测量。 社会能力:遵守6S操作规程,同学之间团结协作、互帮互助,共同完成实训任务					
说明	绝缘测试仪又叫电气绝缘强度试验仪或介质强度测试仪。将规定的交流高压或直流高压施加在电器带电部分和非带电部分(一般为外壳)之间,以检查电器的绝缘材料的耐压能力。电器在长期工作中,不仅要承受规定的工作电压的作用,还要承受操作过程中短时间的高于额定工作电压的过电压作用(过电压值可能是额定工作电压值的好几倍)。 在这些电压的作用下,电器绝缘材料的内部结构将发生变化。当过电压强度达到一定值时,就会使材料的绝缘击穿,电器将不能正常运行,操作者就可能触电,危及人身安全					
决策与计划	请根据学习目标,确定实训需要的检测仪器、工具,并对小组成员进行合理分工,制订实施计划。 1.实训需要的检测仪器、工具 2.小组成员分工 3.实施计划					

(续表)

	1.观察实物，了解FLUKE1508绝缘测试仪的各功能键。

	观察实物，填写绝缘测试仪端子含义。

		端子	含义
		V 绝缘	
		COM	
		Ω	

观察实物，填写万用表旋转开关位置功能。

旋转开关位置	功能
⊞V	
零Ω	
1000V 500V 250V 100V 50V	

观察实物，填写万用表按键开关功能。

实施

按键开关	功能
▭	
调用/储存	
PI/DAR 比较	
清除/锁定	
☼	
测试	
⚡	
○	

(续表)

2.利用绝缘测试仪测量高压元件的绝缘电阻。

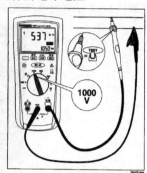

测量电机控制器的绝缘电阻值为：_____

	评价指标	组内自评	组间互评	教师评价
检查与评估	方法能力 社会能力 (40%)	工作态度(8分)			
		工作纪律(8分)			
		安全操作(8分)			
		环境保护(8分)			
		团队协作(8分)			
	专业能力 (60%)	任务方案(10分)			
		实施步骤(30分)			
		完成结果(10分)			
		任务工单完成(10分)			
		本次得分			
	最终得分 (组内自评30%+组间互评30%+教师评价40%)				

4.《熔丝的检测》任务工单

任务名称	熔丝的检测	课时	1	班级	
小组成员		小组长/组号		任务成绩	
实训设备	1.汽车电子实验装置 2.万用表 3.熔丝	实训场地	新能源汽车电工电子实训室	日期	
任务描述	本任务以汽车电子实验装置基础电路中熔丝的检测内容为载体,向学生介绍熔丝的种类以及检测方法,培养学生熟练检测熔丝的能力				
学习目标	总目标:教师指导各小组学生,制订熔丝的检测实训计划,引导学生实施检测任务,对各小组完成情况进行评价。 专业能力:了解熔丝在电路中的特点;掌握熔丝的分类和检测方法;熟练使用汽车专用万用表,正确检查熔丝;具备检测熔丝的能力。 方法能力:在组长的带领下,实训小组成员共同制订实训计划,小组成员合理分工,正确完成熔丝的检测实训任务,并对测试数据进行判断。 社会能力:遵守6S操作规程,同学之间团结协作、互帮互助,共同完成实训任务				
说明	在汽车电子实验装置上,通过电缆线束将电源、点火开关、熔丝、车用灯泡按照电路图正确连接后,实现车用灯泡点亮和熄灭,并对熔丝进行相应的检测。模拟实际汽车电路连接与检测方法				
决策与计划	请根据学习目标,确定实训需要的检测仪器、工具,并对小组成员进行合理分工,制订实施计划。 1.实训需要的检测仪器、工具 2.小组成员分工 3.实施计划				

(续表)

实施	1. 先利用汽车电子实验装置中的元器件按电路图连接汽车电路。 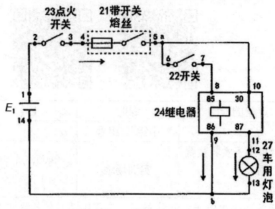 2. 检查熔丝及电路，并得出相应结论，记录在表中。 | 测试点 | 理论值 | 测量值 | 结论 | |---|---|---|---| | 闭合所有开关，测量点4和点5处的电压 | | | | | 测量熔丝电阻 | | | | | 测量点5对地电阻 | | | | 3. 请写出不同颜色的熔丝的额定电流值。 | 橘黄色 | 咖啡色 | 红色 | 蓝色 | 黄色 | 无色透明 | 绿色 | 深橘色 | |---|---|---|---|---|---|---|---| | | | | | | | | |
检查与评估	<table><tr><th colspan="2">评价指标</th><th>组内自评</th><th>组间互评</th><th>教师评价</th></tr><tr><td rowspan="5">方法能力 社会能力 (40%)</td><td>工作态度(8分)</td><td></td><td></td><td></td></tr><tr><td>工作纪律(8分)</td><td></td><td></td><td></td></tr><tr><td>安全操作(8分)</td><td></td><td></td><td></td></tr><tr><td>环境保护(8分)</td><td></td><td></td><td></td></tr><tr><td>团队协作(8分)</td><td></td><td></td><td></td></tr><tr><td rowspan="4">专业能力 (60%)</td><td>任务方案(10分)</td><td></td><td></td><td></td></tr><tr><td>实施步骤(30分)</td><td></td><td></td><td></td></tr><tr><td>完成结果(10分)</td><td></td><td></td><td></td></tr><tr><td>任务工单完成(10分)</td><td></td><td></td><td></td></tr><tr><td colspan="2">本次得分</td><td></td><td></td><td></td></tr><tr><td colspan="5">最终得分 (组内自评30%+组间互评30%+教师评价40%)</td></tr></table>

5.《车灯开关的检测》任务工单

任务名称	车灯开关的检测	课时	2	班级	
小组成员		小组长/组号		任务成绩	
实训设备	1. 汽车电子实验装置 2. 万用表 3. 车灯开关	实训场地	新能源汽车电工电子实训室	日期	
任务描述	本任务以车灯开关的检测内容为载体,向学生介绍车灯开关的功能、使用注意事项以及检测步骤,培养学生检测车灯开关的能力				
学习目标	总目标:教师指导各小组学生,制订车灯开关的检测实训计划,引导学生先了解车灯开关的功能,对各小组完成情况进行评价。 专业能力:了解车灯开关的特点;掌握车灯开关的功能、检测方法;熟练使用万用表,正确检测车灯开关。 方法能力:在组长的带领下,实训小组成员共同制订实训计划,小组成员合理分工,正确完成车灯开关的检测实训任务。 社会能力:遵守6S操作规程,同学之间团结协作、互帮互助,共同完成实训任务				
说明	车灯开关主要有两种样式:旋钮式和拨杆式。旋钮式开关一般设在中控台左侧出风口下方,顺时针选择开启。拨杆式开关需要将拨杆外侧旋钮向逆时针方向旋转才能开启。车灯开关上有前雾灯、后雾灯、自动关闭、示宽灯、近光灯、远光灯、转向灯、仪表背景灯亮度调节、灯光系统标志等图标符号。学生可通过查阅维修手册或上网搜索,认识车灯开关图标符号				
决策与计划	请根据学习目标,确定实训需要的检测仪器、工具,并对小组成员进行合理分工,制订实施计划。 1. 实训需要的检测仪器、工具 2. 小组成员分工 3. 实施计划				

(续表)

	在实训设备上操纵车灯开关,了解车灯开关各挡位的功能,填入表中。
实施	

挡位	功能
O	
AUTO	
⊙⊙	
⊟D	
⊅O	
O⊧	

根据维修手册和电路图,检查车灯开关各挡位,并得出相应结论,填入表中。

挡位	是否正常
OFF	
AUTO	
示宽灯	
近光灯	
前雾灯	
后雾灯	

		评价指标	组内自评	组间互评	教师评价
检查与评估	方法能力 社会能力 (40%)	工作态度(8分)			
		工作纪律(8分)			
		安全操作(8分)			
		环境保护(8分)			
		团队协作(8分)			
	专业能力 (60%)	任务方案(10分)			
		实施步骤(30分)			
		完成结果(10分)			
		任务工单完成(10分)			
		本次得分			
	最终得分 (组内自评30%+组间互评30%+教师评价40%)				

6.《雨刮开关的检测》任务工单

任务名称	雨刮开关的检测	课时	2	班级	
小组成员		小组长/组号		任务成绩	
实训设备	1. 汽车电子实验装置 2. 万用表 3. 雨刮开关	实训场地	新能源汽车电工电子实训室	日期	
任务描述	本任务以雨刮开关的检测内容为载体,向学生介绍雨刮开关的功能、使用注意事项以及检测步骤,培养学生检测雨刮开关的能力				
学习目标	总目标:教师指导各小组学生,制订雨刮开关的检测实训计划,引导学生先了解雨刮开关的功能,对各小组完成情况进行评价。 专业能力:了解雨刮开关的特点;掌握雨刮开关的功能、检测方法;熟练使用万用表,正确检测雨刮开关。 方法能力:在组长的带领下,实训小组成员共同制订实训计划,小组成员合理分工,正确完成雨刮开关的检测实训任务。 社会能力:遵守6S操作规程,同学之间团结协作、互帮互助,共同完成实训任务				
说明	刮水器控制系统通过电子控制系统不仅可以实现刮水器的延时控制,还可以实现其他的复杂控制。电子控制系统包括一个双速电机和两个限位开关,通过一个手柄开关可以实现以下功能:清洗、刮水、高速刮水、低速刮水、间歇刮水和延时控制。复杂的电子控制系统还能实现摆动条正压力控制和雨量感应控制				
决策与计划	请根据学习目标,确定实训需要的检测仪器、工具,并对小组成员进行合理分工,制订实施计划。 1. 实训需要的检测仪器、工具 2. 小组成员分工 3. 实施计划				

(续表)

实施	1.在实训设备上操纵雨刮开关，了解雨刮开关各挡位及功能。		
	挡位	功能	
	MIST		
	OFF		
	INT		
	LOW		
	HI		

2.根据维修手册，检查雨刮开关各挡位，并得出相应结论。

端子位置	3	9	2	8	10	1	4	5
MIST	○—	—○		○—	—○			
OFF	○—	—○						
INT	○		○—○			○〜○	
LOW	○—○						
HI			○—	—○				

挡位	是否正常
MIST	
OFF	
INT	
LOW	
HI	

检查与评估		评价指标	组内自评	组间互评	教师评价
	方法能力 社会能力 (40%)	工作态度(8分)			
		工作纪律(8分)			
		安全操作(8分)			
		环境保护(8分)			
		团队协作(8分)			
	专业能力 (60%)	任务方案(10分)			
		实施步骤(30分)			
		完成结果(10分)			
		任务工单完成(10分)			
		本次得分			
	最终得分 (组内自评30%+组间互评30%+教师评价40%)				

7.《机油压力开关的检测》任务工单

任务名称	机油压力开关的检测	课时	2	班级	
小组成员		小组长/组号		任务成绩	
实训设备	1.汽车电子实验装置 2.万用表 3.机油压力开关	实训场地	新能源汽车电工电子实训室	日期	
任务描述	本任务以机油压力开关的检测内容为载体,向学生介绍机油压力开关的功能、使用注意事项以及检测步骤,培养学生检测机油压力开关的能力					
学习目标	总目标:教师指导各小组学生,制订机油压力开关的检测实训计划,引导学生先介绍机油压力开关的功能,对各小组完成情况进行评价。 专业能力:了解机油压力开关的特点;掌握机油压力开关的功能、检测方法;熟练使用万用表;具备正确检测机油压力开关的能力。 方法能力:在组长的带领下,实训小组成员共同制订实训计划,小组成员合理分工,正确完成机油压力开关检测实训任务。 社会能力:遵守6S操作规程,同学之间团结协作、互帮互助,共同完成实训任务					
说明	无					
决策与计划	请根据学习目标,确定实训需要的检测仪器、工具,并对小组成员进行合理分工,制订实施计划。 1.实训需要的检测仪器、工具 2.小组成员分工 3.实施计划					
实施						

(续表)

	评价指标		组内自评	组间互评	教师评价
检查与评估	方法能力 社会能力 (40%)	工作态度(8分)			
		工作纪律(8分)			
		安全操作(8分)			
		环境保护(8分)			
		团队协作(8分)			
	专业能力 (60%)	任务方案(10分)			
		实施步骤(30分)			
		完成结果(10分)			
		任务工单完成(10分)			
	本次得分				
	最终得分 (组内自评30%+组间互评30%+教师评价40%)				

8.《四环色环电阻识读与测量》任务工单

任务名称	四环色环电阻识读与测量	课时	2	班级	
小组成员		小组长/组号		任务成绩	
实训设备	1. 色环电阻 2. 电工电子实验台 3. 万用表	实训场地	新能源汽车电工电子实训室	日期	
任务描述	本任务以四环色环电阻测试内容为载体,向学生介绍色环电阻的识读注意事项,并用万用表进行测量,验证读数的正确性,培养学生色环电阻识读能力和使用万用表测量电阻的能力				
学习目标	总目标:教师指导各小组学生,制订四环色环电阻识读与测量实训计划,引导学生实施检测任务,对各小组完成情况进行评价。 专业能力:了解色环电阻的识读方法;熟练使用汽车专用万用表,正确测量色环电阻参数;具备色环电阻的识读能力。 方法能力:在组长的带领下,实训小组成员共同制订实训计划,小组成员合理分工,正确完成四环色环电阻识读与测量实训任务,并用万用表对色环电阻进行测量,判断识读的正确性。 社会能力:遵守6S操作规程,同学之间团结协作、互帮互助,共同完成实训任务				
说明	色环电阻各种颜色对应的值				
决策与计划	请根据学习目标,确定实训需要的检测仪器、工具,并对小组成员进行合理分工,制订实施计划。 1. 实训需要的检测仪器、工具 2. 小组成员分工 3. 实施计划 				
实施	1. 识读和测量第1个色环电阻,记录在表中。 	环数	颜色	对应值
---	---	---
第1环		
第2环		
第3环		
第4环		| 电阻识读阻值=_____ 用万用表电阻挡测量电阻阻值=_____ 判断识读阻值是否正确_____				

(续表)

实施	2. 识读和测量第2个色环电阻，记录在表中。 	环数	颜色	对应值
---	---	---
第1环		
第2环		
第3环		
第4环		| 电阻识读阻值=_____ 用万用表电阻挡测量电阻阻值=_____ 判断识读阻值是否正确_____ 3. 识读和测量第3个色环电阻，记录在表中。 | 环数	颜色	对应值
---	---	---
第1环		
第2环		
第3环		
第4环		| 电阻识读阻值=_____ 用万用表电阻挡测量电阻阻值=_____ 判断识读阻值是否正确_____ 4. 识读和测量第4个色环电阻，记录在表中。 | 环数	颜色	对应值
---	---	---
第1环		
第2环		
第3环		
第4环		| 电阻识读阻值=_____ 用万用表电阻挡测量电阻阻值=_____ 判断识读阻值是否正确_____ 5. 识读和测量第5个色环电阻，记录在表中。 | 环数	颜色	对应值
---	---	---
第1环		
第2环		
第3环		
第4环			 电阻识读阻值=_____ 用万用表电阻挡测量电阻阻值=_____ 判断识读阻值是否正确_____ 6. 结论：

(续表)

		评价指标	组内自评	组间互评	教师评价
检查与评估	方法能力 社会能力 (40%)	工作态度(8分)			
		工作纪律(8分)			
		安全操作(8分)			
		环境保护(8分)			
		团队协作(8分)			
	专业能力 (60%)	任务方案(10分)			
		实施步骤(30分)			
		完成结果(10分)			
		任务工单完成(10分)			
		本次得分			
	最终得分 (组内自评30%+组间互评30%+教师评价40%)				

9.《五环色环电阻识读与测量》任务工单

任务名称	五环色环电阻识读与测量	课时	2	班级	
小组成员		小组长/组号		任务成绩	
实训设备	1. 色环电阻 2. 电工电子实验台 3. 万用表	实训场地	新能源汽车电工电子实训室	日期	
任务描述	本任务以电工电子实验台电阻测试内容为载体,向学生介绍五环色环电阻识读注意事项,并用万用表进行测量,验证读数的正确性,培养学生色环电阻识读能力和使用万用表测量电阻的能力。					
学习目标	总目标:教师指导各小组学生,制订五环色环电阻识读与测量实训计划,引导学生实施检测任务,对各小组完成情况进行评价。 专业能力:了解色环电阻的识读方法;熟练使用汽车专用万用表,正确测量色环电阻参数;具备色环电阻的识读能力。 方法能力:在组长的带领下,实训小组成员共同制订实训计划,小组成员合理分工,正确完成色环电阻识读实训任务,并用万用表对色环电阻进行测量,判断识读的正确性。 社会能力:遵守6S操作规程,同学之间团结协作、互帮互助,共同完成实训任务					
说明	色环电阻各种颜色对应的值					
决策与计划	请根据学习目标,确定实训需要的检测仪器、工具,并对小组成员进行合理分工,制订实施计划。 1. 实训需要的检测仪器、工具 _____ 2. 小组成员分工 _____ 3. 实施计划 _____					
实施	1. 识读和测量第1个色环电阻,记录在表中。 	环数	颜色	对应值
---	---	---
第1环		
第2环		
第3环		
第4环		
第5环			 电阻识读阻值=_____ 用万用表电阻挡测量电阻阻值=_____ 判断识读阻值是否正确_____ 2. 识读和测量第2个色环电阻,记录在表中。 	环数	颜色	对应值
---	---	---
第1环		
第2环		
第3环		
第4环		
第5环								

(续表)

实施	电阻识读阻值=_____ 用万用表电阻挡测量电阻阻值=_____ 判断识读阻值是否正确_____ 3. 识读和测量第3个色环电阻，记录在表中。 | 环数	颜色	对应值 | |---|---|---| | 第1环 | | | | 第2环 | | | | 第3环 | | | | 第4环 | | | | 第5环 | | | 电阻识读阻值=_____ 用万用表电阻挡测量电阻阻值=_____ 判断识读阻值是否正确_____ 4. 识读和测量第4个色环电阻，记录在表中。 | 环数	颜色	对应值 | |---|---|---| | 第1环 | | | | 第2环 | | | | 第3环 | | | | 第4环 | | | | 第5环 | | | 电阻识读阻值=_____ 用万用表电阻挡测量电阻阻值=_____ 判断识读阻值是否正确_____ 5. 识读和测量第5个色环电阻，记录在表中。 | 环数	颜色	对应值 | |---|---|---| | 第1环 | | | | 第2环 | | | | 第3环 | | | | 第4环 | | | | 第5环 | | | 电阻识读阻值=_____ 用万用表电阻挡测量电阻阻值=_____ 判断识读阻值是否正确_____ 结论：

(续表)

	评价指标		组内自评	组间互评	教师评价
检查与评估	方法能力 社会能力 (40%)	工作态度(8分)			
		工作纪律(8分)			
		安全操作(8分)			
		环境保护(8分)			
		团队协作(8分)			
	专业能力 (60%)	任务方案(10分)			
		实施步骤(30分)			
		完成结果(10分)			
		任务工单完成(10分)			
	本次得分				
	最终得分 (组内自评30%+组间互评30%+教师评价40%)				

10.《物体的导电性》任务工单

任务名称	物体的导电性	课时	2	班级	
小组成员		小组长/组号		任务成绩	
实训设备	1. 稳压电源(可调电压大小) 2. 电工电子实训盒 3. 万用表 4. 干木棍、湿木棍、铅笔芯、塑料、钥匙、金属扳手、绝缘扳手等	实训场地	新能源汽车电工电子实训室	日期	
任务描述	本任务以电工电子实训盒为载体,通过万用表测量几种物体的电阻,再将物体串联在一个有电灯泡的电路中,通过灯泡点亮的亮度或熄灭来验证不同物体的导电性				
学习目标	总目标:教师指导各小组学生,制订实训计划,引导学生实施检测任务,对各小组完成情况进行评价。 专业能力:掌握物体的导电性能。 方法能力:熟练使用汽车专用万用表,正确测量物体电阻;在组长的带领下,实训小组成员共同制订实训计划;小组成员合理分工,正确完成电路连接和测量实训任务,并对测试数据进行判断。 社会能力:遵守6S操作规程,同学之间团结协作、互帮互助,共同完成实训任务				
说明	金属是常见的导电材料,木棍、塑料、橡胶等是不导电材料,铅笔芯是导电材料				
决策与计划	请根据学习目标,确定实训需要的检测仪器、工具,并对小组成员进行合理分工,制订实施计划。 1. 实训需要的检测仪器、工具 _____ 2. 小组成员分工 _____ 3. 实施计划 _____				
实施	1. 用万用表测量各种物体的电阻,将物体名称和测量值填入表中。注意测量时,万用表表笔不要相互接触。 2. 将电源、熔丝、开关、电灯泡和不同物体串联在回路中,绘制电路图(电路图中用物表示物体)。				

(续表)

实施	3. 连接电路，将开关闭合，观察灯泡是否点亮，并将灯泡点亮状态记录在表中。关闭开关，更换物体，再次闭合开关，观察灯泡是否点亮，并记录灯泡点亮状态，依次将所有物体轮换接入电路，观察灯泡点亮状态。 | 物体名称	测量值/Ω	灯泡点亮状态(填入描述灯泡亮度的词语) | |---|---|---| | | | | | | | | | | | | | | | | | | | | 4. 对比表中各物体的电阻测量值和连入电路后灯泡的亮度，得出结论：

		评价指标	组内自评	组间互评	教师评价
检查与评估	方法能力 社会能力 (40%)	工作态度(8分)			
		工作纪律(8分)			
		安全操作(8分)			
		环境保护(8分)			
		团队协作(8分)			
	专业能力 (60%)	任务方案(10分)			
		实施步骤(30分)			
		完成结果(10分)			
		任务工单完成(10分)			
		本次得分			
	最终得分 (组内自评30%+组间互评30%+教师评价40%)				

11.《12V和220V交流电压测量》任务工单

任务名称	12V和220V交流电压测量	课时	2	班级	
小组成员		小组长/组号		任务成绩	
实训设备	1. 12V蓄电池 2. 家用接线板通电220V 3. 万用表 4. 绝缘手套	实训场地	新能源汽车电工电子实训室	日期	
任务描述	本任务向学生介绍12V和220V交流电压的测量方法,以及安全注意事项					
学习目标	总目标:教师指导各小组学生,制订12V和220V交流电压测量实训计划,引导学生实施检测任务,对各小组完成情况进行评价。 专业能力:熟练使用汽车专用万用表,正确测量电压。 方法能力:在组长的带领下,实训小组成员共同制订实训计划,小组成员合理分工,正确完成电压测量实训任务。 社会能力:遵守6S操作规程,同学之间团结协作、互帮互助,共同完成实训任务					
说明	电压测量注意事项: 1. 万用表的挡位选用。 2. 保证220V电压测量的安全					
决策与计划	请根据学习目标,确定实训需要的检测仪器、工具,并对小组成员进行合理分工,制订实施计划。 1. 实训需要的检测仪器、工具 2. 小组成员分工 3. 实施计划 					
实施	1. 用万用表准确测量蓄电池的电压,记录测量过程。 2. 佩戴绝缘手套测量家用接线板插孔电压,记录测量过程。 					

(续表)

	评价指标		组内自评	组间互评	教师评价
检查与评估	方法能力 社会能力 (40%)	工作态度(8分)			
		工作纪律(8分)			
		安全操作(8分)			
		环境保护(8分)			
		团队协作(8分)			
	专业能力 (60%)	任务方案(10分)			
		实施步骤(30分)			
		完成结果(10分)			
		任务工单完成(10分)			
		本次得分			
	最终得分 (组内自评30%+组间互评30%+教师评价40%)				

12.《电源内阻的测量方法》任务工单

任务名称	电源内阻的测量方法	课时	2	班级	
小组成员		小组长/组号		任务成绩	
实训设备	1. 蓄电池/电源 2. 电工电子实训盒 3. 万用表	实训场地	新能源汽车电工电子实训室	日期	
任务描述	本任务以电工电子实训盒的供电电源以及车载12V铅酸蓄电池为载体,向学生介绍电源内阻的测量方法,并用万用表进行相关测量。引导学生根据全电路欧姆定律计算电源/电池内阻,验证电源/电池内阻的存在及其对电路的影响,使学生掌握电源内阻的测量方法。				
学习目标	总目标:教师指导各小组学生,制订实训计划,引导学生实施检测任务,对各小组完成情况进行评价。 专业能力:掌握电源内阻的测量方法;熟练使用汽车专用万用表,正确进行相关物理量的测量;具备应用全电路欧姆定律测量和计算电源/电池内阻的能力。 方法能力:在组长的带领下,实训小组成员共同制订实训计划;小组成员合理分工,正确运用万用表对相关物理量进行测量;具备应用全电路欧姆定律测量和计算电源/电池内阻的能力。 社会能力:遵守6S操作规程,同学之间团结协作、互帮互助,共同完成实训任务				
说明	全电路欧姆定律:$E=I(R+r)$ E——电源电动势,V;I——电路中的电流,A;R——电路中用电设备电阻,Ω;r——电源/电池内阻,Ω 全电路欧姆定律:$E=U+Ir$ E——电源电动势,V;U——电路中用电设备两端电压,V;I——电路中的电流,A;r——电源/电池内阻,Ω				
决策与计划	请根据学习目标,确定实训需要的检测仪器、工具,并对小组成员进行合理分工,制订实施计划。 1. 实训需要的检测仪器、工具 2. 小组成员分工 3. 实施计划				
实施	1. 根据全电路欧姆定律制订电源/电池内阻测量和计算方法。 $E=I(R+r)$或$E=U+Ir$ 方法一: 方法二:				

(续表)

实施	2. 将测量的数值记录在表中(根据测量方法，有选择地填写所需测量的物理量的数值)。				

方法一：

物理量	第1次	第2次	第3次	平均值
E/V				
I/A				
U/V				
R/Ω				
r/Ω				

方法二：

物理量	第1次	第2次	第3次	平均值
E/V				
I/A				
U/V				
R/Ω				
r/Ω				

3. 计算电源/电池内阻(列出公式，带入数值，计算结果)。

4. 总结。

检查与评估

	评价指标		组内自评	组间互评	教师评价
方法能力 社会能力 (40%)	工作态度(8分)				
	工作纪律(8分)				
	安全操作(8分)				
	环境保护(8分)				
	团队协作(8分)				
专业能力 (60%)	任务方案(10分)				
	实施步骤(30分)				
	完成结果(10分)				
	任务工单完成(10分)				
	本次得分				
最终得分 (组内自评30%+组间互评30%+教师评价40%)					

13.《电阻串联》任务工单

任务名称	电阻串联	课时	2	班级	
小组成员		小组长/组号		任务成绩	
实训设备	1. 稳压电源(双路) 2. 电工电子实验台 3. 万用表	实训场地	新能源汽车电工电子实训室	日期	
任务描述	本任务以电工电子实验台电阻串联测试内容为载体，向学生介绍直流电路测量注意事项、测试工具使用方法以及测试步骤，培养学生熟练应用电阻串联的能力				
学习目标	总目标：教师指导各小组学生，制订电阻串联实训计划，引导学生实施检测任务，对各小组完成情况进行评价。 专业能力：了解直流电流的特点；掌握电阻串联作用、电路组成、工作过程和检测方法；熟练使用汽车专用万用表，正确测量电阻串联参数；具备熟练应用电阻串联的能力。 方法能力：在组长的带领下，实训小组成员共同制订实训计划，小组成员合理分工，正确完成电阻串联实训任务，并对测试数据进行判断。 社会能力：遵守6S操作规程，同学之间团结协作、互帮互助，共同完成实训任务				
说明	串联是指几个电阻一个接一个地连接起来，没有分岔支路。串联后回路总电阻等于各个所串电阻阻值之和				
决策与计划	请根据学习目标，确定实训需要的检测仪器、工具，并对小组成员进行合理分工，制订实施计划。 1. 实训需要的检测仪器、工具 2. 小组成员分工 3. 实施计划				
实施	1. 先测量你选用的电阻阻值，记录在表中。 2. 按图连接相应电路，测量并计算总电阻。 (a) $R = R_1 + R_2$ (b) $R = R_1 + R_2 + R_3$				

(续表)

	3.用万用表欧姆挡测量电路的总电阻R，并按公式进行理论计算，将结果记入表中。			
实施	$R_1=$　　　　$R_2=$　　　　$R_3=$			
	电阻连接形式	理论计算值		测量值
	R_1+R_2			
	$R_1+R_2+R_3$			
	结论：电阻越串总阻值越 _____；电阻越并总阻值越 _____			

		评价指标	组内自评	组间互评	教师评价
检查与评估	方法能力 社会能力 (40%)	工作态度(8分)			
		工作纪律(8分)			
		安全操作(8分)			
		环境保护(8分)			
		团队协作(8分)			
	专业能力 (60%)	任务方案(10分)			
		实施步骤(30分)			
		完成结果(10分)			
		任务工单完成(10分)			
		本次得分			
	最终得分 (组内自评30%+组间互评30%+教师评价40%)				

14.《电阻并联》任务工单

任务名称	电阻并联	课时	2	班级	
小组成员		小组长/组号		任务成绩	
实训设备	1. 稳压电源(双路) 2. 电工电子实验台 3. 万用表	实训场地	新能源汽车电工电子实训室	日期	
任务描述	本任务以电工电子实验台电阻并联测试内容为载体,向学生介绍直流电路测量注意事项、测试工具使用方法以及测试步骤,培养学生熟练应用电阻并联的能力					
学习目标	总目标:教师指导各小组学生,制订电阻并联实训计划,引导学生实施检测任务,对各小组完成情况进行评价。 专业能力:了解直流电流的特点;掌握电阻并联作用、电路组成、工作过程和检测方法;熟练使用汽车专用万用表,正确测量电阻并联参数;具备熟练应用电阻并联的能力。 方法能力:在组长的带领下,实训小组成员共同制订实训计划,小组成员合理分工,正确完成电阻并联实训任务,并对测试数据进行判断。 社会能力:遵守6S操作规程,同学之间团结协作、互帮互助,共同完成实训任务					
说明	并联是指把几个电阻的一端连接在电路的同一点上,把它们的另一端共同接在电路的另一点上					
决策与计划	请根据学习目标,确定实训需要的检测仪器、工具,并对小组成员进行合理分工,制订实施计划。 1. 实训需要的检测仪器、工具 2. 小组成员分工 3. 实施计划 					
实施	1. 先测量你选用的电阻阻值,记录在表中。 2. 按图连接相应电路,测量并计算总电阻。 (a) $R=R_1 /\!/ R_2$ (b) $R=R_1 /\!/ R_2 /\!/ R_3$ 3. 用万用表欧姆挡测量电路的总电阻 R,并且按公式进行理论计算,将结果记入表中。 $R_1=\quad R_2=\quad R_3=$					

电阻连接形式	理论计算值	测量值
$R_1 /\!/ R_2$		
$R_1 /\!/ R_2 /\!/ R_3$		

结论:电阻越串总阻值越 _____ ;电阻越并总阻值越 _____

(续表)

	评价指标	组内自评	组间互评	教师评价
方法能力社会能力(40%)	工作态度(8分)			
	工作纪律(8分)			
	安全操作(8分)			
	环境保护(8分)			
	团队协作(8分)			
专业能力(60%)	任务方案(10分)			
	实施步骤(30分)			
	完成结果(10分)			
	任务工单完成(10分)			
	本次得分			
最终得分(组内自评30%+组间互评30%+教师评价40%)				

检查与评估

15.《电阻串并联》任务工单

任务名称	电阻串并联	课时	2	班级	
小组成员		小组长/组号		任务成绩	
实训设备	1. 稳压电源(双路) 2. 电工电子实验台 3. 万用表	实训场地	新能源汽车电工电子实训室	日期	
任务描述	本任务以电工电子实验台电阻串并联测试内容为载体,向学生介绍直流电路测量注意事项、测试工具使用方法以及测试步骤,培养学生熟练应用电阻串并联的能力					
学习目标	总目标:教师指导各小组学生,制订电阻串并联实训计划,引导学生实施检测任务,对各小组完成情况进行评价。 专业能力:了解直流电流的特点;掌握电阻串并联作用、电路组成、工作过程和检测方法;熟练使用汽车专用万用表,正确测量电阻串并联参数;具备熟练应用电阻串并联的能力。 方法能力:在组长的带领下,实训小组成员共同制订实训计划,小组成员合理分工,正确完成电阻串并联实训任务,并对测试数据进行判断。 社会能力:遵守6S操作规程,同学之间团结协作、互帮互助,共同完成实训任务					
说明	串联是指几个电阻一个接一个地连接起来,没有分岔支路。串联后回路总电阻等于各个所串电阻阻值之和。并联是指把几个电阻的一端连接在电路的同一点上,把它们的另一端共同接在电路的另一点上					
决策与计划	请根据学习目标,确定实训需要的检测仪器、工具,并对小组成员进行合理分工,制订实施计划。 1. 实训需要的检测仪器、工具 2. 小组成员分工 3. 实施计划					
实施	1. 先测量你选用的电阻阻值,记录在表中。 2. 按图连接相应电路,测量并计算总电阻。 (a) $R=R_1+R_3 /\!/ R_2$ (b) $R=R_2+R_3 /\!/ R_1$ (c) $R=R_3+R_1 /\!/ R_2$					

(续表)

	3.用万用表欧姆挡测量电路的总电阻R，并且按公式进行理论计算，将结果记入表中。			
实施	$R_1=$　　　　$R_2=$　　　　$R_3=$			
	电阻连接形式	理论计算值		测量值
	$(R_1+R_2)//R_3$			
	$(R_2+R_1)//R_3$			
	$(R_3+R_1)//R_2$			
	结论：电阻越串总阻值越_____；电阻越并总阻值越_____			
检查与评估		评价指标	组内自评	组间互评	教师评价

		评价指标	组内自评	组间互评	教师评价
检查与评估	方法能力 社会能力 (40%)	工作态度(8分)			
		工作纪律(8分)			
		安全操作(8分)			
		环境保护(8分)			
		团队协作(8分)			
	专业能力 (60%)	任务方案(10分)			
		实施步骤(30分)			
		完成结果(10分)			
		任务工单完成(10分)			
		本次得分			
	最终得分 (组内自评30%+组间互评30%+教师评价40%)				

16.《蓄电池串并联》任务工单

任务名称	蓄电池串并联	课时	2	班级	
小组成员		小组长/组号		任务成绩	
实训设备	1. 12V蓄电池3块 2. 连接线 3. 万用表	实训场地	新能源汽车电工电子实训室	日期	
任务描述	本任务向学生介绍蓄电池串联和并联的电压测量方法,以及安全注意事项				
学习目标	总目标:教师指导各小组学生,制订蓄电池串并联实训计划,引导学生实施检测任务,对各小组完成情况进行评价。 专业能力:熟练使用汽车专用万用表,正确测量电压。 方法能力:在组长的带领下,实训小组成员共同制订实训计划,小组成员合理分工,正确完成蓄电池串并联实训任务。 社会能力:遵守6S操作规程,同学之间团结协作、互帮互助,共同完成实训任务				
说明	蓄电池并联是指把几个蓄电池的正极连接在电路的同一点上,把它们的负极共同接在电路的另一点上。蓄电池串联是指将一个蓄电池的正极与另一个蓄电池的负极相连				
决策与计划	请根据学习目标,确定实训需要的检测仪器、工具,并对小组成员进行合理分工,制订实施计划。 1. 实训需要的检测仪器、工具 _____ 2. 小组成员分工 _____ 3. 实施计划 _____				
实施	1. 分别绘制3个蓄电池串联、并联电路图。 2. 分别测量3个蓄电池的电压。 3. 按照绘制的电路图,用跨接线将3个蓄电池串联,并用万用表准确测量串联后的电压。				

(续表)

实施	4. 按照绘制的电路图，用跨接线将3个蓄电池并联并用万用表准确测量并联后的电压，记录在表中。					
	电池	电池1	电池2	电池3	三个串联	三个并联
	电压					
	结论：					

	评价指标		组内自评	组间互评	教师评价
检查与评估	方法能力 社会能力 (40%)	工作态度(8分)			
		工作纪律(8分)			
		安全操作(8分)			
		环境保护(8分)			
		团队协作(8分)			
	专业能力 (60%)	任务方案(10分)			
		实施步骤(30分)			
		完成结果(10分)			
		任务工单完成(10分)			
		本次得分			
	最终得分 (组内自评30%+组间互评30%+教师评价40%)				

17.《灯泡的检查》任务工单

任务名称	灯泡的检查	课时	2	班级	
小组成员		小组长/组号		任务成绩	
实训设备	1. 汽车灯泡 2. 万用表	实训场地	新能源汽车电工电子实训室	日期	
任务描述	本任务向学生介绍检查汽车灯泡的方法,培养学生熟练检查灯泡的应用能力				
学习目标	总目标:教师指导各小组学生,制订灯泡的检查实训计划,引导学生实施检测任务,对各小组完成情况进行评价。 专业能力:熟练使用汽车专用万用表,正确测量灯泡电阻。 方法能力:在组长的带领下,实训小组成员共同制订实训计划,小组成员合理分工,正确完成灯泡的检查实训任务,并对测试数据进行判断。 社会能力:遵守6S操作规程,同学之间团结协作、互帮互助,共同完成实训任务				
说明	汽车灯泡是照明系统易损件,掌握其检查方法是岗位典型工作任务				
决策与计划	请根据学习目标,确定实训需要的检测仪器、工具,并对小组成员进行合理分工,制订实施计划。 1. 实训需要的检测仪器、工具 2. 小组成员分工 3. 实施计划 				
实施	1. 检查汽车灯泡外观,记录在表中。 2. 用万用表测量灯泡电阻,记录在表中。 (a) 卤素灯泡　　(b) 普通白炽灯泡 | 灯泡类型	外观	测量值	结果判定 | |---|---|---|---| | 卤素灯泡 | | | | | 普通白炽灯泡 | | | |				

(续表)

	评价指标		组内自评	组间互评	教师评价
检查与评估	方法能力 社会能力 (40%)	工作态度(8分)			
		工作纪律(8分)			
		安全操作(8分)			
		环境保护(8分)			
		团队协作(8分)			
	专业能力 (60%)	任务方案(10分)			
		实施步骤(30分)			
		完成结果(10分)			
		任务工单完成(10分)			
	本次得分				
	最终得分 (组内自评30%+组间互评30%+教师评价40%)				

18.《汽车基本照明电路连接与检测》任务工单

任务名称	汽车基本照明电路连接与检测	课时	2	班级	
小组成员		小组长/组号		任务成绩	
实训设备	1. 汽车电子实验装置 2. 万用表	实训场地	新能源汽车电工电子实训室	日期	
任务描述	本任务以汽车基本照明电路连接与检测内容为载体，向学生介绍汽车基本照明电路连接注意事项、测试工具的使用方法以及检测步骤，培养学生熟练检测汽车基本照明电路的能力					
学习目标	总目标：教师指导各小组学生，制订汽车基本照明电路连接与检测实训计划，引导学生实施检测任务，对各小组完成情况进行评价。 专业能力：了解基本照明电路的特点；掌握基本照明电路的组成、工作过程和检测方法；熟练使用汽车专用万用表，正确测量基本照明电路的各电压参数；具备熟练检测汽车基本照明电路的能力。 方法能力：在组长的带领下，实训小组成员共同制订实训计划，小组成员合理分工，正确完成汽车基本照明电路连接与检测实训任务，并对测试数据进行判断。 社会能力：遵守6S操作规程，同学之间团结协作、互帮互助，共同完成实训任务					
说明	在汽车电子实验装置上，通过电缆线束将电源、点火开关、熔丝、车用灯泡按照电路图进行连接，实现车用灯泡的点亮和熄灭					
决策与计划	请根据学习目标，确定实训需要的检测仪器、工具，并对小组成员进行合理分工，制订实施计划。 1. 实训需要的检测仪器、工具 _____ 2. 小组成员分工 _____ 3. 实施计划					

(续表)

实施	1. 选择汽车电子实验装置中的元器件，按图连接汽车基本照明电路。 2. 使点火开关和带开关熔丝处于不同的状态，检测电路中各点的电压值，并得出相应结论，记录在表中。 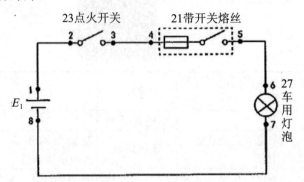 3. 用万用表直流电压挡进行检测：首先，接通23点火开关前，测量1～8点的电位；其次，接通23点火开关后，测量1～8点的电位；再次，接通21开关后，测量1～8点的电位；最后，将测量结果记入表中。 | 开关状态	理论电压值	测量值	结论 | |---|---|---|---| | 点火开关均不接通 | | | | | 仅接通23点火开关 | | | | | 接通23点火开关并且接通21开关 | | | |
检查与评估	<table><tr><th colspan="2">评价指标</th><th>组内自评</th><th>组间互评</th><th>教师评价</th></tr><tr><td rowspan="5">方法能力 社会能力 (40%)</td><td>工作态度(8分)</td><td></td><td></td><td></td></tr><tr><td>工作纪律(8分)</td><td></td><td></td><td></td></tr><tr><td>安全操作(8分)</td><td></td><td></td><td></td></tr><tr><td>环境保护(8分)</td><td></td><td></td><td></td></tr><tr><td>团队协作(8分)</td><td></td><td></td><td></td></tr><tr><td rowspan="4">专业能力 (60%)</td><td>任务方案(10分)</td><td></td><td></td><td></td></tr><tr><td>实施步骤(30分)</td><td></td><td></td><td></td></tr><tr><td>完成结果(10分)</td><td></td><td></td><td></td></tr><tr><td>任务工单完成(10分)</td><td></td><td></td><td></td></tr><tr><td colspan="2">本次得分</td><td></td><td></td><td></td></tr><tr><td colspan="2">最终得分 (组内自评30%+组间互评30%+教师评价40%)</td><td colspan="3"></td></tr></table>

19.《汽车照明串联电路连接与检测》任务工单

任务名称	汽车照明串联电路连接与检测	课时	2	班级	
小组成员		小组长/组号		任务成绩	
实训设备	1.汽车电子实验装置 2.万用表	实训场地	新能源汽车电工电子实训室	日期	
任务描述	本任务以汽车照明串联电路连接与检测内容为载体,向学生介绍汽车照明串联电路连接注意事项、测试工具的使用方法以及检测步骤,培养学生熟练检测汽车照明串联电路的能力				
学习目标	总目标:教师指导各小组学生,制订汽车照明串联电路连接与检测实训计划,引导学生实施检测任务,对各小组完成情况进行评价。 专业能力:了解汽车照明串联电路的特点;掌握汽车照明串联电路的组成、工作过程和检测方法;熟练使用汽车专用万用表,正确测量照明串联电路中的各电压参数;具备熟练检测汽车照明串联电路的能力。 方法能力:在组长的带领下,实训小组成员共同制订实训计划,小组成员合理分工,正确完成汽车照明串连电路连接与检测实训任务,并对测试数据进行判断。 社会能力:遵守6S操作规程,同学之间团结协作、互帮互助,共同完成实训任务				
说明	在汽车电子实验装置上,通过电缆线束将电源、点火开关、熔丝、车用灯泡按照电路图进行连接,实现车用灯泡的点亮和熄灭,并对电路进行相应的检测。模拟实际汽车照明串联电路的连接与检测方法				
决策与计划	请根据学习目标,确定实训需要的检测仪器、工具,并对小组成员进行合理分工,制订实施计划。 1.实训需要的检测仪器、工具 2.小组成员分工 3.实施计划				

(续表)

实施	1. 先利用汽车电子实验装置中的元器件按图连接汽车照明串联电路。 2. 使点火开关和带熔丝开关处于不同的状态，检测电路中各点的电压值，并得出相应结论，记录在表中。 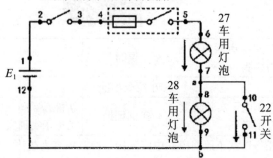 3. 用万用表直流电压挡进行测量与检测：首先，接通23点火开关和21开关前，测量1~12点的电位；其次，接通23点火开关和21开关后，测量1~12点的电位；再次，接通22开关后，测量1~12点的电位，注意观察灯泡的亮度；最后，将结果记入表中。 | 开关状态	理论电压值	测量值	结论 | |---|---|---|---| | 点火开关均不接通 | | | | | 接通23点火开关和21开关 | | | | | 接通23点火开关和21开关，且接通22开关 | | | |
检查与评估	<table><tr><th colspan="2">评价指标</th><th>组内自评</th><th>组间互评</th><th>教师评价</th></tr><tr><td rowspan="5">方法能力 社会能力 (40%)</td><td>工作态度(8分)</td><td></td><td></td><td></td></tr><tr><td>工作纪律(8分)</td><td></td><td></td><td></td></tr><tr><td>安全操作(8分)</td><td></td><td></td><td></td></tr><tr><td>环境保护(8分)</td><td></td><td></td><td></td></tr><tr><td>团队协作(8分)</td><td></td><td></td><td></td></tr><tr><td rowspan="4">专业能力 (60%)</td><td>任务方案(10分)</td><td></td><td></td><td></td></tr><tr><td>实施步骤(30分)</td><td></td><td></td><td></td></tr><tr><td>完成结果(10分)</td><td></td><td></td><td></td></tr><tr><td>任务工单完成(10分)</td><td></td><td></td><td></td></tr><tr><td colspan="2">本次得分</td><td colspan="3"></td></tr><tr><td colspan="2">最终得分 (组内自评30%+组间互评30%+教师评价40%)</td><td colspan="3"></td></tr></table>

20.《汽车照明并联电路连接与检测》任务工单

任务名称	汽车照明并联电路连接与检测	课时	2	班级	
小组成员		小组长/组号		任务成绩	
实训设备	1.汽车电子实验装置 2.万用表	实训场地	新能源汽车电工电子实训室	日期	
任务描述	本任务以汽车照明并联电路连接与检测内容为载体,向学生介绍汽车照明并联电路连接注意事项、测试工具的使用方法以及检测步骤,培养学生熟练检测汽车照明并联电路的能力				
学习目标	总目标:教师指导各小组学生,制订汽车照明并联电路连接与检测实训计划,引导学生实施检测任务,对各小组完成情况进行评价。 专业能力:了解汽车照明并联电路的特点;掌握汽车照明并联电路的组成、工作过程和检测方法;熟练使用汽车专用万用表,正确测量汽车照明并联电路中的各电压参数;具备熟练检测汽车照明并联电路的能力。 方法能力:在组长的带领下,实训小组成员共同制订实训计划,小组成员合理分工,正确完成汽车照明并联电路连接与检测实训任务,并对测试数据进行判断。 社会能力:遵守6S操作规程,同学之间团结协作、互帮互助,共同完成实训任务				
说明	在汽车电子实验装置上,通过电缆线束将电源、点火开关、熔丝、车用灯泡按照电路图进行连接,实现车用灯泡的点亮和熄灭,并对电路进行相应的检测。模拟实际汽车照明并联电路的连接与检测方法				
决策与计划	请根据学习目标,确定实训需要的检测仪器、工具,并对小组成员进行合理分工,制订实施计划。 1.实训需要的检测仪器、工具 2.小组成员分工 3.实施计划				

(续表)

实施	1. 将汽车电子实验装置中的元器件按图连接汽车照明并联电路。 2. 使23点火开关和21带开关熔丝处于不同的状态，检测电路中各点的电压值，并得出相应结论，记录在表中。 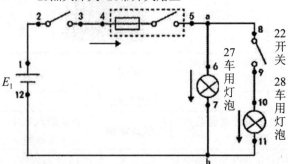 3. 用万用表直流电压挡进行测量与检测：首先，接通23点火开关和21开关前，测量1~12点的电位；其次，接通23点火开关和21开关后，测量1~12点的电位；再次，接通22开关后，再测量1~12点的电位；最后，将结果记入表中。 | 开关状态	理论电压值	测量值	结论
---	---	---	---
点火开关均不接通			
接通23点火开关和21开关			
接通23点火开关和21开关，且接通22开关				

		评价指标	组内自评	组间互评	教师评价
检查与评估	方法能力 社会能力 (40%)	工作态度(8分)			
		工作纪律(8分)			
		安全操作(8分)			
		环境保护(8分)			
		团队协作(8分)			
	专业能力 (60%)	任务方案(10分)			
		实施步骤(30分)			
		完成结果(10分)			
		任务工单完成(10分)			
		本次得分			
	最终得分 (组内自评30%+组间互评30%+教师评价40%)				

21.《汽车照明混联电路连接与检测》任务工单

任务名称	汽车照明混联电路连接与检测	课时	2	班级	
小组成员		小组长/组号		任务成绩	
实训设备	1.汽车电子实验装置 2.万用表	实训场地	新能源汽车电工电子实训室	日期	
任务描述	本任务以汽车照明混联电路连接与检测内容为载体,向学生介绍汽车照明混联电路连接注意事项、测试工具的使用方法以及检测步骤,培养学生熟练检测汽车照明并联电路的能力				
学习目标	总目标:教师指导各小组学生,制订汽车照明混联电路连接与检测实训计划,引导学生实施检测任务,对各小组完成情况进行评价。 专业能力:了解汽车照明混联电路的特点;掌握汽车照明混联电路的组成、工作过程和检测方法;熟练使用汽车专用万用表,正确测量汽车照明混联电路中的各电压参数;具备熟练检测汽车照明混联电路的能力。 方法能力:在组长的带领下,实训小组成员共同制订实训计划,小组成员合理分工,正确完成汽车照明混联电路连接与检测实训任务,并对测试数据进行判断。 社会能力:遵守6S操作规程,同学之间团结协作、互帮互助,共同完成实训任务				
说明	在汽车电子实验装置上,通过电缆线束将电源、点火开关、熔丝、车用灯泡按照电路图进行连接,实现车用灯泡的点亮和熄灭,并对电路进行相应的检测。模拟实际汽车照明混联电路的连接与检测方法				
决策与计划	请根据学习目标,确定实训需要的检测仪器、工具,并对小组成员进行合理分工,制订实施计划。 1.实训需要的检测仪器、工具 2.小组成员分工 3.实施计划				

(续表)

实施	1. 明确汽车电子实验装置中的元器件，按图连接汽车照明混联电路。 2. 使23点火开关和21带开关熔丝处于不同的状态，检测电路中各点的电压值，并得出相应结论，记录在表中。 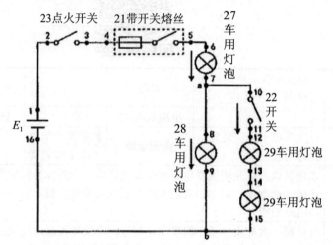 3. 用万用表直流电压挡进行测量与检测：首先，接通23点火开关和21开关前，测量1～16点的电位；其次，接通23点火开关和21开关后，测量1～15点的电位；再次，接通22开关后，再测量1～12点的电位，注意观察灯泡的亮度；最后，将结果记入表中。 | 开关状态	理论电压值	测量值	结论 | |---|---|---|---| | 点火开关均不接通 | | | | | 接通23点火开关和21开关 | | | | | 接通23点火开关和21开关，且接通22开关 | | | |

检查与评估	评价指标		组内自评	组间互评	教师评价
	方法能力 社会能力 (40%)	工作态度(8分)			
		工作纪律(8分)			
		安全操作(8分)			
		环境保护(8分)			
		团队协作(8分)			
	专业能力 (60%)	任务方案(10分)			
		实施步骤(30分)			
		完成结果(10分)			
		任务工单完成(10分)			
		本次得分			
	最终得分 (组内自评30%+组间互评30%+教师评价40%)				

22.《电容的测量》任务工单

任务名称	电容的测量	课时	2	班级	
小组成员		小组长/组号		任务成绩	
实训设备	1. 各类电容若干个 2. 万用表	实训场地	新能源汽车电工电子实训室	日期	
任务描述	用万用表电容挡测量电容的好坏和容量				
学习目标	总目标：教师指导各小组学生，根据万用表说明书测量电容。 专业能力：正确判断电解电容的正负极。 方法能力：在组长的带领下，实训小组成员共同制订实训计划，小组成员合理分工，掌握电容的测量方法，通过测量能判断电容的好坏。 社会能力：遵守6S操作规程，同学之间团结协作、互帮互助，共同完成实训任务				
说明	电解电容具有正负极，使用万用表测量电解电容时要注意红、黑表笔的接法不能弄错				
决策与计划	请根据学习目标，确定实训需要的检测仪器、工具，并对小组成员进行合理分工，制订实施计划。 1. 实训需要的检测仪器、工具 _____ 2. 小组成员分工 _____ 3. 实施计划				
实施	1. 观察电解电容，绘制电解电容的实物图，标明其正负极，再绘制电解电容的电路符号，标出正负极。 2. 用万用表电容挡测量电解电容，红表笔接电容正极，黑表笔接电容负极，记录读数。 | 电容编号 | 测量读数(写单位) | |---|---| | | | | | | | | | | | | 3. 表中的测量读数代表的是什么物理量？				

(续表)

实施	4. 观察瓷片电容，绘制瓷片电容的实物图，再绘制电解电容的电路符号。 5. 用万用表电容挡测量电解电容，红表笔接电容正极，黑表笔接电容负极，记录读数。红、黑表笔互换后再反向测量，记录读数。			
	瓷片电容编号	正向测量读数(写单位)	反向测量读数(写单位)	
	6. 分析表中的瓷片电容正向测量读数和反向测量读数的含义。 7. 总结。			

	评价指标		组内自评	组间互评	教师评价
检查与评估	方法能力 社会能力 (40%)	工作态度(8分)			
		工作纪律(8分)			
		安全操作(8分)			
		环境保护(8分)			
		团队协作(8分)			
	专业能力 (60%)	任务方案(10分)			
		实施步骤(30分)			
		完成结果(10分)			
		任务工单完成(10分)			
		本次得分			
	最终得分 (组内自评30%+组间互评30%+教师评价40%)				

23.《$V_1 \sim V_4$电路故障诊断方法》任务工单

任务名称	$V_1 \sim V_4$电路故障诊断方法	课时	2	班级	
小组成员		小组长/组号		任务成绩	
实训设备	1. 稳压电源(可调电压大小) 2. 电工电子实训盒 3. 万用表	实训场地	新能源汽车电工电子实训室	日期	
任务描述	本任务以电工电子实训盒为载体,通过万用表测量$V_1 \sim V_4$的电压,通过电压值的大小来判断电路的故障范围,再进一步锁定故障点				
学习目标	总目标:教师指导各组学生,制订实训计划,引导学生实施检测任务,对各小组完成情况进行评价。 专业能力:理解和验证$V_1 \sim V_4$的电路故障诊断方法。 方法能力:熟练使用汽车专用万用表,正确测量$V_1 \sim V_4$的电压;在组长的带领下,实训小组成员共同制订实训计划,小组成员合理分工,正确完成实训任务,并对测试数据进行判断。 社会能力:遵守6S操作规程,同学之间团结协作、互帮互助,共同完成实训任务				
说明	V_1:电源电压;V_2:用电设备(负载)两端电压;V_3:电源正极到用电设备正极之间线束两端的电压;V_4:用电设备负极到电源负极之间线束两端的电压。 $$V_1=V_2+V_3+V_4$$ V_1的测量值等于电源的额定输出电压时为正常。 V_2的测量值等于用电设备(负载)的额定电压时为正常。 V_3和V_4的测量值小于0.5V时为正常				
决策与计划	请根据学习目标,确定实训需要的检测仪器、工具,并对小组成员进行合理分工,制订实施计划。 1. 实训需要的检测仪器、工具 2. 小组成员分工 3. 实施计划				

(续表)

实施	1. 按图连接电路。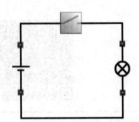 2. 在电路图中绘制测量 V_1、V_2、V_3 和 V_4 的万用表，用 Ⓥ₁、Ⓥ₂、Ⓥ₃ 和 Ⓥ₄ 表示，正确绘制各万用表在电路中的接入点。
实施	3. 在表中填入电路正常工作时 $V_1 \sim V_4$ 的理论正常值；闭合开关，分别测量 V_1、V_2、V_3 和 V_4，将数值填写在表中；再断开开关，分别测量 V_1、V_2、V_3 和 V_4，将数值填写在表中。 | 电压	理论正常值	开关闭合时	开关断开时
---	---	---	---
V_1			
V_2			
V_3			
V_4				 4. 分析表中数据，在开关闭合时，$V_1 \sim V_4$ 数值是否和理论正常值一致？当开关断开时，测量的 $V_1 \sim V_4$ 数值是否和理论正常值一致？如果不一致，试分析原因。

检查与评估	评价指标		组内自评	组间互评	教师评价
	方法能力 社会能力 (40%)	工作态度(8分)			
		工作纪律(8分)			
		安全操作(8分)			
		环境保护(8分)			
		团队协作(8分)			
	专业能力 (60%)	任务方案(10分)			
		实施步骤(30分)			
		完成结果(10分)			
		任务工单完成(10分)			
	本次得分				
	最终得分 (组内自评30%+组间互评30%+教师评价40%)				

24.《故障诊断一：灯泡损坏》任务工单

任务名称	故障诊断一：灯泡损坏	课时	2	班级	
小组成员		小组长/组号		任务成绩	
实训设备	1. 稳压电源(可调电压大小) 2. 电工电子实训盒 3. 万用表	实训场地	新能源汽车电工电子实训室	日期	
任务描述	本任务以电工电子实训盒为载体，通过万用表测量$V_1 \sim V_4$的电压，通过电压值的大小来判断电路的故障范围，再进一步锁定故障点				
学习目标	总目标：教师指导各小组学生，制订实训计划，引导学生实施检测任务，对各小组完成情况进行评价。 专业能力：通过$V_1 \sim V_4$电路故障诊断方法查找和排除电路故障。 方法能力：熟练使用汽车专用万用表，正确测量$V_1 \sim V_4$的电压；在组长的带领下，实训小组成员共同制订实训计划；小组成员合理分工，正确完成实训任务，并对测试数据进行判断。 社会能力：遵守6S操作规程，同学之间团结协作、互帮互助，共同完成实训任务				
说明	V_1：电源电压；V_2：用电设备(负载)两端电压；V_3：电源正极到用电设备正极之间线束两端的电压；V_4：用电设备负极到电源负极之间线束两端的电压。 $$V_1=V_2+V_3+V_4$$ V_1的测量值等于电源的额定输出电压时为正常。 V_2的测量值等于用电设备(负载)的额定电压时为正常。 V_3和V_4的测量值小于0.5V时为正常				
决策与计划	请根据学习目标，确定实训需要的检测仪器、工具，并对小组成员进行合理分工，制订实施计划。 1. 实训需要的检测仪器、工具 _____ 2. 小组成员分工 _____ 3. 实施计划 _____				

(续表)

实施	1. 按图连接电路。 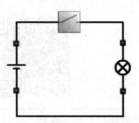 2. 在电路图中绘制测量V_1、V_2、V_3和V_4的万用表，用$\text{\textcircled{V}}_1$、$\text{\textcircled{V}}_2$、$\text{\textcircled{V}}_3$和$\text{\textcircled{V}}_4$表示，正确绘制各万用表在电路中的接入点。 3. 在表中填入电路正常工作时$V_1 \sim V_4$的理论正常值；闭合开关，分别测量V_1、V_2、V_3和V_4，将数值填写在表中；再断开开关，分别测量V_1、V_2、V_3和V_4，将数值填写在表中。 | 电压	理论正常值	电路接通时测量值	判断是否正常
---	---	---	---
V_1			
V_2			
V_3			
V_4				 4. 分析表中数据，在电路通电时，$V_1 \sim V_4$数值是否和理论正常值一致？判断$V_1 \sim V_4$是否正常，分析测量值均正常而灯泡不亮的原因。 5. 判断可能的故障点后，进一步检测和确认故障，写出检测方法，记录测量值。 6. 写出最终排除故障、修复电路的方法。再次接通电路，电路是否工作正常？

(续表)

	评价指标		组内自评	组间互评	教师评价
检查与评估	方法能力 社会能力 (40%)	工作态度(8分)			
		工作纪律(8分)			
		安全操作(8分)			
		环境保护(8分)			
		团队协作(8分)			
	专业能力 (60%)	任务方案(10分)			
		实施步骤(30分)			
		完成结果(10分)			
		任务工单完成(10分)			
		本次得分			
	最终得分 (组内自评30%+组间互评30%+教师评价40%)				

备注：本电路设置的故障为灯泡损坏。

25.《故障诊断二：负极线路断路》任务工单

任务名称	故障诊断二：负极线路断路	课时	2	班级	
小组成员		小组长/组号		任务成绩	
实训设备	1.稳压电源(可调电压大小) 2.电工电子实训盒 3.万用表	实训场地	新能源汽车电工电子实训室	日期	
任务描述	本任务以电工电子实训盒为载体，通过万用表测量$V_1 \sim V_4$的电压，通过电压值的大小来判断电路的故障范围，再进一步锁定故障点				
学习目标	总目标：教师指导各小组学生，制订实训计划，引导学生实施检测任务，对各小组完成情况进行评价。 专业能力：通过$V_1 \sim V_4$电路故障诊断方法查找和排除电路故障。 方法能力：能熟练使用汽车专用万用表，正确测量$V_1 \sim V_4$的电压；在组长的带领下，实训小组成员共同制订实训计划，小组成员合理分工，正确完成实训任务，并对测试数据进行判断。 社会能力：遵守6S操作规程，同学之间团结协作、互帮互助，共同完成实训任务				
说明	V_1：电源电压；V_2：用电设备(负载)两端电压；V_3：电源正极到用电设备正极之间线束两端的电压；V_4：用电设备负极到电源负极之间线束两端的电压。 $$V_1=V_2+V_3+V_4$$ V_1的测量值等于电源的额定输出电压时为正常。 V_2的测量值等于用电设备(负载)的额定电压时为正常。 V_3和V_4的测量值小于0.5V时为正常				
决策与计划	请根据学习目标，确定实训需要的检测仪器、工具，并对小组成员进行合理分工，制订实施计划。 1. 实训需要的检测仪器、工具 2. 小组成员分工 3. 实施计划				

(续表)

| 实施 | 1. 按图连接电路。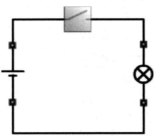

2. 在电路图中绘制测量 V_1、V_2、V_3 和 V_4 的万用表，用 Ⓥ₁、Ⓥ₂、Ⓥ₃ 和 Ⓥ₄ 表示，正确绘制各万用表在电路中的接入点。

3. 在表中填入电路正常工作时 V_1~V_4 的理论正常值；闭合开关，分别测量 V_1、V_2、V_3 和 V_4，将数值填写在表中；再断开开关，分别测量 V_1、V_2、V_3 和 V_4，将数值填写在表中。

\| 电压 \| 理论正常值 \| 电路接通时测量值 \| 判断是否正常 \|
\| --- \| --- \| --- \| --- \|
\| V_1 \| \| \| \|
\| V_2 \| \| \| \|
\| V_3 \| \| \| \|
\| V_4 \| \| \| \|

4. 分析表中数据，在电路通电时，V_1~V_4 的测量值是否和理论正常值一致？判断 V_1~V_4 是否正常，并分析电路故障出现在哪段电路。

5. 判断可能的故障点后，进一步检测和确认故障，写出检测方法，记录测量值。

6. 写出最终排除故障、修复电路的方法。再次接通电路，电路是否工作正常？ |

(续表)

	评价指标		组内自评	组间互评	教师评价
检查与评估	方法能力 社会能力 (40%)	工作态度(8分)			
		工作纪律(8分)			
		安全操作(8分)			
		环境保护(8分)			
		团队协作(8分)			
	专业能力 (60%)	任务方案(10分)			
		实施步骤(30分)			
		完成结果(10分)			
		任务工单完成(10分)			
		本次得分			
	最终得分 (组内自评30%+组间互评30%+教师评价40%)				

备注：本电路设置的故障为负极线路断路。

26.《故障诊断三：电路短路》任务工单

任务名称	故障诊断三：电路短路	课时	2	班级	
小组成员		小组长/组号		任务成绩	
实训设备	1. 稳压电源(可调电压大小) 2. 电工电子实训盒 3. 万用表	实训场地	新能源汽车电工电子实训室	日期	
任务描述	本任务以电工电子实训盒为载体，通过万用表测量V_1~V_4的电压，通过电压值的大小来判断电路的故障范围，再进一步锁定故障点					
学习目标	总目标：教师指导各小组学生，制订实训计划，引导学生实施检测任务，对各小组完成情况进行评价。 专业能力：通过V_1~V_4电路故障诊断方法查找和排除电路故障。 方法能力：熟练使用汽车专用万用表，正确测量V_1~V_4的电压；在组长的带领下，实训小组成员共同制订实训计划；小组成员合理分工，正确完成实训任务，并对测试数据进行判断。 社会能力：遵守6S操作规程，同学之间团结协作、互帮互助，共同完成实训任务					
说明	V_1：电源电压；V_2：用电设备(负载)两端电压；V_3：电源正极到用电设备正极之间线束两端的电压；V_4：用电设备负极到电源负极之间线束两端的电压。 $$V_1=V_2+V_3+V_4$$ V_1的测量值等于电源的额定输出电压时为正常。 V_2的测量值等于用电设备(负载)的额定电压时为正常。 V_3和V_4的测量值小于0.5V时为正常					
决策与计划	请根据学习目标，确定实训需要的检测仪器、工具，并对小组成员进行合理分工，制订实施计划。 1. 实训需要的检测仪器、工具 _____ 2. 小组成员分工 _____ 3. 实施计划					

(续表)

实施	1. 按图连接电路。 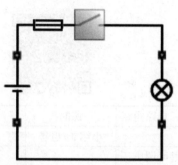 2. 在电路图中绘制测量V_1、V_2、V_3和V_4的万用表，用Ⓥ₁、Ⓥ₂、Ⓥ₃和Ⓥ₄表示，正确绘制各万用表在电路中的接入点。 3. 在表中填入电路正常工作时$V_1 \sim V_4$的理论正常值；闭合开关，分别测量V_1、V_2、V_3和V_4，将数值填写在表中；再断开开关，分别测量V_1、V_2、V_3和V_4，将数值填写在表中。 | 电压 | 理论正常值 | 电路接通时测量值 | 判断是否正常 | |---|---|---|---| | V_1 | | | | | V_2 | | | | | V_3 | | | | | V_4 | | | | 4. 分析表中数据，在电路通电时$V_1 \sim V_4$的测量值是否和理论正常值一致？判断$V_1 \sim V_4$是否正常，分析电路故障出现在哪段电路。 5. 判断可能的故障范围后，进一步制订检测方法，将检测点、检测量和检测值填入表中。 6. 根据表中的检测值，判断故障点，最终验证故障，写出检测方法，记录测量值。 7. 如果判断熔丝烧毁，不要立即更换熔丝，需排查电路中是否有短路。写出排除故障、修复电路的方法。再次接通电路，电路是否工作正常？

(续表)

	评价指标		组内自评	组间互评	教师评价
检查与评估	方法能力 社会能力 (40%)	工作态度(8分)			
		工作纪律(8分)			
		安全操作(8分)			
		环境保护(8分)			
		团队协作(8分)			
	专业能力 (60%)	任务方案(10分)			
		实施步骤(30分)			
		完成结果(10分)			
		任务工单完成(10分)			
	本次得分				
	最终得分 (组内自评30%+组间互评30%+教师评价40%)				

备注：本电路设置的故障为电灯泡正负极之间短路。

27.《点火开关的检测》任务工单

任务名称	点火开关的检测	课时	2	班级	
小组成员		小组长/组号		任务成绩	
实训设备	1. 汽车电子实验装置 2. 万用表 3. 点火开关	实训场地	新能源汽车电工电子实训室	日期	
任务描述	本任务以点火开关的检测内容为载体,向学生介绍点火开关的功能、使用注意事项以及检测步骤,培养学生检测点火开关的能力					
学习目标	总目标:教师指导各小组学生,制订点火开关的检测实训计划,引导学生先介绍点火开关的功能,对各小组完成情况进行评价。 专业能力:了解点火开关的特点;掌握点火开关的功能、检测方法;熟练使用万用表;具备正确检测点火开关的能力。 方法能力:在组长的带领下,实训小组成员共同制订实训计划,小组成员合理分工,正确完成点火开关的检测实训任务。 社会能力:遵守6S操作规程,同学之间团结协作、互帮互助,共同完成实训任务					
说明	点火系统的开关(通常要使用钥匙)可自由开启或关闭点火线圈的主要电路,也适用于其他电系电路。点火开关俗称总开关、总电门或总钥匙,它是控制全车电路系统的总闸门					
决策与计划	请根据学习目标,确定实训需要的检测仪器、工具,并对小组成员进行合理分工,制订实施计划。 1. 实训需要的检测仪器、工具 _____ 2. 小组成员分工 _____ 3. 实施计划					
实施	1. 在实训设备上操纵点火开关,了解点火开关各挡位的功能,填入表中。 	挡位	功能
---	---
OFF	
ACC	
ON	
ST							

(续表)

实施	2. 根据维修手册，检查点火开关各挡位，并得出相应结论，填入表中。 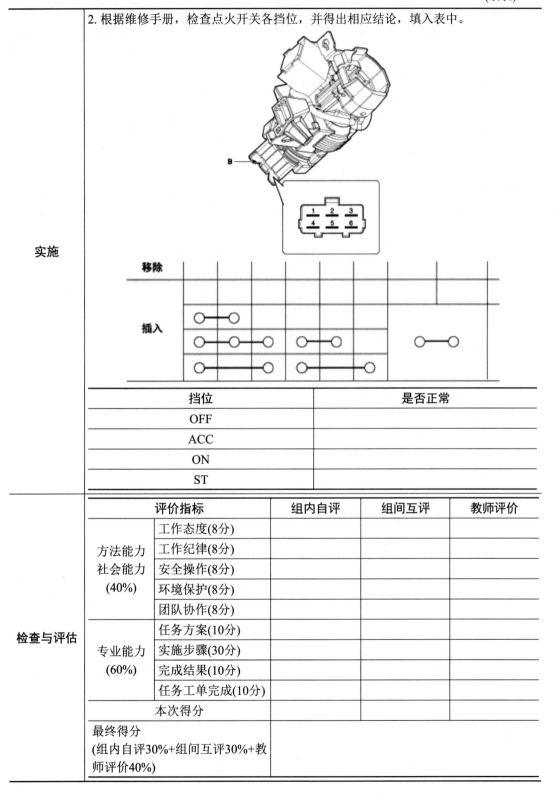

挡位	是否正常
OFF	
ACC	
ON	
ST	

检查与评估	评价指标		组内自评	组间互评	教师评价
	方法能力 社会能力 (40%)	工作态度(8分)			
		工作纪律(8分)			
		安全操作(8分)			
		环境保护(8分)			
		团队协作(8分)			
	专业能力 (60%)	任务方案(10分)			
		实施步骤(30分)			
		完成结果(10分)			
		任务工单完成(10分)			
	本次得分				
	最终得分 (组内自评30%+组间互评30%+教师评价40%)				

28.《验证电容通交流阻直流特性》任务工单

任务名称	验证电容通交流阻直流特性	课时	2	班级	
小组成员		小组长/组号		任务成绩	
实训设备	1.稳压电源(可调电压类型及大小和频率) 2.电工电子实训盒 3.万用表	实训场地	新能源汽车电工电子实训室	日期	
任务描述	本任务以电工电子实训盒为载体,电容和电灯泡串联连接,左边供电为直流电和交流电。如果是交流电,再改变其频率大小,观察灯泡情况					
学习目标	总目标:教师指导各小组学生,制订实训计划,引导学生实施检测任务,对各小组完成情况进行评价。 专业能力:理解和验证电容通交流阻直流的特性。 方法能力:熟练使用汽车专用万用表,正确连接电路、更换电源类型和调节电压频率;在组长的带领下,实训小组成员共同制订实训计划;小组成员合理分工,正确完成实训任务,并对测试数据进行判断。 社会能力:遵守6S操作规程,同学之间团结协作、互帮互助,共同完成实训任务					
说明	无				
决策与计划	根据学习目标,确定实训需要的检测仪器、工具,并对小组成员进行合理分工,制订实施计划。 1.实训需要的检测仪器、工具 _____ 2.小组成员分工 _____ 3.实施计划 _____					
实施	1.按图连接电路。				

(续表)

实施	2. 在电路左边连接直流电源，改变电压大小，闭合开关，观察电灯泡的点亮状态，填在表中。 	电源类型	电压(V)	灯泡点亮状态
		| 3. 在电路左边连接交流电源，使其电压为电灯泡的额定电压，闭合开关，改变电压频率，观察电灯泡的点亮状态，填写在表中。 | 电源类型	频率(Hz)	灯泡点亮状态
		| 4. 总结实训过程，得出结论。			

		评价指标	组内自评	组间互评	教师评价
检查与评估	方法能力 社会能力 (40%)	工作态度(8分)			
		工作纪律(8分)			
		安全操作(8分)			
		环境保护(8分)			
		团队协作(8分)			
	专业能力 (60%)	任务方案(10分)			
		实施步骤(30分)			
		完成结果(10分)			
		任务工单完成(10分)			
		本次得分			
	最终得分 (组内自评30%+组间互评30%+教师评价40%)				

29.《验证电感通直流阻交流特性》任务工单

任务名称	验证电感通直流阻交流特性	课时	2	班级	
小组成员		小组长/组号		任务成绩	
实训设备	1. 稳压电源(可调电压类型、大小和频率) 2. 电工电子实训盒 3. 万用表	实训场地	新能源汽车电工电子实训室	日期	
任务描述	本任务以电工电子实训盒为载体,将电感和电灯泡串联连接,左边供电为直流电和交流电。如果是交流电,再改变其频率大小,观察灯泡情况				
学习目标	总目标:教师指导各小组学生,制订实训计划,引导学生实施检测任务,对各小组完成情况进行评价。 专业能力:理解和验证电感通交流阻直流的特性。 方法能力:熟练使用汽车专用万用表,正确连接电路、更换电源类型和调节电压频率;在组长的带领下,实训小组成员共同制订实训计划;小组成员合理分工,正确完成实训任务,并对测试数据进行判断。 社会能力:遵守6S操作规程,同学之间团结协作、互帮互助,共同完成实训任务				
说明	无				
决策与计划	请根据学习目标,确定实训需要的检测仪器、工具,并对小组成员进行合理分工,制订实施计划。 1. 实训需要的检测仪器、工具 _____ 2. 小组成员分工 _____ 3. 实施计划				
实施	1. 按图连接电路。				

(续表)

实施	2. 在电路左边连接直流电源，改变电压大小，但不得超过电灯泡的额定电压，闭合开关，观察电灯泡的点亮状态，填写在表中。		

电源类型	电压(V)	灯泡点亮状态

3. 在电路左边连接交流电源，使其电压为电灯泡的额定电压，闭合开关，改变电压频率，观察电灯泡的点亮状态，填写在表中。

电源类型	频率(Hz)	灯泡点亮状态

4. 总结实训过程，得出结论。

检查与评估

评价指标		组内自评	组间互评	教师评价
方法能力 社会能力 (40%)	工作态度(8分)			
	工作纪律(8分)			
	安全操作(8分)			
	环境保护(8分)			
	团队协作(8分)			
专业能力 (60%)	任务方案(10分)			
	实施步骤(30分)			
	完成结果(10分)			
	任务工单完成(10分)			
本次得分				
最终得分 (组内自评30%+组间互评30%+教师评价40%)				

30.《线性电阻的伏安特性》任务工单

任务名称	线性电阻的伏安特性	课时	2	班级	
小组成员		小组长/组号		任务成绩	
实训设备	1. 稳压电源 2. 电工电子实验台 3. 万用表	实训场地	新能源汽车电工电子实训室	日期	
任务描述	电阻元件两端的电压u和流过元件的电流i之间的关系为$i=f(u)$,这称为电阻元件的伏安特性。线性电阻元件的伏安特性服从欧姆定律,画在$u—i$平面上是一条通过原点的直线。本任务旨在巩固直流电压表、直流电流表以及稳压电源的相关知识,培养学生测试线性电阻元件伏安特性的能力				
学习目标	总目标:教师指导各小组学生,制订实训计划,引导学生实施检测任务,对各小组完成情况进行评价。 专业能力:了解直流电流的特点;掌握线性电阻元件的伏安特性作用、电路组成、工作过程和检测方法;熟练使用汽车专用万用表,正确测量线性电阻元件的伏安特性参数;具备熟练应用线性电阻元件伏安特性的能力,加深对参考方向的理解。 方法能力:在组长的带领下,实训小组成员共同制订实训计划,小组成员合理分工,正确完成实训任务,并对测试数据进行判断。 社会能力:遵守6S操作规程,同学之间团结协作、互帮互助,共同完成实训任务				
说明	电阻元件的伏安特性是指电阻元件两端的电压u和流过电阻元件的电流i之间的关系。线性电阻元件的伏安特性服从欧姆定律,电阻元件两端的电压u与流过电阻元件的电流i成正比				
决策与计划	请根据学习目标,确定实训需要的检测仪器、工具,并对小组成员进行合理分工,制订实施计划。 1. 实训需要的检测仪器、工具 _____ 2. 小组成员分工 _____ 3. 实施计划 _____				
实施	1. 按图接好线路。 2. 将稳压电源的粗调旋钮调到最小挡位,检查无误后,接通电源。 3. 按表中数值,依次调节稳压电源电压,分别测量对应电压下的电流值,将测量结果记入表中。 4. 改变图中电阻R的阻值,由1KΩ变为2KΩ,重复实验步骤1~3,将测试结果记入表中。				

(续表)

实施	U(V)	0	2	4	6	8	10
	I(mA)(R=1KΩ)						
	I(mA)(R=2KΩ)						
	结论：电阻性元件的电压和电流是 _____ 关系						

	评价指标		组内自评	组间互评	教师评价
检查与评估	方法能力 社会能力 (40%)	工作态度(8分)			
		工作纪律(8分)			
		安全操作(8分)			
		环境保护(8分)			
		团队协作(8分)			
	专业能力 (60%)	任务方案(10分)			
		实施步骤(30分)			
		完成结果(10分)			
		任务工单完成(10分)			
		本次得分			
	最终得分 (组内自评30%+组间互评30%+教师评价40%)				

31.《基尔霍夫电流定律的验证》任务工单

任务名称	基尔霍夫电流定律的验证	课时	2	班级	
小组成员		小组长/组号		任务成绩	
实训设备	1. 稳压电源(双路) 2. 电工电子实验台 3. 万用表	实训场地	新能源汽车电工电子实训室	日期	
任务描述	基尔霍夫电流定律是电路的基本定律,包括基尔霍夫电流定律和基尔霍夫电压定律。基尔霍夫电流定律的内容是对任意节点而言,流入该节点所有支路电流的代数和恒等于零。本任务以基尔霍夫电流定律测试板为载体,向学生介绍直流电路测量注意事项、测试工具使用方法以及测试步骤,培养学生熟练应用基尔霍夫电流定律的能力				
学习目标	总目标:教师指导各小组学生,制订实训计划,引导学生实施检测任务,对各小组完成情况进行评价。 专业能力:了解直流电流的特点;掌握基尔霍夫电流定律的作用、电路组成、工作过程和检测方法;熟练使用汽车专用万用表,正确测量基尔霍夫电流定律参数;具备熟练应用基尔霍夫电流定律的能力;加深对参考方向的理解。 方法能力:在组长的带领下,实训小组成员共同制订实训计划,小组成员合理分工,正确完成实训任务,并对测试数据进行判断。 社会能力:遵守6S操作规程,同学之间团结协作、互帮互助,共同完成实训任务				
说明	1. 基尔霍夫电流定律(KCL):任何时刻,在电路的任一个节点上,所有支路电流的代数和恒等于零,即$\sum I = 0$。测量中,当实际电流的方向和所选参考方向一致时取正号,反之取负号。 2. 在测量中,按照所选参考方向搭接表笔时,若表针反偏,则调换表笔进行测量,并记负值				
决策与计划	请根据学习目标,确定实训需要的检测仪器、工具,并对小组成员进行合理分工,制订实施计划。 1. 实训需要的检测仪器、工具 2. 小组成员分工 3. 实施计划				
实施	1. 按图接线。 2. 根据图中的各参数,计算I_1、I_2、I_3的值并填入表中。 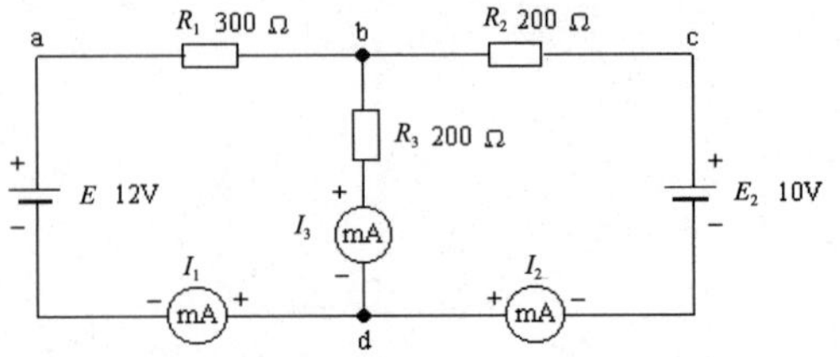				

(续表)

实施	3. 将稳压电源的两个粗调旋钮调到最小挡位，检查无误后，接通电源。 4. 将稳压电源的一路输出调到12V作为E_1，另一路调到10V作为E_2，分别接入实验电路。 5. 测量I_1、I_2、I_3，记入表中。 6. 计算相对误差并填入表中。 | 支路电流	I_1/mA	I_2/mA	I_3/mA | |---|---|---|---| | 计算值 | | | | | 测量值 | | | | | 相对误差 | | | | 说明：相对误差 $= \dfrac{\|计算值 - 实验值\|}{计算值} \times 100\%$ 结论：通过对实验数据的观察，得出各端电流的关系是 _____
检查与评估	<table><tr><th colspan="2">评价指标</th><th>组内自评</th><th>组间互评</th><th>教师评价</th></tr><tr><td rowspan="5">方法能力 社会能力 (40%)</td><td>工作态度(8分)</td><td></td><td></td><td></td></tr><tr><td>工作纪律(8分)</td><td></td><td></td><td></td></tr><tr><td>安全操作(8分)</td><td></td><td></td><td></td></tr><tr><td>环境保护(8分)</td><td></td><td></td><td></td></tr><tr><td>团队协作(8分)</td><td></td><td></td><td></td></tr><tr><td rowspan="4">专业能力 (60%)</td><td>任务方案(10分)</td><td></td><td></td><td></td></tr><tr><td>实施步骤(30分)</td><td></td><td></td><td></td></tr><tr><td>完成结果(10分)</td><td></td><td></td><td></td></tr><tr><td>任务工单完成(10分)</td><td></td><td></td><td></td></tr><tr><td colspan="2">本次得分</td><td></td><td></td><td></td></tr><tr><td colspan="2">最终得分 (组内自评30%+组间互评30%+教师评价40%)</td><td colspan="3"></td></tr></table>

32.《基尔霍夫电压定律的验证》任务工单

任务名称	基尔霍夫电压定律的验证	课时	1	班级	
小组成员		小组长/组号		任务成绩	
实训设备	1. 稳压电源(双路) 2. 电工电子实验台 3. 万用表	实训场地	新能源汽车电工电子实训室	日期	
任务描述	基尔霍夫定律是电路的基本定律,包括基尔霍夫电流定律和基尔霍夫电压定律。基尔霍夫电压定律的内容是沿任意回路的所有支路电压的代数和恒等于零。本任务以基尔霍夫电压定律测试板为载体,向学生介绍直流电路测量注意事项、测试工具使用方法以及测试步骤,培养学生熟练应用基尔霍夫电压定律的能力					
学习目标	总目标:教师指导各小组学生,制订实训计划,引导学生实施检测任务,对各小组完成情况进行评价。 专业能力:了解直流电流的特点;掌握基尔霍夫电压定律的作用、电路组成、工作过程和检测方法;熟练使用汽车专用万用表,正确测量基尔霍夫电压定律参数;具备熟练应用基尔霍夫电压定律的能力;加深对参考方向的理解。 方法能力:在组长的带领下,实训小组成员共同制订实训计划,小组成员合理分工,正确完成实训任务,并对测试数据进行判断。 社会能力:遵守6S操作规程,同学之间团结协作、互帮互助,共同完成实训任务					
说明	1. 基尔霍夫电压定律(KVL):任何时刻,在电路中任一闭合回路内各段电压的代数和恒等于零,即$\sum U = 0$。测量中,当实际电压降的方向和所选参考方向一致时取正号,反之取负号。 2. 在测量中,按照所选参考方向搭接表笔时,若表针反偏,则调换表笔进行测量,并记负值					
决策与计划	请根据学习目标,确定实训需要的检测仪器、工具,并对小组成员进行合理分工,制订实施计划。 1. 实训需要的检测仪器、工具 _____ 2. 小组成员分工 _____ 3. 实施计划 _____					
实施	1. 按图接线。 2. 根据图中各参数,计算U_{ab}、U_{bc}、U_{cd}、U_{da}的值并填入表中。 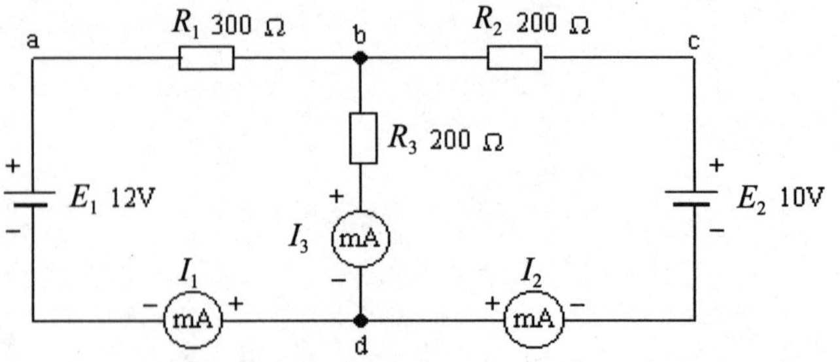					

(续表)

实施	3. 将稳压电源的输出旋钮调到最小挡位，检查无误后，接通电源。 4. 将稳压电源的一路输出调到12V作为E_1，另一路调到10V作为E_2，分别接入实验电路。 5. 用电压表依次测量U_{ab}、U_{bc}、U_{cd}、U_{da}，记入表中。 6. 计算相对误差并填入表中。 | 支路电压 | U_{ab} | U_{bc} | U_{cd} | U_{da} | |---|---|---|---|---| | 计算值 | | | | | | 测量值 | | | | | | 相对误差 | | | | | 说明：相对误差 $=\dfrac{\lvert 计算值-实验值\rvert}{计算值}\times 100\%$ 结论：通过对实验数据的观察，得出各端电压的关系是 _____
检查与评估	<table><tr><th colspan="2">评价指标</th><th>组内自评</th><th>组间互评</th><th>教师评价</th></tr><tr><td rowspan="5">方法能力 社会能力 (40%)</td><td>工作态度(8分)</td><td></td><td></td><td></td></tr><tr><td>工作纪律(8分)</td><td></td><td></td><td></td></tr><tr><td>安全操作(8分)</td><td></td><td></td><td></td></tr><tr><td>环境保护(8分)</td><td></td><td></td><td></td></tr><tr><td>团队协作(8分)</td><td></td><td></td><td></td></tr><tr><td rowspan="4">专业能力 (60%)</td><td>任务方案(10分)</td><td></td><td></td><td></td></tr><tr><td>实施步骤(30分)</td><td></td><td></td><td></td></tr><tr><td>完成结果(10分)</td><td></td><td></td><td></td></tr><tr><td>任务工单完成(10分)</td><td></td><td></td><td></td></tr><tr><td colspan="2">本次得分</td><td></td><td></td><td></td></tr><tr><td colspan="2">最终得分 (组内自评30%+组间互评30%+教师评价40%)</td><td colspan="3"></td></tr></table>

33.《碳罐电磁阀的检测》任务工单

任务名称	碳罐电磁阀的检测	课时	2	班级	
小组成员		小组长/组号		任务成绩	
实训设备	1.汽车电子实验装置 2.FLUKE88万用表 3.碳罐电磁阀	实训场地	新能源汽车电工电子实训室	日期	
任务描述	本任务以碳罐电磁阀的检测内容为载体，向学生介绍碳罐电磁阀的功能、使用注意事项以及检测步骤，培养学生检测碳罐电磁阀的能力				
学习目标	总目标：教师指导各小组学生，制订碳罐电磁阀的检测实训计划，引导学生了解碳罐电磁阀的功能，对各小组完成情况进行评价。 专业能力：了解碳罐电磁阀的特点；掌握碳罐电磁阀的功能、组成、检测方法；熟练使用FLUKE88万用表；具备正确检测碳罐电磁阀的能力。 方法能力：在组长的带领下，实训小组成员共同制订实训计划，小组成员合理分工，正确完成碳罐电磁阀的检测实训任务。 社会能力：遵守6S操作规程，同学之间团结协作、互帮互助，共同完成实训任务				
说明	碳罐电磁阀是一个安装在汽车上用来减少因燃油蒸发排放造成空气污染并同时提高燃油效率的装置。当引擎关闭时，车用活性碳罐开始吸收从油箱挥发的油蒸汽，并牢牢锁定在碳罐内的活性炭微孔中，防止油蒸汽散发到大气中。引擎起动时又将吸附在碳罐内的油蒸汽作为燃料输送到发动机				
决策与计划	请根据学习目标，确定实训需要的检测仪器、工具，并对小组成员进行合理分工，制订实施计划。 1.实训需要的检测仪器、工具 2.小组成员分工 3.实施计划				

(续表)

实施	1. 比较实验台上的各个碳罐电磁阀有什么区别。 2. 测量不同品牌的碳罐电磁阀并做比较，得出相应结论，记录在表中。 | 测量值 | 结论 | |---|---| | | | | | | | | | | | | 3. 对于碳罐电磁阀，除了检测电阻值外，在喷油器检测台或实车上还要检测哪几项指标？

		评价指标	组内自评	组间互评	教师评价
检查与评估	方法能力 社会能力 (40%)	工作态度(8分)			
		工作纪律(8分)			
		安全操作(8分)			
		环境保护(8分)			
		团队协作(8分)			
	专业能力 (60%)	任务方案(10分)			
		实施步骤(30分)			
		完成结果(10分)			
		任务工单完成(10分)			
		本次得分			
	最终得分 (组内自评30%+组间互评30%+教师评价40%)				

34.《常闭继电器的检测》任务工单

任务名称	常闭继电器的检测	课时	1	班级	
小组成员		小组长/组号		任务成绩	
实训设备	1.汽车电子实验装置 2.万用表 3.常闭继电器	实训场地	新能源汽车电工电子实训室	日期	
任务描述	本任务以常闭继电器控制汽车照明电路连接与检测的内容为载体,向学生介绍常闭继电器的测试工具使用方法以及检测步骤,培养学生熟练检测常闭继电器的能力					
学习目标	总目标:教师指导各小组学生,制订常闭继电器的检测实训计划,引导学生实施检测任务,对各小组完成情况进行评价。 专业能力:了解常闭继电器控制汽车照明电路的特点;掌握常闭继电器控制汽车照明电路的组成、工作过程和检测方法;熟练使用汽车专用万用表,正确检查常闭继电器;具备检测常闭继电器的能力。 方法能力:在组长的带领下,实训小组成员共同制订实训计划,小组成员合理分工,正确完成常闭继电器的检测实训任务,并对测试数据进行判断。 社会能力:遵守6S操作规程,同学之间团结协作、互帮互助,共同完成实训任务					
说明	在汽车电子实验装置上,通过电缆线束将电源、点火开关、熔丝、车用灯泡按照电路图进行连接,实现车用灯泡的点亮和熄灭,并对常闭继电器进行相应的检测。模拟实际常闭继电器控制汽车照明电路连接与检测方法					
决策与计划	请根据学习目标,确定实训需要的检测仪器、工具,并对小组成员进行合理分工,制订实施计划。 1.实训需要的检测仪器、工具 _____ 2.小组成员分工 _____ 3.实施计划					
实施	1.检查汽车电子实验装置中的元器件,按图连接常闭继电器控制汽车照明电路。					

(续表)

	2.检测常闭继电器,并得出相应结论,记录在表中。			
	测试点	理论值	测量值	结论
	常闭继电器85#和86#之间的电阻			
实施	常闭继电器30#和87a#之间的电阻			
	常闭继电器30#和87#之间的电阻			
	连接常闭继电器85#和86#至蓄电池正负极,测量30#和87#之间的电阻			
	连接常闭继电器85#和86#至蓄电池正负极,测量30#和87a#之间的电阻			

	评价指标		组内自评	组间互评	教师评价
	方法能力社会能力(40%)	工作态度(8分)			
		工作纪律(8分)			
		安全操作(8分)			
		环境保护(8分)			
检查与评估		团队协作(8分)			
	专业能力(60%)	任务方案(10分)			
		实施步骤(30分)			
		完成结果(10分)			
		任务工单完成(10分)			
	本次得分				
	最终得分(组内自评30%+组间互评30%+教师评价40%)				

35.《常开继电器的检测》任务工单

任务名称	常开继电器的检测	课时	1	班级	
小组成员		小组长/组号		任务成绩	
实训设备	1.汽车电子实验装置 2.万用表 3.常开继电器	实训场地	新能源汽车电工电子实训室	日期	
任务描述	本任务以常开继电器控制汽车照明电路连接与检测内容为载体,向学生介绍常开继电器的测试工具使用方法以及检测步骤,培养学生熟练检测常开继电器的能力					
学习目标	总目标:教师指导各小组学生,制订常开继电器的检测实训计划,引导学生实施检测任务,对各小组完成情况进行评价。 专业能力:了解常开继电器控制汽车照明电路的特点;掌握常开继电器控制汽车照明电路的组成、工作过程和检测方法;熟练使用汽车专用万用表,正确检查常开继电器;具备检测常开继电器的能力。 方法能力:在组长的带领下,实训小组成员共同制订实训计划,小组成员合理分工,正确完成常开继电器的检测实训任务,并对测试数据进行判断。 社会能力:遵守6S操作规程,同学之间团结协作、互帮互助,共同完成实训任务					
说明	在汽车电子实验装置上,通过电缆线束将电源、点火开关、熔丝、车用灯泡按照电路图进行连接,实现车用灯泡的点亮和熄灭,并对常开继电器进行相应的检测。模拟实际常开继电器控制汽车照明电路连接与检测方法					
决策与计划	请根据学习目标,确定实训需要的检测仪器、工具,并对小组成员进行合理分工,制订实施计划。 1.实训需要的检测仪器、工具 2.小组成员分工 3.实施计划					
实施	1.明确汽车电子实验装置中的元器件,按图连接常开继电器控制汽车照明电路。					

(续表)

	2. 检测常开继电器,并得出相应结论,记录在表中。				
实施		测试点	理论值	测量值	结论
		常开继电器85#和86#之间的电阻			
		常开继电器30#和87#之间的电阻			
		连接常开继电器85#和86#至蓄电池正负极,测量30#和87#之间的电阻			
检查与评估		评价指标	组内自评	组间互评	教师评价
	方法能力 社会能力 (40%)	工作态度(8分)			
		工作纪律(8分)			
		安全操作(8分)			
		环境保护(8分)			
		团队协作(8分)			
	专业能力 (60%)	任务方案(10分)			
		实施步骤(30分)			
		完成结果(10分)			
		任务工单完成(10分)			
		本次得分			
	最终得分 (组内自评30%+组间互评30%+教师评价40%)				

36.《常开继电器控制汽车照明电路连接与检测》任务工单

任务名称	常开继电器控制汽车照明电路连接与检测	课时	2	班级	
小组成员		小组长/组号		任务成绩	
实训设备	1. 汽车电子实验装置 2. 万用表 3. 常开继电器	实训场地	新能源汽车电工电子实训室	日期	
任务描述	本任务以常开继电器控制汽车照明电路连接与检测内容为载体,向学生介绍常开继电器控制汽车照明电路连接注意事项、测试工具使用方法以及检测步骤,培养学生熟练检测常开继电器控制汽车照明电路的能力				
学习目标	总目标:教师指导各小组学生,制订常开继电器控制汽车照明电路连接与检测实训计划,引导学生实施检测任务,对各小组完成情况进行评价。 专业能力:了解常开继电器控制汽车照明电路的特点;掌握常开继电器控制汽车照明电路的组成、工作过程和检测方法;熟练使用汽车专用万用表,正确测量常开继电器控制汽车照明电路中的各电压参数;具备熟练检测常开继电器控制汽车照明电路的能力。 方法能力:在组长的带领下,实训小组成员共同制订实训计划,小组成员合理分工,正确完成常开继电器控制汽车照明电路连接与检测实训任务,并对测试数据进行判断。 社会能力:遵守6S操作规程,同学之间团结协作、互帮互助,共同完成实训任务				
说明	在汽车电子实验装置上,通过电缆线束将电源、点火开关、熔丝、车用灯泡按照电路图进行连接,实现车用灯泡的点亮和熄灭,并对常开继电器控制汽车照明电路进行相应的检测。模拟实际常开继电器控制汽车照明电路连接与检测方法				
决策与计划	请根据学习目标,确定实训需要的检测仪器、工具,并对小组成员进行合理分工,制订实施计划。 1. 实训需要的检测仪器、工具 2. 小组成员分工 3. 实施计划				
实施	1. 检查汽车电子实验装置中的元器件,按图连接常开继电器控制汽车照明电路。 2. 使点火开关和带开关熔丝处于不同的状态,检测电路中各点的电压值,并得出相应结论,记录在表中。				

(续表)

实施	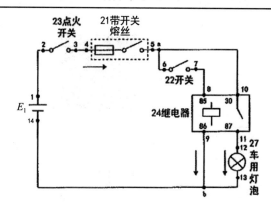

3. 用万用表直流电压挡进行测量与检测：首先，接通23点火开关和21开关后，开关22断开，测量11～14点的电位；其次，接通23点火开关和21开关后，闭合22开关后，测量11～14点的电位，注意观察灯泡的亮度；最后，将结果记入表中。

开关状态	理论电压值	测量值	结论
接通23点火开关和21开关			
接通23点火开关和21开关，且接通22开关			
检查与评估	<table>

	评价指标	组内自评	组间互评	教师评价
方法能力 社会能力 (40%)	工作态度(8分)			
	工作纪律(8分)			
	安全操作(8分)			
	环境保护(8分)			
	团队协作(8分)			
专业能力 (60%)	任务方案(10分)			
	实施步骤(30分)			
	完成结果(10分)			
	任务工单完成(10分)			
	本次得分			
最终得分 (组内自评30%+组间互评30%+教师评价40%)				

</table> |

37.《常闭继电器控制汽车照明电路连接与检测》任务工单

任务名称	常闭继电器控制汽车照明电路连接与检测	课时	2	班级	
小组成员		小组长/组号		任务成绩	
实训设备	1. 汽车电子实验装置 2. 万用表 3. 常闭继电器	实训场地	新能源汽车电工电子实训室	日期	
任务描述	本任务以常闭继电器控制汽车照明电路连接与检测内容为载体,向学生介绍常闭继电器控制汽车照明电路连接注意事项、测试工具使用方法以及检测步骤,培养学生熟练检测常闭继电器控制汽车照明电路的能力					
学习目标	总目标:教师指导各小组学生,制订常闭继电器控制汽车照明电路连接与检测实训计划,引导学生实施检测任务,对各小组完成情况进行评价。 专业能力:了解常闭继电器控制汽车照明电路的特点;掌握常闭继电器控制汽车照明电路的组成、工作过程和检测方法;熟练使用汽车专用万用表,正确测量常闭继电器控制汽车照明电路中的各电压参数;具备熟练检测常闭继电器控制汽车照明电路的能力。 方法能力:在组长的带领下,实训小组成员共同制订实训计划,小组成员合理分工,正确完成常闭继电器控制汽车照明电路连接与检测实训任务,并对测试数据进行判断。 社会能力:遵守6S操作规程,同学之间团结协作、互帮互助,共同完成实训任务					
说明	在汽车电子实验装置上,通过电缆线束将电源、点火开关、熔丝、车用灯泡按照电路图进行连接,实现车用灯泡的点亮和熄灭,并对常闭继电器控制汽车照明电路进行相应的检测。模拟实际常闭继电器控制汽车照明电路连接与检测方法					
决策与计划	请根据学习目标,确定实训需要的检测仪器、工具,并对小组成员进行合理分工,制订实施计划。 1. 实训需要的检测仪器、工具 2. 小组成员分工 3. 实施计划					
实施	1. 检查汽车电子实验装置中的元器件,按图连接常闭继电器控制汽车照明电路。 2. 使点火开关和带开关熔丝处于不同的状态,检测电路中各点的电压值,并得出相应结论,记录在表中。					

(续表)

| 实施 |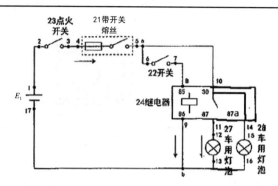

3. 用万用表直流电压挡进行测量与检测：首先，接通23点火开关和21开关后，开关22断开，测量11~14点的电位；其次，接通23点火开关和21开关后，闭合22开关后，测量11~14点的电位，注意观察灯泡的亮度；最后，将结果记入表中。

开关状态	理论电压值	测量值	结论
接通23点火开关和21开关			
接通23点火开关和21开关，且接通22开关				
---	---
检查与评估	<table>

评价指标		组内自评	组间互评	教师评价
方法能力社会能力(40%)	工作态度(8分)			
	工作纪律(8分)			
	安全操作(8分)			
	环境保护(8分)			
	团队协作(8分)			
专业能力(60%)	任务方案(10分)			
	实施步骤(30分)			
	完成结果(10分)			
	任务工单完成(10分)			
	本次得分			
最终得分(组内自评30%+组间互评30%+教师评价40%)				

</table> |

38.《喷油嘴的检测》任务工单

任务名称	喷油嘴的检测	课时	2	班级	
小组成员		小组长/组号		任务成绩	
实训设备	1.汽车电子实验装置 2.FLUKE88万用表 3.高阻值型喷油嘴	实训场地	新能源汽车电工电子实训室	日期	
任务描述	本任务以喷油嘴的检测内容为载体,向学生介绍喷油嘴的功能、使用注意事项以及检测步骤,培养学生检测喷油嘴的能力				
学习目标	总目标:教师指导各小组学生,制订喷油嘴的检测实训计划,引导学生了解喷油嘴的功能,对各小组完成情况进行评价。 专业能力:了解高阻值型喷油嘴的特点;掌握高阻值型喷油嘴的功能组成、检测方法;熟练使用FLUKE88万用表;具备正确检测高阻值型喷油嘴的能力。 方法能力:在组长的带领下,实训小组成员共同制订实训计划,小组成员合理分工,正确完成喷油嘴的检测实训任务。 社会能力:遵守6S操作规程,同学之间团结协作、互帮互助,共同完成实训任务				
说明	电控喷油器是燃油供给系统中最关键和最复杂的部件,也是工艺难度最大的部件。ECU通过控制电磁阀的开启和关闭,将油轨中的燃油以最佳的喷油定时、喷油量和喷油率喷入进气门前方				
决策与计划	请根据学习目标,确定实训需要的检测仪器、工具,并对小组成员进行合理分工,制订实施计划。 1.实训需要的检测仪器、工具 2.小组成员分工 3.实施计划 				
实施	1.对实验台上的喷油器进行比较,区分哪些是高阻值型喷油器。 2.测量不同品牌的喷油器并做比较,得出相应结论,记录在表中。 <table><tr><td>测量值</td><td>结论</td></tr><tr><td></td><td></td></tr><tr><td></td><td></td></tr><tr><td></td><td></td></tr></table> 3.在喷油器检测台或实车上,除了检测电阻值外,还要检测哪几项指标?				

(续表)

		评价指标	组内自评	组间互评	教师评价
检查与评估	方法能力 社会能力 (40%)	工作态度(8分)			
		工作纪律(8分)			
		安全操作(8分)			
		环境保护(8分)			
		团队协作(8分)			
	专业能力 (60%)	任务方案(10分)			
		实施步骤(30分)			
		完成结果(10分)			
		任务工单完成(10分)			
		本次得分			
	最终得分 (组内自评30%+组间互评30%+教师评价40%)				

39.《燃油油位传感器的检测》任务工单

任务名称	燃油油位传感器的检测	课时	1	班级	
小组成员		小组长/组号		任务成绩	
实训设备	1.燃油油位传感器 2.万用表	实训场地	新能源汽车电工电子实训室	日期	
任务描述	本任务向学生介绍燃油油位传感器的检测方法,培养学生检测燃油油位传感器的应用能力				
学习目标	总目标:教师指导各小组学生,制订燃油油位传感器的检测实训计划,引导学生实施检测任务,对各小组完成情况进行评价。 专业能力:熟练使用汽车专用万用表,正确地对燃油油位传感器进行检测。 方法能力:在组长的带领下,实训小组成员共同制订实训计划,小组成员合理分工,正确完成燃油油位传感器的检测实训任务,并对测试数据进行判断。 社会能力:遵守6S操作规程,同学之间团结协作、互帮互助,共同完成实训任务				
说明	汽车燃油油位传感器内部结构为滑动变阻器电阻				
决策与计划	请根据学习目标,确定实训需要的检测仪器、工具,并对小组成员进行合理分工,制订实施计划。 1.实训需要的检测仪器、工具 2.小组成员分工 3.实施计划				

(续表)

实施	1.用手轻轻上下拨动油浮子,观察油浮子活动是否正常。 2. 用万用表测量燃油油位传感器电阻,并用手轻轻上下拨动油浮子,观察万用表的读数是否发生变化。 3.记录测量过程,判断传感器是否正常。
检查与评估	<table><tr><td colspan="2">评价指标</td><td>组内自评</td><td>组间互评</td><td>教师评价</td></tr><tr><td rowspan="5">方法能力 社会能力 (40%)</td><td>工作态度(8分)</td><td></td><td></td><td></td></tr><tr><td>工作纪律(8分)</td><td></td><td></td><td></td></tr><tr><td>安全操作(8分)</td><td></td><td></td><td></td></tr><tr><td>环境保护(8分)</td><td></td><td></td><td></td></tr><tr><td>团队协作(8分)</td><td></td><td></td><td></td></tr><tr><td rowspan="4">专业能力 (60%)</td><td>任务方案(10分)</td><td></td><td></td><td></td></tr><tr><td>实施步骤(30分)</td><td></td><td></td><td></td></tr><tr><td>完成结果(10分)</td><td></td><td></td><td></td></tr><tr><td>任务工单完成(10分)</td><td></td><td></td><td></td></tr><tr><td colspan="2">本次得分</td><td></td><td></td><td></td></tr><tr><td colspan="2">最终得分 (组内自评30%+组间互评30%+教师评价40%)</td><td colspan="3"></td></tr></table>

40.《水温传感器的检测》任务工单

任务名称	水温传感器的检测	课时	1	班级	
小组成员		小组长/组号		任务成绩	
实训设备	1. 车用两脚式水温传感器 2. 万用表(带温度计功能) 3. 水杯及温水	实训场地	新能源汽车电工电子实训室	日期	
任务描述	本任务向学生介绍水温传感器的检测方法,培养学生检测水温传感器的应用能力					
学习目标	总目标:教师指导各小组学生,制订水温传感器的检测实训计划,引导学生实施检测任务,对各小组完成情况进行评价。 专业能力:熟练使用汽车专用万用表,正确地对水温传感器进行检测。 方法能力:在组长的带领下,实训小组成员共同制订实训计划,小组成员合理分工,正确完成水温传感器的检测实训任务,并对测试数据进行判断。 社会能力:遵守6S操作规程,同学之间团结协作、互帮互助,共同完成实训任务					
说明	汽车水温传感器的内部结构为热敏电阻,随着温度的变化,其内部阻值也会改变					
决策与计划	请根据学习目标,确定实训需要的检测仪器、工具,并对小组成员进行合理分工,制订实施计划。 1. 实训需要的检测仪器、工具 2. 小组成员分工 3. 实施计划					

(续表)

实施	1. 用温度计测量当前实训环境温度，再用万用表测量水温传感器的电阻。 2. 用万用表测量水杯水温，然后将图中所示的水温传感器放入杯中，使传感器浸泡在水中，测量传感器阻值，对比阻值的变化，填入表中。  	条件	温度	测量值	理论	 |---|---|---|---| | 环境温度 | | | | | 水温 | | | |
检查与评估		评价指标		组内自评	组间互评	教师评价 | |---|---|---|---|---|---| | 方法能力 社会能力 (40%) | 工作态度(8分) | | | | | | | 工作纪律(8分) | | | | | | | 安全操作(8分) | | | | | | | 环境保护(8分) | | | | | | | 团队协作(8分) | | | | | | 专业能力 (60%) | 任务方案(10分) | | | | | | | 实施步骤(30分) | | | | | | | 完成结果(10分) | | | | | | | 任务工单完成(10分) | | | | | | 本次得分 | | | | | | | 最终得分 (组内自评30%+组间互评30%+教师评价40%) | | | | | |

41.《非线性电阻(二极管反向)的伏安特性》任务工单

任务名称	非线性电阻(二极管反向)的伏安特性	课时	2	班级	
小组成员		小组长/组号		任务成绩	
实训设备	1. 稳压电源 2. 电工电子实验台 3. 万用表	实训场地	新能源汽车电工电子实训室	日期	
任务描述	二端元件两端的电压u和流过元件的电流i之间的关系为$i=f(u)$,这称为元件的伏安特性。非线性电阻(二极管反向)的伏安特性不服从欧姆定律,在u—i平面上是一条曲线。本任务旨在巩固直流电压表、直流电流表以及稳压电源的相关知识,培养学生测试非线性电阻(二极管反向)元件的伏安特性的能力				
学习目标	总目标:教师指导各小组学生,制订实训计划,引导学生实施检测任务,对各小组完成情况进行评价。 专业能力:了解直流电流的特点;掌握非线性电阻(二极管反向)元件的伏安特性、作用、电路组成、工作过程和检测方法;熟练使用汽车专用万用表,正确测量非线性电阻(二极管反向)元件的伏安特性参数;具备熟练应用非线性电阻(二极管反向)元件的伏安特性的能力;加深对参考方向的理解。 方法能力:在组长的带领下,实训小组成员共同制订实训计划,小组成员合理分工,正确完成实训任务,并对测试数据进行判断。 社会能力:遵守6S操作规程,同学之间团结协作、互帮互助,共同完成实训任务				
说明	非线性元件的伏安特性是指电阻元件两端的电压u和流过电阻元件的电流i之间的关系。非线性电阻(二极管反向)的伏安特性不服从欧姆定律,其两端的电压u与流过阻元件的电流i成非线性关系				
决策与计划	请根据学习目标,确定实训需要的检测仪器、工具,并对小组成员进行合理分工,制订实施计划。 1. 实训需要的检测仪器、工具 _____ 2. 小组成员分工 _____ 3. 实施计划				
实施	测定晶体二极管的反向伏安特性 1. 按电路图接线。 电路图:$R\ 200\ \Omega$,$E\ 0\sim 20V$,V,μA,$2AP6$ 2. 将稳压电源的粗调旋钮调到最小挡位,检查无误后,接通电源。 3. 按表中数值分别调节稳压电源的输出电压,读取相应的电流并记入表中。				

(续表)

实施							
	U/V	0	5	10	15	20	
	$I/\mu A$						
	结论：半导体二极管反向电压和电流是 _____ 关系						

检查与评估	评价指标		组内自评	组间互评	教师评价
	方法能力 社会能力 (40%)	工作态度(8分)			
		工作纪律(8分)			
		安全操作(8分)			
		环境保护(8分)			
		团队协作(8分)			
	专业能力 (60%)	任务方案(10分)			
		实施步骤(30分)			
		完成结果(10分)			
		任务工单完成(10分)			
	本次得分				
	最终得分 (组内自评30%+组间互评30%+教师评价40%)				

42.《非线性电阻(二极管正向)的伏安特性》任务工单

任务名称	非线性电阻(二极管正向)的伏安特性	课时	2	班级	
小组成员		小组长/组号		任务成绩	
实训设备	1. 稳压电源 2. 电工电子实验台 3. 万用表	实训场地	新能源汽车电工电子实训室	日期	
任务描述	二端元件两端的电压u和流过元件的电流i之间的关系$i=f(u)$,这称为元件的伏安特性。非线性电阻元件的伏安特性不服从欧姆定律,在$u—i$平面上是一条曲线。本任务旨在巩固直流电压表、直流电流表以及稳压电源的相关知识,培养学生测试非线性电阻元件的伏安特性能力					
学习目标	总目标:教师指导各小组学生,制订实训计划,引导学生实施检测任务,对各小组完成情况进行评价。 专业能力:了解直流电流的特点;掌握非线性电阻元件(二极管正向)的伏安特性、作用、电路组成、工作过程和检测方法;熟练使用汽车专用万用表,正确测量非线性电阻元件的伏安特性参数;具备熟练应用非线性电阻元件的伏安特性的能力;加深对参考方向的理解。 方法能力:在组长的带领下,实训小组成员共同制订实训计划,小组成员合理分工,正确完成实训任务,并对测试数据进行判断。 社会能力:遵守6S操作规程,同学之间团结协作、互帮互助,共同完成实训任务					
说明	非线性元件(二极管正向)的伏安特性是指电阻元件两端的电压u和流过电阻元件的电流i之间的关系。非线性电阻元件的伏安特性不服从欧姆定律,其两端的电压u与流过电阻元件的电流i成非线性关系					
决策与计划	请根据学习目标,确定实训需要的检测仪器、工具,并对小组成员进行合理分工,制订实施计划。 1. 实训需要的检测仪器、工具 _____ 2. 小组成员分工 _____ 3. 实施计划					
实施	测定晶体二极管的正向伏安特性 1. 按电路图接线。 2. 将稳压电源的粗调旋钮调到最小挡位,检查无误后,接通电源。 3. 调节输出电压,使电流表的读数依次为表中所列数值,分别记下对应的电压读数并记入表中。					

(续表)

实施	I/mA	0	0.1	0.5	1	10	20	30	40	50	60	70	80	90
	U/V													

结论：半导体二极管正向电压和电流是 _____ 关系

检查与评估		评价指标	组内自评	组间互评	教师评价
	方法能力 社会能力 (40%)	工作态度(8分)			
		工作纪律(8分)			
		安全操作(8分)			
		环境保护(8分)			
		团队协作(8分)			
	专业能力 (60%)	任务方案(10分)			
		实施步骤(30分)			
		完成结果(10分)			
		任务工单完成(10分)			
		本次得分			
	最终得分 (组内自评30%+组间互评30%+教师评价40%)				

43.《带二极管控制汽车照明电路连接与检测》任务工单

任务名称	带二极管控制汽车照明电路连接与检测	课时	2	班级	
小组成员		小组长/组号		任务成绩	
实训设备	1.汽车电子实验装置 2.万用表 3.二极管	实训场地	新能源汽车电工电子实训室	日期	
任务描述	本任务以带二极管控制汽车照明电路连接与检测内容为载体,向学生介绍带二极管控制汽车照明电路连接注意事项、测试工具使用方法以及检测步骤,培养学生熟练检测带二极管控制汽车照明电路的能力					
学习目标	总目标:教师指导各小组学生,制订带二极管控制汽车照明电路连接与检测实训计划,引导学生实施检测任务,对各小组完成情况进行评价。 专业能力:了解带二极管控制汽车照明电路的特点;掌握带二极管控制汽车照明电路的组成、工作过程和检测方法;熟练使用汽车专用万用表、示波器,正确测量带二极管控制汽车照明电路中的各电压参数;具备熟练检测带二极管控制汽车照明电路的能力。 方法能力:在组长的带领下,实训小组成员共同制订实训计划,小组成员合理分工,正确完成带二极管控制汽车照明电路连接与检测实训任务,并对测试数据进行判断。 社会能力:遵守6S操作规程,同学之间团结协作、互帮互助,共同完成实训任务					
说明	在汽车电子实验装置上,通过电缆线束将电源、点火开关、熔丝、车用灯泡按照电路图进行连接,实现车用灯泡的点亮和熄灭,并对带二极管控制汽车照明电路进行相应的检测。模拟实际带二极管控制汽车照明电路连接与检测方法					
决策与计划	请根据学习目标,确定实训需要的检测仪器、工具,并对小组成员进行合理分工,制订实施计划。 1.实训需要的检测仪器、工具 _____ 2.小组成员分工 _____ 3.实施计划					
实施	1.检查汽车电子实验装置中的元器件,按图连接带二极管控制汽车照明电路。 2.使点火开关和带开关熔丝处于不同的状态,检测电路中各点的电压值,并得出相应结论,记录在表中。 (a)					

实施	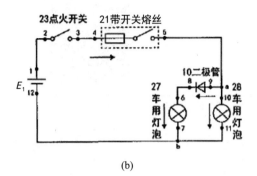 (b) 3. 用万用表直流电压挡进行测量与检测：首先，按照图(a)，接通23点火开关和21开关后，测量1～12点的电位，观察车用灯泡27点亮而28熄灭；其次，按照图(b)，接通23点火开关和21开关后，测量1～12点的电位，观察车用灯泡27点亮，28也点亮，注意观察灯泡的亮度；最后，将结果记入表中。 	开关状态	理论电压值	测量值	结论
---	---	---	---
按照图(a)，接通23点火开关，接通开关21			
按照图(b)，接通23点火开关，接通开关21				
检查与评估		评价指标	组内自评	组间互评	教师评价
---	---	---	---	---
方法能力社会能力(40%)	工作态度(8分)			
	工作纪律(8分)			
	安全操作(8分)			
	环境保护(8分)			
	团队协作(8分)			
专业能力(60%)	任务方案(10分)			
	实施步骤(30分)			
	完成结果(10分)			
	任务工单完成(10分)			
	本次得分			
最终得分(组内自评30%+组间互评30%+教师评价40%)					

44.《二极管和LED的测量》任务工单

任务名称	二极管和LED的测量	课时	2	班级	
小组成员		小组长/组号		任务成绩	
实训设备	1. 二极管，若干个LED 2. 万用表	实训场地	新能源汽车电工电子实训室	日期	
任务描述	用万用表蜂鸣挡，即二极管挡位测量二极管和LED的正向导通性和正向偏置电压				
学习目标	总目标：教师指导各小组学生，根据万用表说明书测量二极管和LED。 专业能力：能正确判断二极管和LED的正负极。 方法能力：在组长的带领下，实训小组成员共同制订实训计划，小组成员合理分工，掌握二极管和LED的测量方法，通过测量能判断出二极管和LED的正负极。 社会能力：遵守6S操作规程，同学之间团结协作、互帮互助，共同完成实训任务				
说明	二极管具有单向导通性，万用表在蜂鸣挡或电阻挡时，红、黑表笔有直流电输出				
决策与计划	请根据学习目标，确定实训需要的检测仪器、工具，并对小组成员进行合理分工，制订实施计划。 1. 实训需要的检测仪器、工具 2. 小组成员分工 3. 实施计划				
实施	1. 根据你看到的二极管，绘制二极管实物图，标明其正负极；再绘制二极管的电路符号，标出正负极。 2. 用万用表蜂鸣挡(二极管挡)测量二极管，红表笔接二极管正极，黑表笔接二极管负极，记录读数。红、黑表笔互换后再反向测量，记录读数。 | 二极管编号 | 正向测量读数 | 反向测量读数 | |---|---|---| | | | | | | | | | | | | | | | | 3. 分析表中各二极管正向测量读数和反向测量读数的含义。				

(续表)

实施	4. 观察LED，绘制LED实物图，标明其正负极；再绘制LED的电路符号，标出正负极。 5. 用万用表蜂鸣挡(二极管挡)测量LED，红表笔接LED正极，黑表笔接LED负极，记录读数。 | LED颜色	正向测量读数	反向测量读数 | |---|---|---| |		| |		| |		| |		| 6. 分析表中各LED正向测量读数和反向测量读数的含义。 7. 总结。
检查与评估	评价指标表（见下）

	评价指标	组内自评	组间互评	教师评价
方法能力 社会能力 (40%)	工作态度(8分)			
	工作纪律(8分)			
	安全操作(8分)			
	环境保护(8分)			
	团队协作(8分)			
专业能力 (60%)	任务方案(10分)			
	实施步骤(30分)			
	完成结果(10分)			
	任务工单完成(10分)			
	本次得分			
最终得分 (组内自评30%+组间互评30%+教师评价40%)				

45.《三极管的测量》任务工单

任务名称	三极管的测量	课时	2	班级	
小组成员		小组长/组号		任务成绩	
实训设备	1. 汽车电子实验装置 2. 万用表 3. NPN、PNP三极管	实训场地	新能源汽车电工电子实训室	日期	
任务描述	本任务以三极管的检测内容为载体,向学生介绍三极管的功能、使用注意事项以及检测步骤,培养学生检测三极管的能力				
学习目标	总目标:教师指导各小组学生,制订三极管的测量实训计划,引导学生了解三极管的功能,对各小组完成情况进行评价。 专业能力:了解三极管的特点;掌握三极管的功能、检测方法;熟练使用万用表正确检测三极管。 方法能力:在组长的带领下,实训小组成员共同制订实训计划,小组成员合理分工,正确完成三极管的测量实训任务。 社会能力:遵守6S操作规程,同学之间团结协作、互帮互助,共同完成实训任务				
说明	三极管,全称应为半导体三极管,也称双极型晶体管、晶体三极管。它是一种控制电流的半导体器件。它的作用是把微弱信号放大成幅度值较大的电信号,也用于无触点开关。三极管是半导体基本元件之一,具有电流放大作用,是电子电路的核心元件。三极管是在一块半导体基片上制作两个相距很近的PN结,两个PN结把整块半导体分成三部分,中间部分是基区,两侧部分是发射区和集电区,排列方式有PNP和NPN两种				
决策与计划	请根据学习目标,确定实训需要的检测仪器、工具,并对小组成员进行合理分工,制订实施计划。 1. 实训需要的检测仪器、工具 2. 小组成员分工 3. 实施计划				

(续表)

实施	1.用万用表的二极管挡位如何测量三极管是NPN型还是PNP型？ 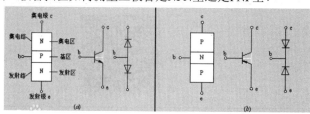 三极管基极的判别：根据三极管的结构示意图，我们知道三极管的基极是三极管中两个_____结的公共极。因此，在判别三极管的基极时，只要找出两个PN结的_____，即为三极管的基极。具体方法是将多用电表调至电阻挡的R×1k挡，先将_____表笔放在三极管的一只脚上，用_____表笔去碰三极管的另两只脚。如果两次全通，则_____表笔所放的脚就是三极管的基极；如果一次没找到，则_____表笔换到三极管的另一只脚，再测两次；如果还没找到，则_____表笔再换一下，再测两次；如果还没找到，则改用_____表笔放在三极管的一只脚上，用_____表笔去测两次，看是否全通，若一次没成功再换。这样最多测量12次，总可以找到基极。 三极管类型的判别：三极管只有两种类型，即PNP型和NPN型。判别时知道基极是P型材料还是N型材料即可。当用多用电表R×1k挡时，_____表笔代表电源正极，如果_____表笔接基极时导通，则说明三极管的基极为_____型材料，三极管即为_____型。如果_____表笔接基极导通，则说明三极管基极为_____型材料，三极管即为_____型。 2.观察万用表实物，如何用万用表的hFE挡测量三极管？请写出检测步骤。 
检查与评估	<table>

	评价指标		组内自评	组间互评	教师评价
方法能力 社会能力 (40%)	工作态度(8分)				
	工作纪律(8分)				
	安全操作(8分)				
	环境保护(8分)				
	团队协作(8分)				
专业能力 (60%)	任务方案(10分)				
	实施步骤(30分)				
	完成结果(10分)				
	任务工单完成(10分)				
	本次得分				
最终得分 (组内自评30%+组间互评30%+教师评价40%)					

46.《NPN型三极管控制汽车照明电路连接与检测》任务工单

任务名称	NPN型三极管控制汽车照明电路连接与检测	课时	2	班级	
小组成员		小组长/组号		任务成绩	
实训设备	1. 汽车电子实验装置 2. 万用表 3. NPN型三极管	实训场地	新能源汽车电工电子实训室	日期	
任务描述	本任务以NPN型三极管控制汽车照明电路连接与检测内容为载体,向学生介绍NPN型三极管控制汽车照明电路连接注意事项、测试工具使用方法以及检测步骤,培养学生熟练检测NPN型三极管控制汽车照明电路的能力				
学习目标	总目标:教师指导各小组学生,制订NPN型三极管控制汽车照明电路连接与检测实训计划,引导学生实施检测任务,对各小组完成情况进行评价。 专业能力:了解NPN型三极管控制汽车照明电路的特点,掌握NPN型三极管控制汽车照明电路的组成、工作过程和检测方法;熟练使用汽车专用万用表、示波器,正确测量NPN型三极管控制汽车照明电路中的各电压参数;具备熟练检测NPN型三极管控制汽车照明电路的能力。 方法能力:在组长的带领下,实训小组成员共同制订实训计划,小组成员合理分工,正确完成NPN型三极管控制汽车照明电路连接与检测实训任务,并对测试数据进行判断。 社会能力:遵守6S操作规程,同学之间团结协作、互帮互助,共同完成实训任务				
说明	在汽车电子实验装置上,通过电缆线束将电源、点火开关、熔丝、车用灯泡按照电路图进行连接,实现车用灯泡的点亮和熄灭,并对NPN型三极管控制汽车照明电路进行相应的检测。模拟实际NPN型三极管控制汽车照明电路连接与检测方法				
决策与计划	请根据学习目标,确定实训需要的检测仪器、工具,并对小组成员进行合理分工,制订实施计划。 1. 实训需要的检测仪器、工具 ———————————— 2. 小组成员分工 ———————————— 3. 实施计划				
实施	1. 检查汽车电子实验装置中的元件,按图连接NPN型三极管控制汽车照明电路。 2. 使23点火开关和21带开关熔丝处于不同的状态,检测电路中各点的电压值,并得出相应结论,记录在表中				

(续表)

实施	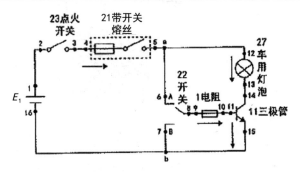

3. 用万用表直流电压挡进行测量与检测：首先，当23点火开关和21开关接通时，22开关的A端接通，测量1～16点的电位，27车用灯泡点亮；其次，当23点火开关和21开关接通时，22开关的A端接通，且22开关的B端接通，测量1～16点的电位，27车用灯泡熄灭；最后，将结果记入表中。

开关状态	理论电压值	测量值	结论
当23点火开关和21开关接通，22开关的A端接通			
当23点火开关和21开关接通，22开关的A端接通，且22开关的B端接通			

检查与评估		评价指标	组内自评	组间互评	教师评价
	方法能力 社会能力 (40%)	工作态度(8分)			
		工作纪律(8分)			
		安全操作(8分)			
		环境保护(8分)			
		团队协作(8分)			
	专业能力 (60%)	任务方案(10分)			
		实施步骤(30分)			
		完成结果(10分)			
		任务工单完成(10分)			
		本次得分			
	最终得分 (组内自评30%+组间互评30%+教师评价40%)				

47.《NPN型三极管控制汽车照明明暗电路连接与检测》任务工单

任务名称	NPN型三极管控制汽车照明明暗电路连接与检测	课时	2	班级	
小组成员		小组长/组号		任务成绩	
实训设备	1. 汽车电子实验装置 2. 万用表 3. NPN型三极管	实训场地	新能源汽车电工电子实训室	日期	
任务描述	本任务以NPN型三极管控制汽车照明明暗电路连接与检测内容为载体，向学生介绍NPN型三极管控制汽车照明明暗电路连接注意事项、测试工具使用方法以及检测步骤，培养学生熟练检测NPN型三极管控制汽车照明明暗电路的能力				
学习目标	总目标：教师指导各小组学生，制订NPN型三极管控制汽车照明明暗电路连接与检测实训计划，引导学生实施检测任务，对各小组完成情况进行评价。 专业能力：了解NPN型三极管控制汽车照明明暗电路的特点；掌握NPN型三极管控制汽车照明明暗电路的组成、工作过程和检测方法；熟练使用汽车专用万用表、示波器，正确测量NPN型三极管控制汽车照明明暗电路中的各电压参数；具备熟练检测NPN型三极管控制汽车照明明暗电路的能力。 方法能力：在组长的带领下，实训小组成员共同制订实训计划，小组成员合理分工，正确完成NPN型三极管控制汽车照明明暗电路连接与检测实训任务，并对测试数据进行判断。 社会能力：遵守6S操作规程，同学之间团结协作、互帮互助，共同完成实训任务				
说明	在汽车电子实验装置上，通过电缆线束将电源、点火开关、熔丝、车用灯泡按照电路图进行连接，实现车用灯泡的点亮和熄灭，并对NPN型三极管控制汽车照明明暗电路进行相应的检测。模拟实际NPN型三极管控制汽车照明明暗电路连接与检测方法				
决策与计划	请根据学习目标，确定实训需要的检测仪器、工具，并对小组成员进行合理分工，制订实施计划。 1. 实训需要的检测仪器、工具 _____ 2. 小组成员分工 _____ 3. 实施计划				

(续表)

实施	1. 检查汽车电子实验装置中的元器件，按图连接NPN型三极管控制汽车照明明暗电路。 2. 使23点火开关和21带开关熔丝处于不同的状态，检测电路中各点的电压值，并得出相应结论，记录在表中。 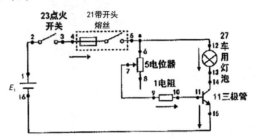 3. 用万用表直流电压挡进行测量与检测：当23点火开关和21开关接通时，调节5电位器5数次，测量1～16点的电位，27车用灯泡亮度发生改变。注意观察灯泡的亮度，将结果记入表中。 	开关状态	理论电压值	测量值	结论	 |---|---|---|---| | 接通23点火开关，接通开关21和22开关，调节5电位器数次 | | | |
检查与评估			评价指标	组内自评	组间互评	教师评价 | |---|---|---|---|---| | 方法能力 社会能力 (40%) | 工作态度(8分) | | | | | | 工作纪律(8分) | | | | | | 安全操作(8分) | | | | | | 环境保护(8分) | | | | | | 团队协作(8分) | | | | | 专业能力 (60%) | 任务方案(10分) | | | | | | 实施步骤(30分) | | | | | | 完成结果(10分) | | | | | | 任务工单完成(10分) | | | | | | 本次得分 | | | | | 最终得分 (组内自评30%+组间互评30%+教师评价40%) | | | | |

48.《PNP型三极管控制汽车照明电路连接与检测》任务工单

任务名称	PNP型三极管控制汽车照明电路连接与检测	课时	2	班级	
小组成员		小组长/组号		任务成绩	
实训设备	1.汽车电子实验装置 2.万用表 3.PNP型三极管	实训场地	新能源汽车电工电子实训室	日期	
任务描述	本任务以PNP型三极管控制汽车照明电路连接与检测内容为载体,向学生介绍PNP型三极管控制汽车照明电路连接注意事项、测试工具使用方法以及检测步骤,培养学生熟练检测PNP型三极管控制汽车照明电路的能力					
学习目标	总目标:教师指导各小组学生,制订PNP型三极管控制汽车照明电路连接与检测实训计划,引导学生实施检测任务,对各小组完成情况进行评价。 专业能力:了解PNP型三极管控制汽车照明电路的特点;掌握PNP型三极管控制汽车照明电路的组成、工作过程和检测方法;熟练使用汽车专用万用表、示波器,正确测量PNP型三极管控制汽车照明电路中各电压参数;具备熟练检测PNP型三极管控制汽车照明电路的能力。 方法能力:在组长的带领下,实训小组成员共同制订实训计划,小组成员合理分工,正确完成PNP型三极管控制汽车照明电路连接与检测实训任务,并对测试数据进行判断。 社会能力:遵守6S操作规程,同学之间团结协作、互帮互助,共同完成实训任务					
说明	在汽车电子实验装置上,通过电缆线束将电源、点火开关、熔丝、车用灯泡按照电路图进行连接,实现车用灯泡的点亮和熄灭,并对PNP型三极管控制汽车照明电路进行相应的检测。模拟实际PNP型三极管控制汽车照明电路连接与检测方法					
决策与计划	请根据学习目标,确定实训需要的检测仪器、工具,并对小组成员进行合理分工,制订实施计划。 1.实训需要的检测仪器、工具 2.小组成员分工 3.实施计划					

(续表)

实施	1. 检查汽车电子实验装置中的元器件，按图连接PNP型三极管控制汽车照明电路。 2. 使23点火开关和21带开关熔丝处于不同的状态，检测电路中各点的电压值，并得出相应结论，记录在表中。 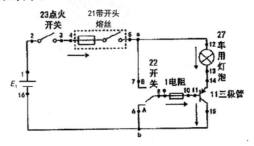 3. 用万用表直流电压挡进行测量与检测：首先，当23点火开关和21开关接通时，22开关的B端接通，测量1～16点的电位，27车用灯泡点亮；其次，当22开关的A端接通时，测量1～16点的电位，灯泡熄灭，注意观察灯泡的亮度；最后，将结果记入表中。 | 开关状态	理论电压值	测量值	结论 | |---|---|---|---| | 接通23点火开关，接通开关21和22开关的B端 | | | | | 接通23点火开关，接通开关21和22开关的A端 | | | |
检查与评估	<table><tr><th colspan="2">评价指标</th><th>组内自评</th><th>组间互评</th><th>教师评价</th></tr><tr><td rowspan="5">方法能力 社会能力 (40%)</td><td>工作态度(8分)</td><td></td><td></td><td></td></tr><tr><td>工作纪律(8分)</td><td></td><td></td><td></td></tr><tr><td>安全操作(8分)</td><td></td><td></td><td></td></tr><tr><td>环境保护(8分)</td><td></td><td></td><td></td></tr><tr><td>团队协作(8分)</td><td></td><td></td><td></td></tr><tr><td rowspan="4">专业能力 (60%)</td><td>任务方案(10分)</td><td></td><td></td><td></td></tr><tr><td>实施步骤(30分)</td><td></td><td></td><td></td></tr><tr><td>完成结果(10分)</td><td></td><td></td><td></td></tr><tr><td>任务工单完成(10分)</td><td></td><td></td><td></td></tr><tr><td colspan="2">本次得分</td><td colspan="3"></td></tr><tr><td colspan="2">最终得分 (组内自评30%+组间互评30%+教师评价40%)</td><td colspan="3"></td></tr></table>

49.《开关电路验证与运算逻辑》任务工单

任务名称	开关电路验证与运算逻辑	课时	2	班级	
小组成员		小组长/组号		任务成绩	
实训设备	1. 蓄电池/电源 2. 电工电子实训盒 3. 两个开关、一个灯泡	实训场地	新能源汽车电工电子实训室	日期	
任务描述	本任务以电工电子实训盒为基础,向学生介绍以开关和电灯泡为主的电路,验证数字电路理论中的与运算逻辑,培养学生的电路连线能力,掌握与运算逻辑在开关电路中的实现方法				
学习目标	总目标:教师指导各小组学生,制订开关电路验证与运算逻辑的实训计划,引导学生实施检测任务,对各小组完成情况进行评价。 专业能力:掌握与运算的真值表逻辑关系。 方法能力:在组长的带领下,实训小组成员共同制订实训计划;小组成员合理分工,掌握开关电路验证与运算逻辑的连线方法;熟练连接线路,正确记录相关操作和观测的状态量,能将状态量正确转换成真值0和1并与与运算真值表做比较。 社会能力:遵守6S操作规程,同学之间团结协作、互帮互助,共同完成实训任务				

说明	与运算真值表		
	A	B	A&B
	0	0	0
	0	1	0
	1	0	0
	1	1	1

决策与计划	请根据学习目标,确定实训需要的检测仪器、工具,并对小组成员进行合理分工,制订实施计划。 1. 实训需要的检测仪器、工具 2. 小组成员分工 3. 实施计划
实施	1. 根据给定的器材设计开关电路,验证与运算逻辑。 电路图:

(续表)

实施	2. 记录各元器件的状态量。			
		开关一	开关二	灯泡
	备注：开关状态记录为"断开"或"闭合"。 灯泡状态记录为"熄灭"或"点亮"。			
	3. 将上表中记录的状态量转换为0和1后填入表中。			
		开关一	开关二	灯泡
	备注：开关状态转换为0和1："断开"=0，"闭合"=1。 灯泡状态转换为0和1："熄灭"=0，"点亮"=1。			
	4. 上表是否和说明中提供的与运算真值表相一致？			
	5. 总结。			

		评价指标	组内自评	组间互评	教师评价
检查与评估	方法能力 社会能力 (40%)	工作态度(8分)			
		工作纪律(8分)			
		安全操作(8分)			
		环境保护(8分)			
		团队协作(8分)			
	专业能力 (60%)	任务方案(10分)			
		实施步骤(30分)			
		完成结果(10分)			
		任务工单完成(10分)			
		本次得分			
	最终得分 (组内自评30%+组间互评30%+教师评价40%)				

50.《开关电路验证或运算逻辑》任务工单

任务名称	开关电路验证或运算逻辑	课时	2	班级	
小组成员		小组长/组号		任务成绩	
实训设备	1. 蓄电池/电源 2. 电工电子实训盒 3. 两个开关、一个灯泡	实训场地	新能源汽车电工电子实训室	日期	
任务描述	本任务以电工电子实训盒为基础,向学生介绍以开关和电灯泡为主的电路,验证数字电路理论中的或运算逻辑,培养学生的电路连线能力,掌握或运算逻辑在开关电路中的实现方法				
学习目标	总目标:教师指导各小组学生,制订开关电路验证或运算逻辑的实训计划,引导学生实施检测任务,对各小组完成情况进行评价。 专业能力:掌握或运算的真值表逻辑关系。 方法能力:在组长的带领下,实训小组成员共同制订实训计划;小组成员合理分工,掌握开关电路验证或运算逻辑的连线方法;熟练连接线路;正确记录相关操作和观测的状态量,能将状态量正确转换成真值0和1并与或运算真值表做比较。 社会能力:遵守6S操作规程,同学之间团结协作、互帮互助,共同完成实训任务				

说明	或运算真值表			
	A	B	A|B	
	0	0	0	
	0	1	1	
	1	0	1	
	1	1	1	

决策与计划	请根据学习目标,确定实训需要的检测仪器、工具,并对小组成员进行合理分工,制订实施计划。 1. 实训需要的检测仪器、工具 2. 小组成员分工 3. 实施计划
实施	1. 根据给定的器材设计开关电路,验证或运算逻辑。 电路图:

(续表)

实施	2. 记录各元器件的状态量。			
		开关一	开关二	灯泡
	备注：开关状态记录为"断开"或"闭合"。 　　　灯泡状态记录为"熄灭"或"点亮"。			
	3. 将上表中记录的状态量转换为0和1后填入下表。			
		开关一	开关二	灯泡
	备注：开关状态转换为0和1："断开"=0，"闭合"=1。 　　　灯泡状态转换为0和1："熄灭"=0，"点亮"=1。			
	4. 上表是否和说明中提供的或运算真值表相一致？			
	5. 总结。			

	评价指标		组内自评	组间互评	教师评价
检查与评估	方法能力 社会能力 (40%)	工作态度(8分)			
		工作纪律(8分)			
		安全操作(8分)			
		环境保护(8分)			
		团队协作(8分)			
	专业能力 (60%)	任务方案(10分)			
		实施步骤(30分)			
		完成结果(10分)			
		任务工单完成(10分)			
		本次得分			
	最终得分 (组内自评30%+组间互评30%+教师评价40%)				

51.《开关电路验证非运算逻辑》任务工单

任务名称	开关电路验证非运算逻辑	课时	2	班级	
小组成员		小组长/组号		任务成绩	
实训设备	1. 蓄电池/电源 2. 电工电子实训盒 3. 一个开关、一个灯泡	实训场地	新能源汽车电工电子实训室	日期	
任务描述	本任务以电工电子实训盒为基础,向学生介绍以开关和电灯泡为主的电路,验证数字电路理论中的非运算逻辑,培养学生的电路连线能力,掌握非运算逻辑在开关电路中的实现方法				
学习目标	总目标:教师指导各小组学生,制订开关电路验证非运算逻辑的实训计划,引导学生实施检测任务,对各小组完成情况进行评价。 专业能力:掌握非运算的真值表逻辑关系。 方法能力:在组长的带领下,实训小组成员共同制订实训计划;小组成员合理分工,掌握开关电路验证非运算逻辑的连线方法;熟练连接线路;正确记录相关操作和观测的状态量,能将状态量正确转换成真值0和1并与非运算真值表做比较。 社会能力:遵守6S操作规程,同学之间团结协作、互帮互助,共同完成实训任务				
说明	非运算真值表				
	A			$\overline{A}$	
	0			1	
	1			0	
决策与计划	请根据学习目标,确定实训需要的检测仪器、工具,并对小组成员进行合理分工,制订实施计划。 1. 实训需要的检测仪器、工具 2. 小组成员分工 3. 实施计划				
实施	1. 根据给定的器材设计开关电路,验证非运算逻辑。 电路图:				

(续表)

实施	2. 记录各元器件状态量。 ｜ 开关 ｜ 灯泡 ｜ ｜ ｜ ｜ ｜ ｜ ｜ ｜ ｜ ｜ ｜ ｜ ｜ 备注：开关状态记录为"断开"或"闭合"。 　　　灯泡状态记录为"熄灭"或"点亮"。 3. 将上表中记录的状态量转换为0和1后填入表中。 ｜ 开关 ｜ 灯泡 ｜ ｜ ｜ ｜ ｜ ｜ ｜ ｜ ｜ ｜ ｜ ｜ ｜ 备注：开关状态转换为0和1："断开"=0，"闭合"=1。 　　　灯泡状态转换为0和1："熄灭"=0，"点亮"=1。 4. 上表是否和说明中提供的非运算真值表相一致？ 5. 总结。			

检查与评估	评价指标	组内自评	组间互评	教师评价
	方法能力 社会能力 (40%)	工作态度(8分)			
		工作纪律(8分)			
		安全操作(8分)			
		环境保护(8分)			
		团队协作(8分)			
	专业能力 (60%)	任务方案(10分)			
		实施步骤(30分)			
		完成结果(10分)			
		任务工单完成(10分)			
	本次得分				
	最终得分 (组内自评30%+组间互评30%+教师评价40%)				

52.《开关电路验证与非运算逻辑》任务工单

任务名称	开关电路验证与非运算逻辑	课时	2	班级	
小组成员		小组长/组号		任务成绩	
实训设备	1. 蓄电池/电源 2. 电工电子实训盒 3. 两个开关、一个灯泡	实训场地	新能源汽车电工电子实训室	日期	
任务描述	本任务以电工电子实训盒为基础,向学生介绍以开关和电灯泡为主的电路,验证数字电路理论中的与非运算逻辑,培养学生的电路连线能力,掌握与非运算逻辑在开关电路中的实现方法				
学习目标	总目标:教师指导各小组学生,制订开关电路验证与非运算逻辑的实训计划,引导学生实施检测任务,对各小组完成情况进行评价。 专业能力:掌握与非运算的真值表逻辑关系。 方法能力:在组长的带领下,实训小组成员共同制订实训计划;小组成员合理分工,掌握开关电路验证与非运算逻辑的连线方法;熟练连接线路;正确记录相关操作和观测的状态量,能将状态量正确转换成真值0和1并与与非运算真值表做比较。 社会能力:遵守6S操作规程,同学之间团结协作、互帮互助,共同完成实训任务				

说明	与非运算真值表			
	A	B	A&B	$\overline{A\&B}$
	0	0	0	1
	0	1	0	1
	1	0	0	1
	1	1	1	0

决策与计划	请根据学习目标,确定实训需要的检测仪器、工具,并对小组成员进行合理分工,制订实施计划。 1. 实训需要的检测仪器、工具 2. 小组成员分工 3. 实施计划
实施	1.根据给定的器材设计开关电路,验证与非运算逻辑。 电路图:

(续表)

实施	2. 记录各元器件的状态量。			
		开关一	开关二	灯泡
	备注：开关状态记录为"断开"或"闭合"。			
	灯泡状态记录为"熄灭"或"点亮"。			
	3. 将上表中记录的状态量转换为0和1后填入表中。			
		开关一	开关二	灯泡
	备注：开关状态转换为0和1："断开"=0，"闭合"=1。			
	灯泡状态转换为0和1："熄灭"=0，"点亮"=1。			
	4. 上表是否和说明中提供的与非运算真值表相一致？			
	5. 总结。			

		评价指标	组内自评	组间互评	教师评价
检查与评估	方法能力 社会能力 (40%)	工作态度(8分)			
		工作纪律(8分)			
		安全操作(8分)			
		环境保护(8分)			
		团队协作(8分)			
	专业能力 (60%)	任务方案(10分)			
		实施步骤(30分)			
		完成结果(10分)			
		任务工单完成(10分)			
		本次得分			
	最终得分 (组内自评30%+组间互评30%+教师评价40%)				

53.《开关电路验证或非运算逻辑》任务工单

任务名称	开关电路验证或非运算逻辑	课时	2	班级	
小组成员		小组长/组号		任务成绩	
实训设备	1. 蓄电池/电源 2. 电工电子实训盒 3. 两个开关、一个灯泡	实训场地	新能源汽车电工电子实训室	日期	
任务描述	本任务以电工电子实训盒为基础,向学生介绍以开关和电灯泡为主的电路,验证数字电路理论中的或非运算逻辑,培养学生的电路连线能力,掌握或非运算逻辑在开关电路中的实现方法					
学习目标	总目标:教师指导各小组学生,制订开关电路验证或非运算逻辑的实训计划,引导学生实施检测任务,对各小组完成情况进行评价。 专业能力:掌握或非运算的真值表逻辑关系。 方法能力:在组长的带领下,实训小组成员共同制订实训计划;小组成员合理分工,掌握开关电路验证或非运算逻辑的连线方法;熟练连接线路;正确记录相关操作和观测的状态量,能将状态量正确转换成真值0和1并与或非运算真值表做比较。 社会能力:遵守6S操作规程,同学之间团结协作、互帮互助,共同完成实训任务					

	或非运算真值表			
说明	A	B	A&B	$\overline{A\&B}$
	0	0	0	1
	0	1	1	0
	1	0	0	1
	1	1	1	0

决策与计划	请根据学习目标,确定实训需要的检测仪器、工具,并对小组成员进行合理分工,制订实施计划。 1. 实训需要的检测仪器、工具 2. 小组成员分工 3. 实施计划
实施	1. 根据给定的器材设计开关电路,验证或非运算逻辑。 电路图:

(续表)

实施	2. 记录各元器件的状态量。			
		开关一	开关二	灯泡
	备注：开关状态记录为"断开"或"闭合"。			
	灯泡状态记录为"熄灭"或"点亮"。			
	3. 将上表中记录的状态量转换为0和1后填入表中。			
		开关一	开关二	灯泡
	备注：开关状态转换为0和1："断开"=0，"闭合"=1。			
	灯泡状态转换为0和1："熄灭"=0，"点亮"=1。			
	4. 上表是否和说明中提供的或非运算真值表相一致？			
	5. 总结。			

	评价指标		组内自评	组间互评	教师评价
检查与评估	方法能力 社会能力 (40%)	工作态度(8分)			
		工作纪律(8分)			
		安全操作(8分)			
		环境保护(8分)			
		团队协作(8分)			
	专业能力 (60%)	任务方案(10分)			
		实施步骤(30分)			
		完成结果(10分)			
		任务工单完成(10分)			
		本次得分			
	最终得分 (组内自评30%+组间互评30%+教师评价40%)				

54.《二极管与运算电路》任务工单

任务名称	二极管与运算电路	课时	2	班级	
小组成员		小组长/组号		任务成绩	
实训设备	1. 蓄电池/电源 2. 电工电子实训盒 3. 两个二极管,两个电阻,一个LED	实训场地	新能源汽车电工电子实训室	日期	
任务描述	本任务以电工电子实训盒为基础,向学生介绍以二极管为主构成的与运算逻辑电路,培养学生的电路连线能力,掌握实现二极管与运算逻辑电路的方法				
学习目标	总目标:教师指导各小组学生,根据说明给出的与逻辑基本电路,制订设计LED显示与运算逻辑的实训计划,引导学生实施检测任务,对各小组完成情况进行评价。 专业能力:掌握与运算的真值表逻辑关系。 方法能力:在组长的带领下,实训小组成员共同制订实训计划;小组成员合理分工,掌握二极管与运算电路的连线方法;熟练连接线路并且用LED显示输出状态;正确记录相关操作和观测的状态量,能将状态量正确转换成真值0和1并与与运算真值表做比较。 社会能力:遵守6S操作规程,同学之间团结协作、互帮互助,共同完成实训任务				

说明	与运算真值表			
	A	B		A&B
	0	0		0
	0	1		1
	1	0		0
	1	1		1
	在二极管与运算逻辑基本电路中,A、B为输入端,F为输出端。 $U_{CC}(+5V)$,R 3.9k,VD_1,VD_2,A,B,F			
决策与计划	请根据学习目标,确定实训需要的检测仪器、工具,并对小组成员进行合理分工,制订实施计划。 1. 实训需要的检测仪器、工具 2. 小组成员分工 3. 实施计划			

(续表)

实施	1. 根据与运算逻辑基本电路，设计一个电路，用LED来显示输出信号，使其点亮为逻辑1，熄灭为逻辑0。 电路图： 2. 记录输入端A和B的状态量和输出端LED的状态量。 	输入端A	输入端B	输出端LED
---	---	---
		| 备注：输入端记录为"高电平"或"低电平"。 　　　LED状态记录为"熄灭"或"点亮"。 3. 将上表中记录的状态量转换为0和1后填入表中。 | 输入端A	输入端B	输出端LED
---	---	---
			  备注：输入状态转换为0和1："低电平"=0，"高电平"=1。 　　　LED状态转换为0和1："熄灭"=0，"点亮"=1。 4. 上表是否和"说明"中提供的与运算真值表相一致？ 5. 总结。
检查与评估	<table><tr><th colspan="2">评价指标</th><th>组内自评</th><th>组间互评</th><th>教师评价</th></tr><tr><td rowspan="5">方法能力 社会能力 (40%)</td><td>工作态度(8分)</td><td></td><td></td><td></td></tr><tr><td>工作纪律(8分)</td><td></td><td></td><td></td></tr><tr><td>安全操作(8分)</td><td></td><td></td><td></td></tr><tr><td>环境保护(8分)</td><td></td><td></td><td></td></tr><tr><td>团队协作(8分)</td><td></td><td></td><td></td></tr><tr><td rowspan="4">专业能力 (60%)</td><td>任务方案(10分)</td><td></td><td></td><td></td></tr><tr><td>实施步骤(30分)</td><td></td><td></td><td></td></tr><tr><td>完成结果(10分)</td><td></td><td></td><td></td></tr><tr><td>任务工单完成(10分)</td><td></td><td></td><td></td></tr><tr><td colspan="2">本次得分</td><td></td><td></td><td></td></tr><tr><td colspan="2">最终得分 (组内自评30%+组间互评30%+教师评价40%)</td><td colspan="3"></td></tr></table>

55.《二极管或运算电路》任务工单

任务名称	二极管或运算电路	课时	2	班级	
小组成员		小组长/组号		任务成绩	
实训设备	1. 蓄电池/电源 2. 电工电子实训盒 3. 两个二极管,两个电阻,一个LED	实训场地	新能源汽车电工电子实训室	日期	
任务描述	本任务以电工电子实训盒为基础,向学生介绍以二极管为主构成的或运算逻辑电路,培养学生的电路连线能力,掌握实现二极管或运算逻辑电路的方法					
学习目标	总目标:教师指导各小组学生,根据说明给出的或运算逻辑基本电路,制订设计LED显示或运算逻辑的实训计划,引导学生实施检测任务,对各小组完成情况进行评价。 专业能力:掌握或运算的真值表逻辑关系。 方法能力:在组长的带领下,实训小组成员共同制订实训计划;小组成员合理分工,掌握二极管或运算电路的连线方法;熟练连接线路并且用LED显示输出状态;正确记录相关操作和观测的状态量,能将状态量正确转换成真值0和1并与或运算真值表做比较。 社会能力:遵守6S操作规程,同学之间团结协作、互帮互助,共同完成实训任务					
说明	<table><tr><td colspan="3">或运算真值表</td></tr><tr><td>A</td><td>B</td><td>A|B</td></tr><tr><td>0</td><td>0</td><td>0</td></tr><tr><td>0</td><td>1</td><td>1</td></tr><tr><td>1</td><td>0</td><td>1</td></tr><tr><td>1</td><td>1</td><td>1</td></tr></table> 在二极管或运算逻辑基本电路中,A、B为输入端,F为输出端。					

(续表)

决策与计划	请根据学习目标,确定实训需要的检测仪器、工具,并对小组成员进行合理分工,制订实施计划。 1. 实训需要的检测仪器、工具 _____ 2. 小组成员分工 _____ 3. 实施计划 _____
实施	1. 根据给定的器材和二极管或运算逻辑基本电路,设计一个电路,用LED来显示输出信号,使其点亮为逻辑1,熄灭为逻辑0。 电路图: 2. 记录输入端A和B的状态量和输出端LED的状态量。 | 输入端A	输入端B	输出端LED | |---|---|---| | | | | | | | | | | | | 备注:输入端记录为"高电平"或"低电平"。 　　　LED状态记录为"熄灭"或"点亮"。 3. 将上表中记录的状态量转换为0和1后填入表中。 | 输入端A	输入端B	输出端LED | |---|---|---| | | | | | | | | | | | | 备注:输入状态转换为0和1:"低电平"=0,"高电平"=1。 　　　LED状态转换为0和1:"熄灭"=0,"点亮"=1。 4. 上表是否和"说明"中提供的或运算真值表相一致? 5. 总结。

(续表)

	评价指标	组内自评	组间互评	教师评价
检查与评估	方法能力 社会能力 (40%)	工作态度(8分)			
		工作纪律(8分)			
		安全操作(8分)			
		环境保护(8分)			
		团队协作(8分)			
	专业能力 (60%)	任务方案(10分)			
		实施步骤(30分)			
		完成结果(10分)			
		任务工单完成(10分)			
		本次得分			
	最终得分 (组内自评30%+组间互评30%+教师评价40%)				

56.《三极管非运算电路》任务工单

任务名称	三极管非运算电路	课时	2	班级	
小组成员		小组长/组号		任务成绩	
实训设备	1. 蓄电池/电源 2. 电工电子实训盒 3. 一个三极管，两个电阻，一个LED	实训场地	新能源汽车电工电子实训室	日期	
任务描述	本任务以电工电子实训盒为基础，向学生介绍以三极管为主构成的非运算逻辑电路，培养学生的电路连线能力，掌握实现三极管非运算逻辑电路的方法				
学习目标	总目标：教师指导各小组学生，根据说明给出的与逻辑基本电路，制订设计LED显示非运算逻辑的实训计划，引导学生实施检测任务，对各小组完成情况进行评价。 专业能力：掌握非运算的真值表逻辑关系。 方法能力：在组长的带领下，实训小组成员共同制订实训计划；小组成员合理分工，掌握三极管非运算电路的连线方法；熟练连接线路并且用LED显示输出状态；正确记录相关操作和观测的状态量，能将状态量正确转换成真值0和1并与非运算真值表做比较。 社会能力：遵守6S操作规程，同学之间团结协作、互帮互助，共同完成实训任务				
说明	非运算真值表				

非运算真值表	
A	$\overline{A}$
0	1
1	0

在三极管非运算逻辑基本电路中，A为输入端，F为输出端。

$U_{CC}(+5v)$, R_C, F(U_O), A(U_I), R, VT

请根据学习目标，确定实训需要的检测仪器、工具，并对小组成员进行合理分工，制订实施计划。

1. 实训需要的检测仪器、工具

2. 小组成员分工

3. 实施计划

(续表)

实施	1. 根据给定的器材和三极管非运算逻辑基本电路，设计一个电路，用LED来显示输出信号，使其点亮为逻辑1，熄灭为逻辑0。 电路图： 2. 记录输入端A和输出端LED的状态量。 | 输入端A	输出端LED
	| 备注：输入端记录为"高电平"或"低电平"。 　　　LED状态记录为"熄灭"或"点亮"。 3. 将上表中记录的状态量转换为0和1后填入表中。 | 输入端A	输出端LED
	| 备注：输入状态转换为0和1："低电平"=0，"高电平"=1。 　　　LED状态转换为0和1："熄灭"=0，"点亮"=1。 4. 上表是否和说明中提供的非运算真值表相一致？ 5. 总结。

(续表)

	评价指标		组内自评	组间互评	教师评价
检查与评估	方法能力 社会能力 (40%)	工作态度(8分)			
		工作纪律(8分)			
		安全操作(8分)			
		环境保护(8分)			
		团队协作(8分)			
	专业能力 (60%)	任务方案(10分)			
		实施步骤(30分)			
		完成结果(10分)			
		任务工单完成(10分)			
	本次得分				
	最终得分 (组内自评30%+组间互评30%+教师评价40%)				

57.《二极管、三极管与非运算电路》任务工单

任务名称	二极管、三极管与非运算电路	课时	2	班级	
小组成员		小组长/组号		任务成绩	
实训设备	1. 蓄电池/电源 2. 电工电子实训盒 3. 两个二极管，一个三极管，两个电阻，一个LED	实训场地	新能源汽车电工电子实训室	日期	
任务描述	本任务以电工电子实训盒为基础，向学生介绍以二极管、三极管为主构成的与非运算逻辑电路，培养学生的电路连线能力，掌握实现二极管、三极管与非运算逻辑电路的方法				
学习目标	总目标：教师指导各小组学生，根据说明给出的与逻辑基本电路，制订设计LED显示与非运算逻辑的实训计划，引导学生实施检测任务，对各小组完成情况进行评价。 专业能力：掌握与非运算的真值表逻辑关系。 方法能力：在组长的带领下，实训小组成员共同制订实训计划；小组成员合理分工，掌握二极管、三极管与非运算电路的连线方法；熟练连接线路并且用LED显示输出状态；正确记录相关操作和观测的状态量，能将状态量正确转换成真值0和1并与与非运算真值表做比较。 社会能力：遵守6S操作规程，同学之间团结协作、互帮互助，共同完成实训任务				
说明	与非运算真值表				
	A	B	A&B	$\overline{A\&B}$	
	0	0	0	1	
	0	1	0	1	
	1	0	0	1	
	1	1	1	0	
	在二极管与运算逻辑基本电路中，A、B为输入端，F为输出端。 在三极管非运算逻辑基本电路中，A为输入端，F为输出端。 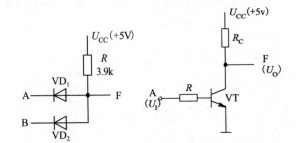				

(续表)

决策与计划	请根据学习目标，确定实训需要的检测仪器、工具，并对小组成员进行合理分工，制订实施计划。 1. 实训需要的检测仪器、工具 _____ 2. 小组成员分工 _____ 3. 实施计划 _____
实施	1. 根据给定的器材和二极管、三极管与非运算逻辑基本电路，设计一个电路，用LED来显示输出信号，使其点亮为逻辑1，熄灭为逻辑0。 电路图： 2. 记录输入端A和B的状态量，以及输出端LED的状态量。 | 输入端A | 输入端B | 输出端LED | | --- | --- | --- | | | | | | | | | | | | | | | | | 备注：输入端记录为"高电平"或"低电平"。 　　　LED状态记录为"熄灭"或"点亮"。 3. 将上表中记录的状态量转换为0和1后填入表中。 | 输入端A | 输入端B | 输出端LED | | --- | --- | --- | | | | | | | | | | | | | | | | | 备注：输入状态转换为0和1："低电平"=0，"高电平"=1。 　　　LED状态转换为0和1："熄灭"=0，"点亮"=1。 4. 上表是否和说明中提供的与非运算真值表相一致？ 5. 总结。

(续表)

	评价指标		组内自评	组间互评	教师评价
检查与评估	方法能力 社会能力 (40%)	工作态度(8分)			
		工作纪律(8分)			
		安全操作(8分)			
		环境保护(8分)			
		团队协作(8分)			
	专业能力 (60%)	任务方案(10分)			
		实施步骤(30分)			
		完成结果(10分)			
		任务工单完成(10分)			
	本次得分				
	最终得分 (组内自评30%+组间互评30%+教师评价40%)				

58.《二极管、三极管或非运算电路》任务工单

任务名称	二极管、三极管或非运算电路	课时	2	班级	
小组成员		小组长/组号		任务成绩	
实训设备	1. 蓄电池/电源 2. 电工电子实训盒 3. 两个二极管，一个三极管，两个电阻，一个LED	实训场地	新能源汽车电工电子实训室	日期	
任务描述	本任务以电工电子实训盒为基础，向学生介绍以二极管、三极管为主构成的或非运算逻辑电路，培养学生的电路连线能力，掌握实现二极管、三极管或非运算逻辑电路的方法				
学习目标	总目标：教师指导各小组学生，根据说明给出的或逻辑基本电路，制订设计LED显示或非运算逻辑的实训计划，引导学生实施检测任务，对各小组完成情况进行评价。 专业能力：掌握或非运算的真值表逻辑关系。 方法能力：在组长的带领下，实训小组成员共同制订实训计划；小组成员合理分工，掌握二极管、三极管或非运算电路的连线方法；熟练连接线路并且用LED显示输出状态；正确记录相关操作和观测的状态量，能将状态量正确转换成真值0和1并与或非运算真值表做比较。 社会能力：遵守6S操作规程，同学之间团结协作、互帮互助，共同完成实训任务				
说明	<table><tr><td colspan="4">或非运算真值表</td></tr><tr><td>A</td><td>B</td><td>A|B</td><td>$\overline{A|B}$</td></tr><tr><td>0</td><td>0</td><td>0</td><td>1</td></tr><tr><td>0</td><td>1</td><td>1</td><td>0</td></tr><tr><td>1</td><td>0</td><td>1</td><td>0</td></tr><tr><td>1</td><td>1</td><td>1</td><td>0</td></tr></table>在二极管或运算逻辑基本电路中，A、B为输入端，F为输出端。 在三极管非运算逻辑基本电路中，A为输入端，F为输出端。				

(续表)

决策与计划	请根据学习目标,确定实训需要的检测仪器、工具,并对小组成员进行合理分工,制订实施计划。 1. 实训需要的检测仪器、工具 _____ 2. 小组成员分工 _____ 3. 实施计划
实施	1. 根据给定的器材和二极管、三极管或非运算逻辑基本电路,设计一个电路,用LED来显示输出信号,使其点亮为逻辑1,熄灭为逻辑0。 电路图: 2. 记录输入端A和B的状态量,以及输出端LED的状态量。 	输入端A	输入端B	输出端LED
---	---	---
		| 备注:输入端记录为"高电平"或"低电平"。 　　　LED状态记录为"熄灭"或"点亮"。 3. 将上表中记录的状态量转换为0和1后填入表中。 | 输入端A	输入端B	输出端LED
---	---	---
			  备注:输入状态转换为0和1:"低电平"=0,"高电平"=1。 　　　LED状态转换为0和1:"熄灭"=0,"点亮"=1。 4. 上表是否和说明中提供的或非运算真值表相一致? 5. 总结。

(续表)

		评价指标	组内自评	组间互评	教师评价
检查与评估	方法能力 社会能力 (40%)	工作态度(8分)			
		工作纪律(8分)			
		安全操作(8分)			
		环境保护(8分)			
		团队协作(8分)			
	专业能力 (60%)	任务方案(10分)			
		实施步骤(30分)			
		完成结果(10分)			
		任务工单完成(10分)			
		本次得分			
	最终得分 (组内自评30%+组间互评30%+教师评价40%)				

59.《两线闪光器控制汽车转向电路连接与检测》任务工单

任务名称	两线闪光器控制汽车转向电路连接与检测	课时	2	班级	
小组成员		小组长/组号		任务成绩	
实训设备	1. 汽车电子实验装置 2. 万用表 3. 两线闪光器	实训场地	新能源汽车电工电子实训室	日期	
任务描述	本任务以两线闪光器控制汽车转向电路连接与检测内容为载体,向学生介绍两线闪光器控制汽车转向电路连接注意事项、测试工具使用方法以及检测步骤,培养学生熟练检测两线闪光器控制汽车转向电路的能力					
学习目标	总目标:教师指导各小组学生,制订两线闪光器控制汽车转向电路连接与检测的实训计划,引导学生实施检测任务,对各小组完成情况进行评价。 专业能力:了解两线闪光器控制汽车转向电路的特点;掌握两线闪光器控制汽车转向电路的组成、工作过程和检测方法;熟练使用汽车专用万用表,正确测量两线闪光器控制汽车转向电路中的各电压参数;具备熟练检测两线闪光器控制汽车转向电路的能力。 方法能力:在组长的带领下,实训小组成员共同制订实训计划,小组成员合理分工,正确完成两线闪光器控制汽车转向电路连接与检测实训任务,并对测试数据进行判断。 社会能力:遵守6S操作规程,同学之间团结协作、互帮互助,共同完成实训任务					
说明	在汽车电子实验装置上,通过电缆线束将电源、点火开关、熔丝、车用灯泡按照电路图进行连接,实现车用灯泡的点亮和熄灭,并对两线闪光器控制汽车转向电路进行相应的检测。模拟实际两线闪光器控制汽车转向电路连接与检测方法					
决策与计划	请根据学习目标,确定实训需要的检测仪器、工具,并对小组成员进行合理分工,制订实施计划。 1. 实训需要的检测仪器、工具 _____ 2. 小组成员分工 _____ 3. 实施计划 _____					
实施	1. 检查汽车电子实验装置中的元器件,按图连接两线闪光器控制汽车转向电路。 2. 使23点火开关和21带开关熔丝处于不同的状态,检测电路中各点的电压值,并得出相应结论,记录在表中。					

(续表)

实施	3. 用万用表直流电压挡进行测量与检测：首先，接通23点火开关，测量21开关断开前7～10点的电位；其次，接通23点火开关，21开关接通，测量29车用灯泡点亮瞬间7～10点的电位；再次，接通23点火开关，21开关接通，测量29车用灯泡熄灭瞬间7～10点的电位，注意观察灯泡的亮度；最后，将结果记入表中。			
	开关状态	理论电压值	测量值	结论
	接通23点火开关，21开关断开			
	接通23点火开关，21开关接通，29车用灯泡点亮瞬间			
	接通23点火开关，21开关接通，29车用灯泡熄灭瞬间			

		评价指标	组内自评	组间互评	教师评价
检查与评估	方法能力 社会能力 (40%)	工作态度(8分)			
		工作纪律(8分)			
		安全操作(8分)			
		环境保护(8分)			
		团队协作(8分)			
	专业能力 (60%)	任务方案(10分)			
		实施步骤(30分)			
		完成结果(10分)			
		任务工单完成(10分)			
		本次得分			
	最终得分 (组内自评30%+组间互评30%+教师评价40%)				

60.《三线闪光器控制汽车照明电路连接与检测》任务工单

任务名称	三线闪光器控制汽车照明电路连接与检测	课时	2	班级	
小组成员		小组长/组号		任务成绩	
实训设备	1. 汽车电子实验装置 2. 万用表 3. 三线闪光器	实训场地	新能源汽车电工电子实训室	日期	
任务描述	本任务以三线闪光器控制汽车照明电路连接与检测内容为载体,向学生介绍三线闪光器控制汽车照明电路的检测方法和步骤,培养学生检测三线闪光器的能力					
学习目标	总目标:教师指导各小组学生,制订三线闪光器控制汽车照明电路连接与检测实训计划,引导学生实施检测任务,对各小组完成情况进行评价。 专业能力:了解三线闪光器控制汽车照明电路的特点;掌握三线闪光器控制汽车照明电路的组成、工作过程和检测方法;熟练使用汽车专用万用表,正确测量三线闪光器控制汽车照明电路中的各电压参数;具备熟练检测三线闪光器控制汽车照明电路的能力。 方法能力:在组长的带领下,实训小组成员共同制订实训计划,小组成员合理分工,正确完成三线闪光器控制汽车照明电路连接与检测实训任务,并对测试数据进行判断。 社会能力:遵守6S操作规程,同学之间团结协作、互帮互助,共同完成实训任务					
说明	在汽车电子实验装置上,通过电缆线束将电源、点火开关、熔丝、车用灯泡按照电路图进行连接,实现车用灯泡的点亮和熄灭,并对三线闪光器控制汽车照明电路进行相应的检测。模拟实际三线闪光器控制汽车照明电路连接与检测方法					
决策与计划	请根据学习目标,确定实训需要的检测仪器、工具,并对小组成员进行合理分工,制订实施计划。 1. 实训需要的检测仪器、工具 2. 小组成员分工 3. 实施计划					

(续表)

实施	1. 检查汽车电子实验装置中的元器件，按图连接三线闪光器控制的汽车照明电路。 2. 接通电路，用示波器测量闪光器输出端信号波形，并得出相应结论，记录在表中。 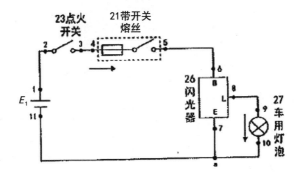 示波器正表笔连接元器件端子编号： _____ 针脚号： _____ 示波器负表笔连接部位： _____ 每格电压：　　　　每格时间：

检查与评估	评价指标		组内自评	组间互评	教师评价
	方法能力 社会能力 (40%)	工作态度(8分)			
		工作纪律(8分)			
		安全操作(8分)			
		环境保护(8分)			
		团队协作(8分)			
	专业能力 (60%)	任务方案(10分)			
		实施步骤(30分)			
		完成结果(10分)			
		任务工单完成(10分)			
	本次得分				
	最终得分 (组内自评30%+组间互评30%+教师评价40%)				

61.《三线闪光器控制汽车转向电路连接与检测》任务工单

任务名称	三线闪光器控制汽车转向电路连接与检测	课时	2	班级	
小组成员		小组长/组号		任务成绩	
实训设备	1. 汽车电子实验装置 2. 万用表 3. 三线闪光器	实训场地	新能源汽车电工电子实训室	日期	
任务描述	本任务以三线闪光器控制汽车照明电路连接与检测内容为载体,向学生介绍三线闪光器控制汽车照明电路连接注意事项、测试工具使用方法以及检测步骤,培养学生熟练检测三线闪光器控制汽车照明电路的能力				
学习目标	总目标:教师指导各小组学生,制订三线闪光器控制汽车照明电路连接与检测实训计划,引导学生实施检测任务,对各小组完成情况进行评价。 专业能力:了解三线闪光器控制汽车照明电路的特点;掌握三线闪光器控制汽车照明电路的组成、工作过程和检测方法;熟练使用汽车专用万用表,正确测量三线闪光器控制汽车照明电路中的各电压参数;具备熟练检测三线闪光器控制汽车照明电路的能力。 方法能力:在组长的带领下,实训小组成员共同制订实训计划,小组成员合理分工,正确完成三线闪光器控制汽车照明电路连接与检测实训任务,并对测试数据进行判断。 社会能力:遵守6S操作规程,同学之间团结协作、互帮互助,共同完成实训任务				
说明	在汽车电子实验装置上,通过电缆线束将电源、点火开关、熔丝、车用灯泡按照电路图进行连接,实现车用灯泡的点亮和熄灭,并对三线闪光器控制的汽车照明电路进行相应的检测。模拟实际三线闪光器控制汽车照明电路连接与检测方法				
决策与计划	请根据学习目标,确定实训需要的检测仪器、工具,并对小组成员进行合理分工,制订实施计划。 1. 实训需要的检测仪器、工具 2. 小组成员分工 3. 实施计划				

(续表)

实施	1. 检查汽车电子实验装置中的元器件，按图连接三线闪光器控制的汽车照明电路。 2. 使23点火开关和21带开关熔丝处于不同的状态，检测电路中各点的电压值，并得出相应结论，记录在表中。 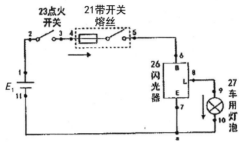 3. 用万用表直流电压挡进行测量与检测：首先，接通23点火开关，测量21开关断开前8～11点的电位；其次，接通23点火开关，测量21开关接通，27车用灯泡点亮瞬间8～11点的电位；再次，接通23点火开关，测量21开关接通，27车用灯泡熄灭瞬间8～11点的电位；最后，注意观察灯泡的亮度，将结果记入表中。 | 开关状态	理论电压值	测量值	结论
---	---	---	---
接通23点火开关，21开关断开			
接通23点火开关，21开关接通，27车用灯泡点亮瞬间			
接通23点火开关，21开关接通，27车用灯泡熄灭瞬间				

		评价指标	组内自评	组间互评	教师评价
检查与评估	方法能力 社会能力 (40%)	工作态度(8分)			
		工作纪律(8分)			
		安全操作(8分)			
		环境保护(8分)			
		团队协作(8分)			
	专业能力 (60%)	任务方案(10分)			
		实施步骤(30分)			
		完成结果(10分)			
		任务工单完成(10分)			
		本次得分			
	最终得分 (组内自评30%+组间互评30%+教师评价40%)				